民营快递企业员工培训问题研究

李 理 著

新 华 出 版 社

图书在版编目（CIP）数据

民营快递企业员工培训问题研究 / 李理著. –– 北京:

新华出版社, 2023.4

ISBN 978-7-5166-6815-3

Ⅰ. ①民… Ⅱ. ①李… Ⅲ. ①邮件投递－邮电企业－

企业管理－职工培训－研究 Ⅳ. ①F632

中国国家版本馆CIP数据核字(2023)第082506号

民营快递企业员工培训问题研究

作　　者：李　理

选题策划：唐波勇

责任编辑：张云杰　　　　　　　　　封面设计：优盛文化

出版发行：新华出版社

地　　址：北京石景山区京原路8号　　邮　编：100040

网　　址：http://www.xinhuapub.com

经　　销：新华书店、新华出版社天猫旗舰店、京东旗舰店及各大网店

购书热线：010-63077122　　　　　中国新闻书店购书热线：010-63072012

照　　排：优盛文化

印　　刷：石家庄汇展印刷有限公司

成品尺寸：170mm×240mm

印　　张：16.25　　　　　　　　　字　　数：230千字

版　　次：2023年4月第一版　　　　印　　次：2023年4月第一次印刷

书　　号：ISBN 978-7-5166-6815-3

定　　价：88.00元

前言 abstract

随着电子商务的不断发展，民营快递行业每年的业务量以60%～120%的速度递增，因此大多数民营快递企业选择第三种特许加盟的方式以求迅速建立较为完善的网点，获得规模经济优势。2021年邮政行业发展统计公报显示，快递业务收入在行业中占比继续提升。快递业务收入占总收入的比重为81.7%，比上年提高2个百分点。在快递业务收入市场份额方面，民营快递占据市场份额的近三分之二，民营快递行业的高速发展促使用人需求量增加。根据近几年民营快递行业的数据显示，规模较大的快递企业的人员流失率为50%，小型快递企业的情况更甚，员工流失率高达80%，导致出现了"用工荒"，而企业缺乏良好的员工培训制度是其中一个重要的影响因素。

因此，本书对民营快递企业员工培训问题进行探讨与研究，为建立完善的员工培训体系，对提升民营快递行业服务质量，促进民营快递行业的健康发展具有重要的现实意义。

本书共分为九章，各章内容介绍如下。

第一章主要对民营快递企业的产生、概念与类型、发展的现状进行了概述。

第二章主要对民营快递企业员工进行了详细阐述，包括民营快递企业员工的分类、员工存在的问题及原因分析、员工培训的重要意义。

第三章主要从培训模式、培训对象、培训中存在的问题三方面对民营快递企业员工培训进行详细介绍。

第四章主要进行民营快递企业员工胜任力素质模型构建，包括民营快递企业员工胜任力素质识别、胜任力素质权重的确定、胜任力素质模型的操作与应用。

第五章通过介绍中国邮政、德邦快递、联邦快递三家国内外快递企业员工培训经验，以期为民营快递企业员工培训提供借鉴。

第六章从培训需求内容分析、培训需求方法选择、培训计划的制订三方面对民营快递企业员工进行了培训需求分析。

第七章主要对民营快递企业员工进行培训内容设计，包括民营快递企业员工培训课程设置原则与要求、培训方法、培训师培训。

第八章主要从培训前准备工作、培训实施、培训过程控制对民营快递企业员工培训实施控制进行了介绍。

第九章主要是对民营快递企业员工培训效果进行评估设计，包括民营快递企业员工培训效果评估方法选择、培训效果评估内容、培训效果评估报告撰写。

笔者在写作过程中，得到各级领导与同事的帮助，同时也获得家人与朋友的大力支持，在此深表感谢！在写作过程中，本书参考和借鉴了国内外专家、学者、企业家和研究机构的研究结果，在此也表示诚挚的谢意！

此外，本书也是湘南学院"十四五"应用特色工商管理学科人力资源管理方向与湖南省"十四五"教育科学研究重点培育基地（终身教育研究基地—基本理论方向）核心骨干成员。

由于目前进行的民营快递企业员工培训问题研究侧重于理论方面的探讨，其实际培训效果还需要在实践中总结，从而进一步丰富民营快递企业员工培训理论。加之时间仓促，书中不足之处在所难免，敬请各位专家、同行、读者提出宝贵意见，以便不断修正和完善。

作者

2023 年 2 月

目录 contents

第一章 民营快递企业概述

第一节 民营快递企业的产生

一、中国民营快递业发展沿革

（一）起步阶段

中国快递业始于以中国邮政特快专递为主要标志的成立。尽管中国邮政特快专递不是民营快递企业，但它是中国快递业的开端。1979 年，中国的第一家快递企业——中国邮政成立。1980 年，中国邮政开办了邮政特快专递服务（express mail service, EMS），为中国快递业开创了先例。随着中国快递业的产生，联邦快递（FedEx）、UPS 快递（united parcel service，美国联合包裹运送服务公司）等国际快递企业逐渐进入中国市场。

（二）成长阶段

中国快递业的成长阶段是从以民营快递业的成立为标志开始的。从20 世纪 90 年代初期到 21 世纪初期，随着快递业的快速发展，中国民营快递业出现了"231"。1993 年，申通快递在珠江三角洲成立，顺丰速运在长江三角洲成立；1994 年，宅急送在北京成立。作为中国现代快递服务企业，民营快递业的建立解决了快递业初期运输能力不足的问题，为快递业后续快速发展阶段奠定了坚实的基础。

（三）快速发展阶段

中国快递业的快速发展阶段是从以快递业相关法律法规的颁布为标志开始的。随着民营快递业的迅速发展，中国邮政、外资快递企业和民营快递企业也快速发展。为进一步规范我国快递业，《快递业务经营许可管理办法》与《中华人民共和国邮政法》（以下简称《邮政法》）于2009年10月1日起施行，这是我国第一次对快递企业进行法律上的界定，并对其进行了规范。在这个阶段，我国的民营快递业逐渐形成了国有、民营、外资"三足鼎立"的格局。

（四）创新发展阶段

2010年后，我国在"十二五"规划中，多次提到快递业的发展规划。2015年，李克强提出"互联网＋"的产业发展思路。这使依靠电子商务发展的民营快递业进入了自我创新发展阶段。

综上，中国民营快递企业的发展历程如图1-1所示。

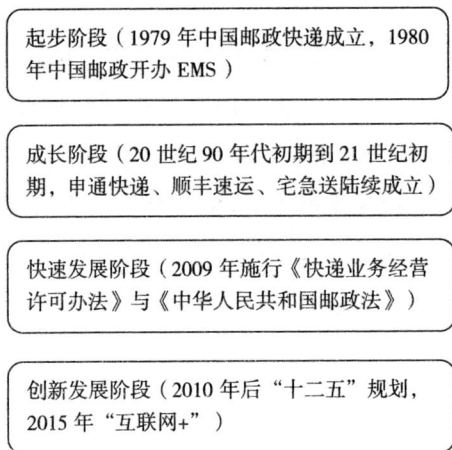

起步阶段（1979年中国邮政快递成立，1980年中国邮政开办EMS）

成长阶段（20世纪90年代初期到21世纪初期，申通快递、顺丰速运、宅急送陆续成立）

快速发展阶段（2009年施行《快递业务经营许可办法》与《中华人民共和国邮政法》）

创新发展阶段（2010年后"十二五"规划，2015年"互联网+"）

图1-1　中国民营快递企业的发展历程

二、中国民营快递企业的规模

（一）快递业务继续保持强劲增长

国家邮政局发布数据显示（图1-2、图1-3），2019年，中国快递业务总量累计达635.23亿件，同比增长25.30%；2020年，中国快递业务总量累计达833.58亿件，同比增长31.20%，全国快递业务收入达到8795.4亿元，同比增长17.30%；截至3月24日，中国在2021年仅用83天，快递业务量已突破200亿件，同年1月份实现了867.6亿元的收入，同比增长73.30%。

（二）民营快递市场份额持续上升

目前，国内快递企业主要有国有、民营和外资快递企业。其中，民营快递在中国占有很大的市场份额，它已成为国内快递市场的主体。顺丰和通达系是增长较快的公司。第二和第三梯队有很多民营快递品牌，竞争非常激烈。从业务量和业务收入来看，民营快递企业每年的增长速度都很快。过去五年，业务增长率在25%以上，业务收入增长率在20%左右。

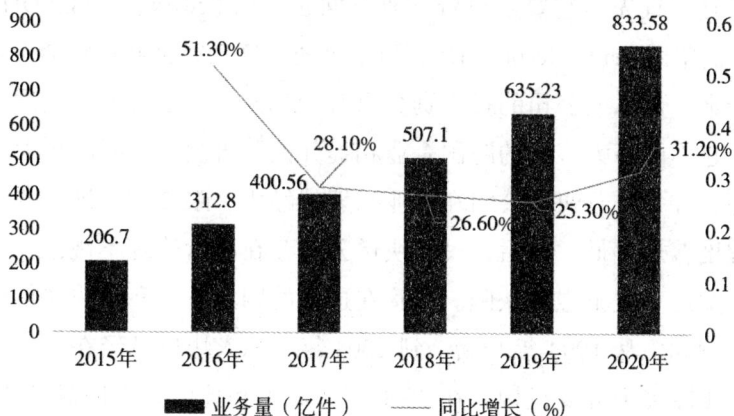

图 1-2　2015—2020年中国快递业务量及增速

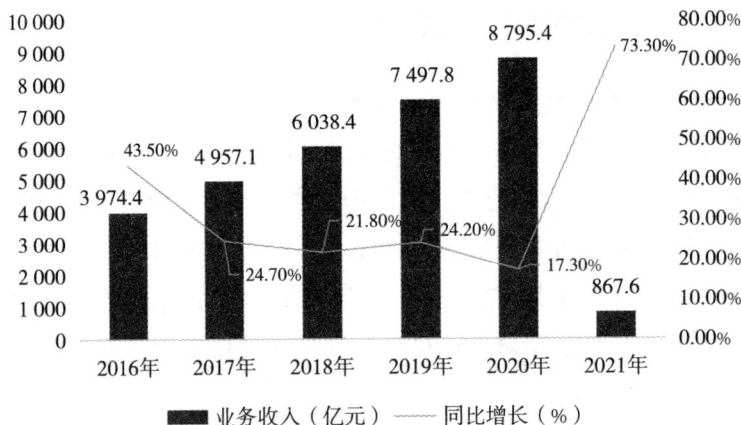

图1-3　2016—2021年1月中国民营快递业务收入规模增长情况

三、中国民营快递企业的产生历程

中国民营快递业的发展历史可以追溯到20世纪80年代末到90年代初。其中具有代表性的包括成立于1994年的宅急送快递、成立于1995年左右的上海申通快递和山东大千快递。民营快递企业的发展是一条艰辛的道路。首先，它要解决资本匮乏问题，如FedEx、UPS、DHL（邮递和物流集团deutsche post DHL旗下公司）这三家企业每年会投入数十亿的资金，而私人公司的投入资金只有十几万、二十几万。其次，在规模上，它不能与大多数的跨国企业相提并论。再次，它要解决人才匮乏的问题，许多民营快递公司在创业初期就经历了艰难的发展，其员工的文化程度普遍偏低。最后，民营快递公司存在经营管理不规范、信用度不高、配送力度不强等缺陷。尽管在这样的困境下，私人快递依然快速发展。例如，从1994年开始，到2004年，私人快递已经在全国范围内建立了150多个分支机构，在2000多个城市和地区为人们提供了服务。申通快递也在上海和长江三角洲地区建立起了自己的优势网络。

四、中国民营快递企业在改革开放中焕发新生

中国民营企业的兴起与发展是伴随着我国民营经济的发展与创新的。中国要发展民营经济，就必须不断地促进其创新和发展，但就当前的形势来看，仍然有一些制约着民营企业发展的体制因素。

（1）产权制度是市场经济的基础。健全的财产权体系，有助于激励财产者的积极性。明确的财产权体系，决定了社会组织的有效生产和产品的分配，从而促进民营经济效率的提高，促进民营企业的发展。但是，我国民营企业在发展过程中仍然面临着各种产权制约，主要体现在以下三点。第一，尽管国有企业的外部产权比较清晰，但是民营企业特别是家族企业内部的产权不够清晰。当企业发展到一定阶段，就会出现产权不清晰、产权界定困难等问题。此时，界定产权往往会导致公司财产的分割和企业的分割，严重影响企业的发展。第二，在我国民营企业发展的过程中，部分企业由于历史原因，利用国有企业降低发展成本，也存在着产权不明确的风险，这对民营企业的长期发展较为不利。第三，我国的知识产权保护体系缺少相应的制度保障。在民营企业迅速发展时期，相应的产权制度安排及相关的法律保障体系尚不健全，这导致民营企业在面临产权问题时往往会遇到执法过程中的行政制约，各种法律法规之间的不协调状况，降低了对民营企业的法律保护和支持，使民营企业的利益和权利没有得到相应的保护。

（2）金融体系是中国民营经济发展的重要保障。无论是国有企业还是民营企业都离不开资金支持。第一，民间借贷是一种非正规的融资体制，它通过私人借款和个人贷款给集体企业和其他融资互助机构提供资金。它可以弥补金融机构在民营企业中的资金短缺，从而推动民营企业的发展。例如，温州民营中小企业的融资渠道中，国有商业银行占24%，私人贷款占76%。温州和台州的私人资金已经达到了5 000亿元，而私人资本则达到10兆以上。第二，资本市场允许民营企业上市，甚至可以在境外上市，这对规模较大的民营企业来说，可以通过资本市场解决融

资困难，快速扩张企业规模。第三，发展创业资本对民营高新技术企业的健康发展具有重要意义。由于受传统观念、资产质量、运营成本等因素的影响，银行贷款的限制依然存在。而民间筹资的正当性尚不明确，往往会以非法集资的名义予以取缔，造成其不良的间接融资环境，进而影响其未来的发展。而在直接融资上，中国的资本市场还不够发达，市场层次较低，因此直接融资渠道对民营企业的发展较为不利。其中，我国民营企业在证券市场上融资困难，而在债券市场中，民营企业不能通过债券融资，在创业投资领域，由于创业公司的目标是民营科技公司，因此普通的民营企业很难得到创业资金的支持。

五、中国民营快递企业与电子商务相互依存

从电子商务和民营快递业的发展历史来看，在电子商务时代之前，中国民营快递业已经从物流业分化为单一快递业。从它们产生的年代来看，营利性快件的诞生与其自身的发展无关，二者之间存在着微妙的差异。20 世纪末到 21 世纪初期是我国民营快递业迅速发展的时期。这一时期正值电子商务的发展初期，随着电子商务的兴起，民营快递的需求量越来越大，业务的扩大和市场的扩大也为民营快递业的发展带来了机遇。在这个时期，民营快递业得到了迅速的发展。到了 2010 年，无论是电子商务还是民营快递业，都进入了一个新的发展阶段，都需要不断地创新和发展经营模式与形式，打破当前发展的瓶颈。在这个时期，电子商务与民营快递业的发展步伐十分相似，通过多 年的合作，使电子商务对快递的依赖性越来越强。与此同时，民营快递业也在为适应日益增长的电子商务市场寻找更好的服务方式。中国民营快递企业在经过多年的发展后，其规模、速度、服务质量、服务水准等已跻身快递业的重要位置，且有了很大的进展。特别是 2009 年 10 月 1 日《邮政法》正式施行后，中国民营快递业的发展步入"快车道"。近年来，全国各地企业在各项优惠政策的支持下进入高速发展阶段。特别是自 2015 年以来，国家对快递业给予了高度重视。《国务院关于促进快递业发展的若干意见》（以下

简称《意见》）是中国快递业发展新阶段的标志。《意见》突出问题导向，强化顶层设计，聚焦长期以来快递业发展的瓶颈问题，明确了转型升级提质增效的战略方向，提出了一揽子的解决方案，为快递业发展提供了强大的动力。同时，该项《意见》的颁布，对整个快递行业的发展也产生了广泛而深刻的影响。

六、中国民营快递企业的革新

民营快递企业是我国快递业的一股生机勃勃、具有发展潜力的新生力量。

2009年之后，民营快递企业的规模得到了快速的发展，并利用价格竞争等方式提高了自己的市场占有率。但是，在经历了最初的发展阶段之后，其在管理、机制、人才、资金、技术等方面受到了诸多限制。可以说，目前我国的民营快递企业正处在一个发展的转折点。在竞争激烈的市场中，民营快递企业要想获得更多的发展机会，就必须提高竞争力。要想提高企业的竞争力，实现企业的长远发展，其必须彻底改变传统的家族式和粗放的商业模式。例如：可以根据现代企业制度的要求，将原公司改为股份制，使公司的产权和经营权分离；可以以科学理性为基础，摒弃对家族权力的控制和个人行为，消除非正常的影响，改变"一家之主"的用人制度，使企业管理变得更加专业化；还可以通过规范管理，统一标准，优化程序，提高激励和实施力度，确保企业的管理水平和人力资源的有效使用。只有这样，才能让人安心。因此，建立良好的现代企业制度也是各民营快递企业做大做强、在竞争中立于不败之地的基础。

我国的民营快递公司是市场经济发展的必然结果。在我国经济社会发展的今天，邮局已不能满足国内外工商、金融界对公文传输速度和效率的需求。快递公司在这一市场中，及时地弥补了这个缺口，适应了市场的需求，并快速发展。许多公司引进了实时库存管理技术，并引入了电子商务，提高了对时间和效率的需求。综合航空快件已成为其基本结构中不可缺少的一环，私人快件在社会和经济中的地位越来越重要。中国首个涉足快递业的企业是一家名为"快客达"的民营公司，如今已经不在了。从整体上说，中国的民营快递业是在改革开放的不断深化过程中产生的。中国自改革开放后，从 1992 年进入了一个全新的境界。1993 年，中国民营快递业的两大龙头——申通和顺丰分别在珠江三角洲、长江三角洲地区起步。由于这两个地区是中国外向型经济发展中比较有活力的地区，因此对快递业务有着较大的需求。与此同时，中国港台地区大量的劳动密集型工业也正在向外转移。但那时国内的基础建设还不够完善，珠江三角洲地区还不能直接为发达市场提供服务，一般是根据外国投资者的要求，珠江三角洲地区的合资公司将样品送到香港，经香港公司确认后批量生产。这样，香港就成为中国内地和发达国家的贸易通道。货样、商务文件、目录等数量庞大，办理事情最重要的就是及时。那时，邮局要 3 天才能把珠江三角洲的货物或文件送到香港，跟不上两地的商务往来。顺丰是一家专门为适应这种市场需要而设立的民营快递公司，其设立后，珠江三角洲到香港的文件或小物件的投递时限由原来的 3 天缩短到了 1 天。

从这可以看出，民营快递业的发展是市场经济发展的必然结果。自其成立以来，民营快递公司同传统的邮政快递相比提供了不可替代的服务。其经营方式有别于传统的邮政业务，其以工商、金融、贸易、海运为核心，传达的是商务文件、小包裹等价格承受力更高级的项目。民营快递公司没有固定的业务网络，采用"门到门"的服务模式，保证在规定时限内把货物送到家。民营快递公司这样的贴身、高效服务很快被市场所接受，在短期内快速发展并形成了一定的规模。

《国务院关于邮政企业专营业务范围的规定（草案）》第二条规定，单件重量在 100 克以内（国家规定的特大城市市区内互寄的单件重量在 50 克以内）的信件国内快递业务，只能由国家邮政企业经营。邮政专营寄递服务的条例在业界引发了轰动，有从业者表示，这项条例会让私人快件公司失去 50% 以上的生意。邮局的专营原来并没有，虽然这是一个很新鲜的话题，但是在 10 月 1 日的期限即将到来的时候，人们对现行的邮政专卖政策进行了探讨和质疑，认为这是关乎所有消费者的利益。20世纪90年代之前，国内还没有私人邮递的概念，所有的信件、包裹等都是通过邮局来完成的。《邮政法》（1986年版）也有明文规定"信函及其他带有信函性质的物件，均属邮政公司经营"，国务院有令者除外。按此方法精炼，20世纪90年代初期崛起的民营快递公司，其经营活动本身就带有违法的嫌疑。由于法理上的"灰色"，私人快件行业受到"合法打压"。在2002年以前，各地邮政单位对民营快递企业的查处屡见不鲜；有些地区甚至还明确规定了邮政企业的行政执法主体。申通快递公司的总裁陈德军表示，从2002年起，公司每年要交五百万元的罚金。

政策上的"瓶颈"并没有阻止民营快递快速发展的势头。2004年，美国邮政、联邦快递、DHL、TNT等四家跨国快件企业，在中国的国际快件市场上占有一席之地。邮政特快专递市场占有率为80%，在全球快递市场中已不堪重负。自1995年以来，在中国快递业，EMS的市场份额逐年下降。从开始的97%降至33%。同时，私人快件也逐渐渗透到了传统的邮政领域——普通邮件。

一个简单的例子可以解释为什么邮政服务在民营企业的攻击下失势：民营快递企业服务价格约为3角，而邮政服务价格为6角。3角的差价显示了双方的内部管理水平。但拥有国企地位的邮政公司似乎并没有全心全意地改善自身管理。

民营快递业快速发展的根本原因在于它满足了消费者的需求。例如，邮政服务往往无法提供上门服务，而且随着国家财政补贴的逐年减少，其营业网点也越来越少，因此寄信变得非常麻烦。民营快递一般提供上门服务，消费者只需要一个电话即可。而且由于竞争激烈，民营快递公司的价格通常低于邮政服务。从消费者的主观体验来看，人们在邮局办理业务时并没有消费者至上的感觉，部分工作人员的工作方式是懒惰、拖沓、冷漠甚至不负责任。不久前，一段城市邮政工作人员在卸货时随意扔包裹的视频在网上曝光，令人震惊。

尽管国有邮政企业效率普遍不高，但各国仍然在邮递领域中保留了一定的国有份额。其原因在于，有一些公共性质的服务是民营企业无利可图、不愿意进入的，但这些服务又是一个现代化国家所必需的，因此需要政府出面。例如，我国的民营快递基本上很少覆盖边远城市或农村，因为往这些地方寄送物品的成本太高，而当地民众可能也无力承担高额费用。但是从人权的角度来说，政府必须保障每个公民享有最起码的通信自由，这也是写入我国宪法的。因此，一些国家才设立国有邮局，致力于为民众提供普遍低价的服务，包括市场经济发达的美国也设立了国有邮局，虽然至今仍在亏损。普遍服务，也是我国建立国有邮政系统的初衷。

第二节　民营快递企业的概念与类型

一、民营快递企业的概念

（一）不同学者对民营企业概念的定义

不同学者对民营企业的定义存在差异。例如，华大万所说的"民营企业"与国有企业、个体企业、股份合作制、乡镇企业存在差异，也与"三资"企业中没有任何国有资产的企业不尽相同。[1] 邹家华将民间企业定义为民间资本经营的公司。其中，国有和民营两大部分是资产的所有权和经营权的分离，以及资产的所有权归属于公司、发起人和投资人。[2] 何方英将民营企业定义为私营企业，或其经营的各种组织形式。[3] 欧阳山尧将民营企业定义为民间私人投资、经营、享受投资收益、承担

---

① 华大万.民营企业：抖落尘埃铸辉煌 [J].企业文明，2001（8）：11-13.

② 邹家华.中国民营科技促进会 [J].中国科技产业，2001（9）：78.

③ 何芳英.发展民营经济需拓宽民营企业的融资渠道 [J].企业技术开发，2004（6）：53-54.

经营风险的法人经济组织。①我国经济学家厉以宁对民营经济的定义提出了自己的看法，他认为从我国国情来看，民营企业应至少包含五种类型：①个人经营；②个人、家族或家族拥有的事业；③个人、家族或家族国有企业经过改革后的股份制公司；④国有资产重组后，由政府出资、个人、家庭、家族共同出资的公司；⑤由社会资金筹措而成立的公司。②

　　根据上述学者的分析，笔者认为民营企业是指个体私营企业或私营企业，或由其经营的各种组织形式。当今社会，民营企业的社会地位是前所未有的。从中国民营企业的发展可以看出：①民营资本来自私人组织和个人；②民营企业融资比较困难；③大多数民营企业没有建立标准化的管理制度；④大多数民营企业仍处于起步阶段，并以中小型企业为主；⑤民营企业主要是第三产业和新兴高科技产业；⑥与国有企业相比，民营企业的理念更接近市场经济。

　　民营快递企业是我国快递业的一股生机勃勃、有发展空间的新生力量，而国内的民营快递企业多为家族型，在前期的承包、加盟等形式下，它们的规模得到了快速的发展，并通过价格竞争等方式逐步扩大了自己的市场。但是，在经历了最初的发展阶段之后，企业的后续发展遇到了管理、机制、人才、资金、技术等多方面的影响。可以说，我国的民营快递企业正处在一个发展的转折点。因此，在激烈的市场竞争中，民营快递企业要从根本上改变传统的家族式、粗放式的经营模式，从而提高自身的竞争力和可持续发展能力。

　　民营企业，简称"民企"，其是指所有"非公有制"企业。"民营企业"的概念在我国的法律中并不存在，其是在中国经济改革过程中诞生的。民营企业，除了"国有控股"和"国有独资"，就是没有国有资产的民营企业。另一种意见是，应根据公司的资金来源和组成来定义"民

---

① 欧阳山尧.中国民营企业跨国经营论纲 [J].湖南商学院学报，2005（1）：5-9.
② 厉以宁.厉以宁论民营经济 [M].北京：北京大学出版社，2007：105-109.

营企业"。"民营"这个词具有很强的中国特征。私人财产在狭义上是指中国公民个人的私人财产，而不是国有或外国的资产（外国股东持有的）。因此，民营企业是除国有企业、国有资产控股企业和外资企业外的所有企业。从管理和控制的角度来看，包含少量国有资产或外资资产，但不具有管理和控制权的有限责任公司和股份公司也可以称为"民营企业"。广义上，民营企业的定义是，民营企业仅对应于国有独资企业，但与其他非国有企业（包括国有股东公司与控股公司）兼容。因此，对民营企业的概念就是所有非国有企业与外资企业都是民营企业。

（二）民营快递企业概念的定义

自 2009 年《邮政法》颁布以来，我国还没有一个正式的关于快递业的界定，尤其是关于邮政行业是否隶属于邮政行业的争议已持续了十余年，而邮政公司与非邮政公司则对此意见不一，各执一词。《邮政法》的出台，打破了中国快递业普遍存在的不统一认识，并在立法层面上对快递业进行了规范。2009 年 4 月 24 日，我国颁布了《邮政法》，自 2009 年 10 月 1 日起施行。《邮政法》第八十四条规定，快递是"在约定时间内迅速完成的包裹，印刷品等"。本书中，民营快递企业是指能在规定的时间内，按照指定的名称和地址，通过铁路、公路和其他交通工具快速完成信件、包裹和印刷品的企业。

二、民营快递企业的类型

（一）按规模大小区分

1. 大中型民营快递企业

顺丰和"四通一达"（圆通、中通、申通、汇通、韵达）等大型民营企业，拥有较高的市场占有率，"四通一达"与顺丰公司的市场份额从 2016 年的 57.58% 增长到 2021 年的 72.81%，具体情况如图 1-4、图 1-5 所示。

	2016年	2017年	2018年	2019年	2020年	2021年
◆ 顺丰	8.25%	7.62%	7.63%	7.62%	9.76%	9.73%
■ 韵达	10.27%	11.78%	13.77%	15.79%	17.01%	16.99%
▲ 圆通	14.26%	12.64%	13.14%	14.35%	15.17%	15.27%
✕ 申通	10.42%	9.73%	10.08%	11.60%	10.58%	10.23%
✳ 中通	14.38%	15.53%	16.80%	19.08%	20.39%	20.59%

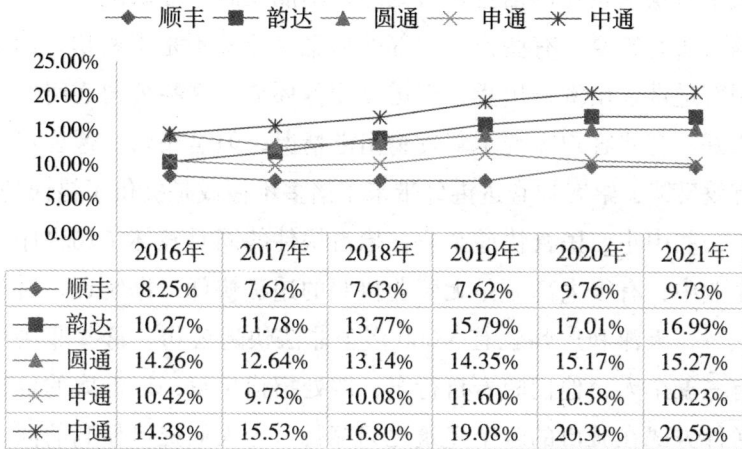

图 1-4　2016—2021 年大中型民营快递企业的市场份额变化

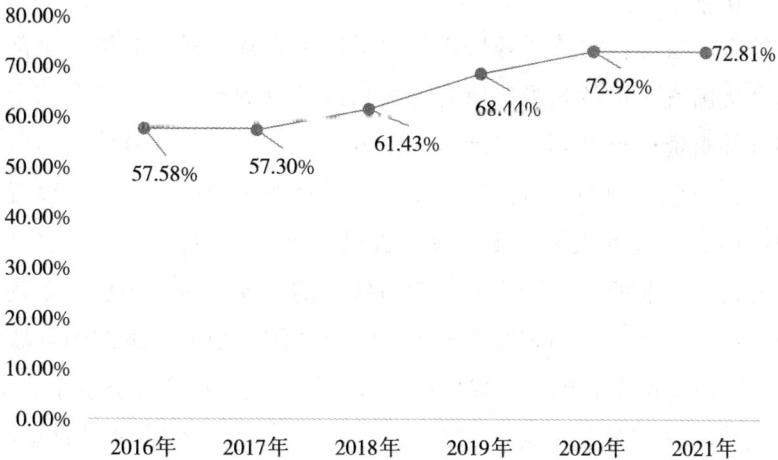

图 1-5　2016—2021 年 | "四通一达"和顺丰公司的市场份额之和

2. 小型民营快递企业

这些公司的规模不大，经营灵活，但管理上不规范，主要经营地区内的城市快件和省内快件。

由于民营快递企业缺乏统一的信息管理体系，因此其不能利用现代信息技术对快递企业的信息进行处理，不能及时、准确地对用户进行实时跟踪、实时答复。有些公司内部的信息交流并不是很密切，例如，快递公司有进港、出港、出货、空运等业务环节，这些公司之间的关系并不是很好，有些客户需要了解货物出港情况，但是民营快递公司却不能及时有效反馈，给客户查进港件带来了诸多不便或是提供了错误的信息。目前，一些中小、民营快递企业在抢占快件的同时破坏市场秩序。这些小型企业中，有很大部分是无营业执照的违法快件。据统计，目前仅北京、上海、天津和广州就有3 000多个非法快递公司。这些非法快递公司只有三五个人，他们骑着自行车，四处招揽生意，以低廉的价格和灵活的送件方式在城市的各个建筑之间穿行，为人们提供便利的同时，为消费者的利益造成了极大的危害。

（二）按经营方式区分

1. 直营式

目前，顺丰、宅急送等快递公司采用了直营模式。其网点全部由总公司直接出资，也就是说，所有分公司或站点的员工、车辆全部由公司总部直接出资进行规划。快递公司采取直销方式，其经营管理与服务总体上较为规范。例如：他们设置了一个国家的客户服务中心；设置了电话服务中心，服务人员分工明确，提供受理、投诉、查询一系列服务；各分公司、营业所、运转中心等保持统一的形象，包括服装、车辆标识等；客户可以在统一的客服中心或114上找到本地的服务组织的联络信息。当快递公司发展到一定规模后，直营能有效地提高服务质量。例如：顺丰在早期采用的是特许经营和直接经营的模式，最后都是直接经营。但是，近几年来由于快件业务的迅猛发展，许多快递公司为了快速扩张自己的服务网络，采取了特许经营的模式，即由特许经营商承包分公司，再把站点承包给个人。目前，我国的快递公司网点直营率不足10%，还没有形成"以直销为主，代理＋加盟"的模式。

2. 加盟式

特许快递企业是以母公司为基础，设立一个运营平台，将各地区划分为不同的小块，各小块的加盟商进行投资和管理。加盟商可以在一定的范围内进行再划分，形成一级、二级、三级，甚至更多，最后所有的初始费用都由各加盟公司或者个人承担。我国"四通一达"等民营快递企业大多采用了这一模式。在我国的快递业起步阶段，特许经营的模式使民营快递公司的市场占有率得以快速扩张。但是，这样的合作方式在管理上就有些松懈了。上级机关通过健全的体制管理下属单位，但却不断地对其进行经济处罚，使其对公司毫无归属感。特许经营模式在扩大市场占有率的同时，产生了产业集群。

第三节　民营快递企业发展的现状

一、波特"五力模型"分析

以波特"五力模型"为基础，通过对我国快递业结构和我国民营快递业面临的行业压力进行分析，得到了波特五力模式（图1-6）。下面将以此模式为基础，探讨我国快递业在五大行业中的竞争压力。

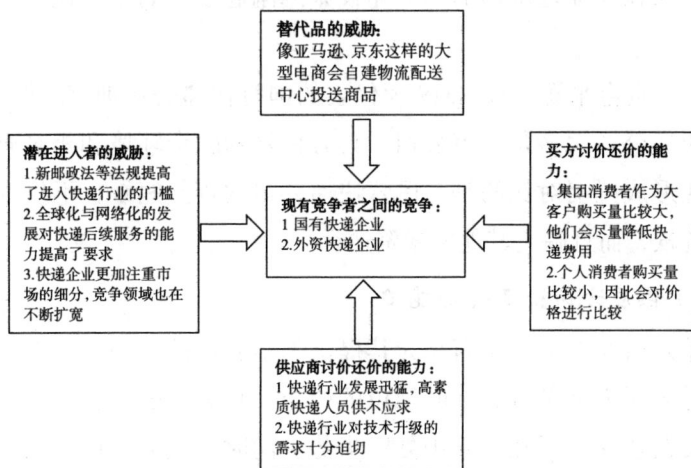

图 1-6　民营快递企业的波特五力模型

（一）行业现有竞争者的竞争分析

正如本书对快递业进行宏观环境分析时所描述的那样，我国的快递企业可以划分为三大市场主体。①民营快递公司：顺丰速运、圆通速递、汇通、申通、中通、韵达等。②国有快递公司：中国快递有限公司。③外资快递公司：美国联合包裹（UPS）与 FedEx（FedEx）等。下面是对这三大市场主体的优劣势分析。

第一，价钱。与其他两个主要的市场主体相比，大部分民营快递公司能在一定程度上灵活定价，因此价格优惠的民营快递公司在价格上有一定的优越性。与此同时，部分国外快递公司在国内竞争中也将一些地区的快递费用降低，有些服务的费用已达到民营快递公司的水准。这就意味着，中国的民营快递企业单纯地依靠价格优势已经不能获得长期的竞争优势。

第二，网络建设。在国内，EMS 以中国邮政为基础，其快件网络遍布全国大部分区域，这一优势是其他民营快递公司、国外快递公司所不具备的。在国内建立快递网络是一项耗时耗力的工作，不可能在短期内实现。但在国际市场上，国外快递公司的网络覆盖范围要大得多，而民营快递公司在全球范围内的网络建设则刚刚起步，与之相比，处于不利位置。

第三，资金来源。以 EMS 为代表的国有快递公司拥有雄厚的资本，而外资快递公司大多是上市公司，具有良好的融资环境和相对充足的资本。与此形成鲜明对比的是，民营快递公司的资金短缺，不仅难以从银行获得货款，而且缺乏其他的融资途径。

（二）供应方讨价还价的能力

快递公司的技术供应商是为其提供基本服务的公司。然而，由于我国的快递公司大多是具有垄断地位的国企，具有很强的议价能力，因此我国的民营快递公司在谈判中处于劣势。同时，我们应认识到，快递企业向资本、技术、管理等方面的转型已成为必然趋势，因此快递企业亟须进行技术更新。这一供求关系进一步削弱了快递公司的谈判能力。随着我国快递业的迅速发展，对专业技术人才的需求越来越大。但是，我国目前还没有专门的人才对快递员进行培训，高素质快递员短缺，这严重影响了我国快递业的整体竞争力。国家政府为快递业提供法律和规章，将直接影响整个行业的发展。

（三）买方讨价还价的能力

快递公司的需求主体可以分为两类：群体消费者和个体客户。群体消费者是快递公司的主要客户，其需求和采购量相对较大，因而具有很强的谈判实力。他们尽可能地想降低成本，而由于市场竞争的压力，他们也不可能将这些大客户拱手相让，因此在与大客户的谈判中，快递公司处于不利地位。个体客户的送货方式多为少量的单一物品，谈判能力较差，或者根本没有谈判的实力。

而从当前的国内快递市场需求来看，我国经济的持续高速发展已经为快递业带来了较大的市场需求。尤其是近几年，随着网络购物的迅速发展，电子商务物流已成为我国快递业的一个新的增长点。据市场统计，中国网上购物市场在 2015 年已超过 4 兆人民币，网上交易消费比例已超过 20%。其中，手机购物市场以每年 300% 的速度增长，已经突破 1 万亿元。这个比率也会随着电子商务的发展而增长。所以，加强与电商的合作，以达到双赢，是快递业今后发展的必然趋势。

（四）潜在进入者的威胁

首先，《邮政法》等一系列法律法规对我国快递业的准入门槛有一定的影响，国外的快递公司不能从事国内的邮件业务。但是，随着我国加入世界贸易组织（World Trade Organization, WTO），外资企业进入中国后，我国将逐渐放开对外资企业的准入限制，从而使外资企业进入国内市场，形成新的竞争格局。其次，随着行业的发展，各大快递公司对细分市场的重视程度越来越高，竞争范围越来越广，从原来的业务范围开始扩大。最后，随着全球一体化和网络化的不断发展，对物流查询、跟踪等后续服务的需求也在逐步提升。而民营快递公司由于技术水平较低，在后续服务的质量和能力上无法与国外快递公司和国有快递公司相比。

（五）替代品的威胁

亚马逊和京东等大型电商会建立自己的物流中心，将货物送到目的地。这些大客户建立自己的物流配送系统，对现有的快递业起到了一定的替代作用。

下面，从宏观环境、产业环境和竞争环境等方面对我国民营快递企业的发展进行分析。这些客观因素直接关系到个体快递企业的战略决策和策略执行。所以，在对整个行业进行宏观战略的全面剖析后，在微观层面上，如何做出正确决策，并使之更好地执行，成为个体快递企业面临的现实问题。本书以顺丰快递在民营快递业中的应用为例，通过对其策略的分析，对其进行策略的选择和执行，从而在激烈的市场竞争中获得竞争优势。

二、PEST 分析

PEST 分析是指对宏观环境的分析，P 指政治（politics），E 指经济（economy），S 指社会（society），T 指技术（technology）。

（一）政治

2010 年，我国制定了"十二五"规划，并提出要在"十二五"计划的基础上进一步扩大和扩大邮政业务；《邮政法》于 2009 年 10 月颁布，第一次对快递公司进行了法律上的界定，在此基础上，文件中提出了鼓励竞争、促进发展的原则，补充完善了现行收费标准，修改了现行收费机制，修改了新的法律法规，为行业发展提供了有力的法律保障。《快递服务营业执照管理办法》为快递业规定了更全面、更严格的营业执照制度，对我国快递业的发展提出了更高的要求，促进了我国快递业的健康与有序发展。同时，《邮政法》还拓宽了特殊邮政信件的使用范围，使民营快递企业有了更好的发展机会。

（二）经济

民营快递公司的收费相对低廉，根据调查，无论是城市快件还是乡村快件，都要比 EMS 便宜一半左右。民营快递公司也因区域距离的不同有了相应的调整，因此，由于其价格上的弹性，使民营快递在 EMS 市场上脱颖而出。价格优势成为其良好发展的机遇，许多消费者也发现民营快递具有价格低廉的优势。

（三）社会

（1）品质本土化。民营快递公司更了解国内消费者的价值观、消费习惯，更易于与消费者进行直接交流，让消费者有一种家的感觉，更愿意在民营快递企业消费。

（2）空间上的巨大优势。我国幅员辽阔，民营快递公司应在地域、个性化等方面进行战略定位。

（四）技术

1. 服务模式灵活、速度快

一些民营快递公司采取了"二班制""三班制"的模式，客户打个电话，他们就会接件，第二天就能到。不仅服务好，而且快捷。不管是城市快件，还是异地快件，绝大部分民营快件的速度要快于 EMS。同时，民营快递公司具有灵活的经营模式，快速的运作。因为民营快递公司规模小、机构扁平，因此相对来说比较容易管理，操作方式也比较灵活。民营快递业务的灵活性使其效率和速度都很快，同城件的 EMS 最快要第二天才能到，民营快递一天就能到。民营快递企业的这种灵活运营方式主要得益于其规模较小，有句话叫"船小易掉头"。

2. 互联网的兴起为快递业的发展提供有利条件

互联网兴起给快递业带来的有利条件表现在两个方面。一方面，计算机网络日益普及，全国互联网用户越来越多，信息的传递速度越来越快，分享范围越来越广泛。通过互联网，客户可以发出需求，快递公司可以通过互联网传播自己的产品。另一方面，通信网络的发展促使通信网络覆盖范围日益变大，快递公司开通客服热线为客户咨询和投诉提供了方便。

科技的发展给快递业带来的有利条件表现在两个方面。一方面，科技的提高促进了快递设施的革新，快递公司拥有更先进的运输工具和搬运设施。如今，大多数快递公司为了提高运送效率，已经建立了自己的航空公司，其拥有的飞机数量与某些航空公司相比有过之而无不及。另一方面，科技的发展实现了以往实现不了的操作流程和系统，在快递公司的大型仓库配备先进的搬运设施，不仅提高了搬运效率，也减少或避免了人工或笨重工具搬运时的危险性。特别是在枢纽点，快递公司必须设立专门的配送中心、快件中转站等。例如：巴枪扫描系统、自动分拣系统、无人牵引小车（AGV）、射频识别（RFID）技术等。巴枪扫描系统是一种较新的无线手提式扫描产品，内置镭射杀纹码扫描设备。在这种系统下，可以通过巴枪扫描将快件的订单编码扫描到网上，对该快件进行实时跟踪，消费者可以随时在网上查看该快件的递送情况。

三、SWOT 分析

通过 SWOT 分析，可以帮助企业把资源和行动聚集在自己的强项和有最多机会的地方，并让企业的战略变得明朗。S 指优势（strengths），W 指劣势（weaknesses），O 指机会（opportunities），T 指威胁（threats）。

（一）优势

1. 价格优势

民营快件的价格普遍低于 EMS 和外资快件。因为其灵活的价格优势，在快件重量轻的时候，多数消费者会因为"价格低廉"的特性选择民营快件。

2. 服务及时

在服务方面，大多数民营快件提供上门服务，这给客户带来了极大的便利，也为他们积累了一些客户。

3.经营模式灵活

民营快递公司的规模相对较小，管理体制较为扁平化，便于操作。民营快递业务的灵活性，大大提升了其工作效率。与国内的国有快递公司相比，这一灵活的运营方式有着明显的优越性。

（二）劣势

1.信息化水平较低

我国的民营快递公司在信息化程度上远远落后于国有、外资快递公司。我国民营快递企业缺少集中、统一的信息化管理体系，对现代信息化技术的应用也不够深入。因此，其在整个过程中无法向消费者提供准确的服务，无法及时回答消费者的疑问。

2.品牌知名度较低

相比于国有和国外的快递公司，我国的民营快递企业成立时间较晚，尽管已经成立多家。然而，由于其规模小、历时短、经营范围狭窄，以及只在上海和广州等地集中，导致其在国内的知名度不高。因此，他们的发展受到了一定的限制。

（三）机会

1.发展空间广阔

随着互联网与电子商务的迅猛发展，我国的快递企业也得到了迅速的发展。目前，我国的快递市场仍有很大的发展空间，仍处于供大于求的局面，给予了民营快递公司发展的机遇。

2.经营成本低

目前，国内的民营快递公司大多是手工拣货、包装，机械化程度低，规模小，运营成本比外资、国有快递公司低。

（四）威胁

1.缺乏行业标准

目前，我国的快递业尚未进入国民经济的范畴，也没有制定相应的行业标准。由于缺少行业规范，部分民营快递公司的运营较为混乱。

2.外资企业拥有雄厚的资本和良好的运营模式

目前，国外的快递公司运作较为规范，资金相对充裕，无论是从自动化程度还是从信息化的角度来看，其都要优于民营的快递公司。

四、民营快递公司发展战略

（一）构建我国民营快递企业的国际化发展道路

总体来看，国内的民营快递公司正处在产业上升期，在"政策＋电商"双重推动下，尽管其主营业务发展前景较好，但其在管理经验、技术、规模、资本等方面与国有快递和外资快递存在较大差距。为了尽快摆脱价格战和激烈的同质化竞争，其需要在内部运营自动化、智能服务设施和设备、客户服务、企业运营、行业管理信息水平等方面与国际同行保持同步，并通过提供差异化服务进一步细分市场，从而实现生产物流的专业化，改善现有的消费业务结构，提高内部运营自动化。

（二）在我国发展中，上市融资是解决民营快递公司发展资金不足的重要途径

在新的经济形势下，资本是我国快递企业转型升级的根本。上市是目前国内民营快递企业重要的融资策略，它将为企业在短时间内筹集大量的资本，为企业的未来发展和转型升级提供资金。在目前的经济环境下，由于融资渠道不能满足银行融资的需要，因此上市是必然的选择。而融资成本低廉的上市公司成为国内民营快递公司的首选选择。按照《中华人民共和国公司法》与《股票发行与交易管理暂行条例》的规定，公司要想上市，至少要经过两年的严格审核，这将会消耗大量的人力、物力、财力。而且，如果没有经过正规的监管，很有可能无法顺利通过。于是，圆通、申通和顺丰三家公司选择在A股市场进行融资，而中通公司选择前往美国进行融资。

（三）提高我国民营快递公司的技术水平、降低成本、提高效率是其发展的必然选择

作为一个劳动力密集型、技术密集型、资本密集型产业，提高其技

术应用水平是降低成本、提高效率的重要手段。现阶段，不管是设备的使用，还是采用移动互联网、物联网、人工智能等信息技术，都需要较多的资金投入。因此，提高我国快递企业的技术水平已成为我国快递业发展的必然选择。

（四）民营快递企业上市是提高经营管理水平的有效举措

民营快递公司上市后，在一定程度上提升了公司的品牌形象，增加了公司的品牌影响力，积累了大量的无形资产。另外，普通的上市公司要形成以董事会、监事会和股东大会三权分离的局面，形成相互监督和制约的关系，从而使公司的治理能力得到提高。与此同时，我国的民营快递公司在上市后，必须引进一种较为科学的公司治理结构，并建立一种较为规范的经营制度和财务制度。由于我国的快递公司大多是家族企业，因此一旦我国的民营快递公司上市，将会促进我国快递公司由传统的封闭式向开放式的转变。同时，公司还可以引入国内外的战略合作伙伴，拓展国际市场等，以达到与国际管理水平相匹配的目的。

（五）加强基础设施建设

政府应加强城市交通和物流设施的建设。政府须统筹协调，合理规划城市交通系统，全面协调各种交通方式的共同发展。对于城市物流设施落后、技术落后的问题，国家、地方和企业须共同努力。政府应按照谁受益谁承担的原则，加大资金投入，筹集资金建设物流设施。各城市的物流企业应共同筹集资金，建设城市的物流基础设施。

（六）培养物流专业人才，提高员工素质

政府应加强物流专业人才的培养，加大资金投入和政策支持，鼓励高校完善物流教育体系，培养专业物流人才。物流企业应加强与高校的合作，使学校成为物流人才培养的摇篮，培养实用物流人才，以解决物流专业人才短缺的问题。民营快递企业的员工大多是一线配送员，他们的综合素质普遍偏低。因此，企业可以对其进行形象、外貌、道德语言等方面的培训，并形成一整套规范，从而提高员工素质。不同岗位对人

员的专业要求不同，相关员工应接受专业技术培训。结合企业当前的企业文化和发展战略，学校应定期对物流技术人员进行指导和培训，并建立严格的考核制度；除了熟悉业务外，高级管理人员还应注意培养他们的管理思维和管理方法。企业与学校协商实现校企结合，双方资源共享。一方面，学校可以为企业员工提供培训；另一方面，企业为学校提供培训基地。企业要注重引进优秀人才，合理利用人才，降低企业成本，提高经济效益。

（七）提升管理水平以及提高民营快递服务质量

快递企业应努力采取措施提高自身管理水平，完善自身管理体系。一旦发生事故，应严格追究责任人，从上到下提高全体员工的责任感。无论是高层管理人员还是上门服务人员，都要提高他们的服务意识。即企业应加强对员工的培训，增强员工的服务意识，努力提高员工的服务水平，特别是基层业务人员的服务意识和水平。同时，企业要建立高标准的服务体系，按时向客户发货，这是客户对企业的第一印象。企业根据自身特点，提供配套的交通、信息等设施，提高配送速度，真正实现快速配送；此外，民营快递企业应建立严格的责任赔偿制度。如果货物在配送过程中损坏或丢失，应严格遵守赔偿制度。为了防止送货人员推卸责任，企业在货物配送中实行签字制度，责任具体归于个人。企业应认真对待客户的投诉，并及时处理相关责任人，无论是销售人员、电话接线员还是高层管理者。企业应建立起售后服务体系与强大的服务团队，时刻以消费者为中心。只有这样，才能提高服务质量，提高客户的满意度，降低申诉率，确保企业的长期稳定发展。

（八）加大网点建设，提高设备升级力度

拓展网点是中小型民营快递公司发展的必然选择。迄今为止，各大物流快递企业、跨国企业、国内民营快递企业都在积极推进这项工程，这使快递单数据的上传、查询等工作完成即时、无缝化衔接，为企业带来了较好的效益。

（九）加强物流园区信息平台建设，提高服务水平

建立物流园区信息化平台，是提升民营快递企业信息化水平的重要手段。通过与物流信息平台的连接，可以实现企业和消费者之间的物流信息的共享。建立物流园区信息化平台，可以有效地减少企业的信息化成本，并且其已经成为快递物流的重要组成部分。利用先进的资讯科技，能迅速响应消费者的要求，达到精确、快捷地送货，提升服务水准。同时，通过加强信息系统的管理，可以实现对物流的全过程追踪和监测，从而提高快递企业的运行效率。企业的信息管理系统是提高企业综合实力的重要手段。利用互联网信息技术，民营快递企业能迅速获得动态信息，并对其进行及时管理。通过对系统数据进行统计和分析，可以提升自己的管理水平，使各工作环节之间的联系更加紧密，从而提高网络的运行效率。加强信息系统的建设和管理，可以使企业和用户双向联系，确保产品安全、及时地送达，及时地对快递物流进行更新，使消费者能在最短的时间内了解商品的运输状况，从而提升消费者的满意度。由于我国有些边远地区不属于快递业，所以有实力的民营快递公司可以利用这个机会，在边远地区建立自己的快递站。这样，一方面可以增加网点的覆盖率；另一方面，也可以增加公司的知名度，对公司的发展颇有益处。

（十）树立品牌意识，制定发展战略

我国民营快递企业要从树立品牌意识入手，尽早制定发展策略，充分利用自身的优势，及时提供及时的服务、灵活的管理等，以提升自身的品牌形象。同时，我国的民营快递公司要加强对外的沟通，积极实施合作联盟的策略。例如：与电商企业加强合作，把握市场机会，长期发展。

此外，由于我国民营快递企业数量多、规模小、较为分散，以及国家政策对民营快递的支持不足，国有和外资快递对民营快递有很大影响。在激烈的竞争中，民营企业需要采取一些必要的措施进而获得发展优势。

例如，部分民营快递采用加盟模式，网点分散，造成了管理混乱的状况。因此，民营快递企业对内要加强对自身网点的集中管理，合理配置企业资源；对外，其有必要以合同或股权的形式建立民营快递企业联盟，并将同行业的竞争对手作为合作伙伴，以避免恶性竞争，损害自身利益。强强联合可以降低成本，扩大业务范围，提高综合竞争力，增强知名度。

五、民营快递企业竞争力

（一）快递企业核心竞争力的构成

快递企业的核心竞争力主要包括市场竞争力、资源优势度、运营管理能力、技术成熟度和社会关系能力，其模型如图1-7所示。其中，市场竞争是其他四个层次交互作用的产物，而资源优势度、运营管理能力、技术成熟度、社会关系能力是公司的核心能力，二者互相促进、互相制约。

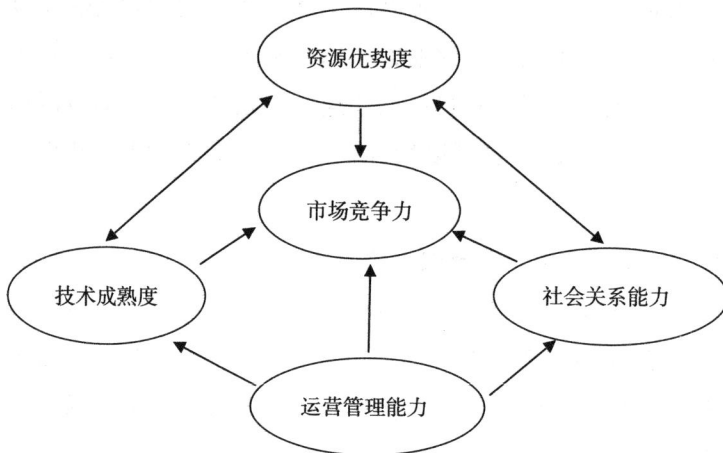

图1-7　民营快递企业核心竞争力的构成

1. 市场竞争力

影响快递业的市场竞争力的主要因素包括服务的时效性、便利性、差异性、可靠性、市场响应性、顾客忠诚、市场份额等。

2. 资源优势度

快递公司的资源优势程度主要体现在以下三方面。第一，其物质资源的优势程度，即物力和资金的优势；第二，企业的无形资源优势度，主要指企业信息资源的优势度、品牌知名度和企业文化凝聚力；第三，人才优势，即人才质量、人才优势。

3. 运营管理能力

根据企业的经营过程，公司的运营管理能力包括公司的组织结构、资源的整合、过程的管理、市场的扩展、供应链的灵活性以及团队的合作等。

4. 技术成熟度

技术成熟度的衡量标准包括技术革新的快慢、信息技术的先进程度、技术的更新速度等因素。

5. 社会关系能力

社会关系能力的衡量要素主要包括公司的知名度、公众的关注度、公司的社会名誉。

（二）我国民营快递业的核心能力分析

1. 市场竞争力喜忧参半

（1）及时提供的服务。就外地快件来说，很多民营快递公司只提供了一天的送货；快递业务以次早达、次日达为主，但收费偏高；为了满足国内消费者对商品的时效性和对价格的敏感度，联邦快递将提供次早达、次日达、隔日达等多种服务。在这种情况下，很多民营快递公司的定期到达都很难保证，服务的时效性和竞争力都很低。而在同城快递业务中，民营企业拥有较大的竞争优势。

（2）便利的服务。与国外、国有快递相比，民营快递公司的网络覆盖范围相对集中，组织方式更加灵活，这为快递服务的开展奠定了坚实的基础。

（3）安全的服务。安全主要表现为货物安全和信息安全。商品的安全性主要体现在是否有延误、丢失、损坏等方面；信息安全，主要是指寄件人的姓名、地址、电话、寄出的文件、包裹的质量等。根据调查，我国民营企业的安全状况较国企、外资企业的安全状况较差。顺丰的增值业务是全国最大的私人快件，但 DHL 的增值业务却不超过 10 个；我国民营企业在服务质量上存在着较大的差距，无法形成不同的竞争优势。

（4）市场反应能力和市场占有率。我国中小规模的民营快递企业，由于缺乏自身的资源和能力，对市场的反应速度较慢，对市场的响应速度较慢。尽管我国民营快递业整体市场占有率为 70%，但在个体民营企业中，大部分都是规模较小、市场份额较低的企业。从上述分析中可以发现，民营快递公司在服务的便捷性、服务时间、市场份额等方面仅有竞争优势，但在服务的安全性、市场响应性、同质性等方面具有劣势。

2. 资源优势度明显不足

由于民营企业规模小、利润水平低、融资困难等原因，使其在福利待遇、工作环境、成长空间等方面有很大差距，难以吸引高素质的快递人才；虽然顺丰、"四通一达"等民营快递公司在规模、实力、品牌上能与国有快递公司抗衡，但是就整个民营快递业而言，大多数民营快递公司缺乏核心技术和品牌意识。民营快递公司在知名度方面处于劣势，其管理理念和方法较为落后，企业文化没能塑造良好的企业形象，使其在整个市场竞争中难以建立资源优势。

3. 运作管理能力相对落后

民营快递公司的特点是"家族""亲缘化"，经营水平较低，实行集权、独裁，缺少民主与创新。企业内部的集中式企业很难适应外部的复杂、变化，而家族企业的经营方式又制约了企业的资源整合。由于信息技术的滞后、管理人员的缺乏，使企业的运营流程周期长，效率低，经常发生延迟、丢失等问题。根据速途研究院 2013 年关于快递延误和遗失事件的投诉率的统计，排在前三名的分别是港中能达、天天快递、宅急送快递；其次是顺丰、UPS、FedEx。

4. 技术成熟度较低

技术创新和服务创新的速度取决于投资额以及专业技术人员的能力

和素质。民营快递公司的发展水平和发展水平决定了其研发资金的短缺，很难吸引高素质的物流专业人员，对创新技术和服务的追求更多是口头上的。另外，由于基础设施、信息技术、运输方式等因素的影响，民营快递企业较少运用外资企业的 GPS 全球定位系统、RFID 技术和 GIS 空间数据库管理系统，同时也很难提供高附加值的增值服务，例如：冷链物流、特种货物运输等。

5. 社会关系能力欠缺

大部分民营快递公司的骨干缺乏应对的能力，不注重建立良好的社会关系，因而在应对突发事件和公共危机时束手无策。

六、促进民营快递企业发展的几个要素

（一）供给侧结构性改革推动了我国民营快递企业的高速发展

我国经济进入新常态后，《中华人民共和国国民经济和社会发展第十二个五年规划纲要》中明确提出要着力提高企业创新能力。李克强在 2014 年达沃斯论坛和 2015 年政府工作报告中也提到了"大众创业、万众创新"。在一系列的宏观调控政策引导下，国内企业的创业创新热潮，特别是服务业进入了一个黄金时期。尤其是我国的电商，其发展速度要比其他国家快很多，如淘宝和天猫的销售额，从 2009 年的 0.5 亿元猛增到了 2015 年的 912 亿元。而我国的快递业，也在快速发展着。根据国家统计局、国家邮政局等相关部门的统计，2020 年末，民营快递企业业务量收入突破 8 000 亿元，已达 8 795.4 亿元。

（二）国家政策保障了我国民营快递企业的稳步发展

在经济发展新常态下，为充分发挥快递业在稳定经济增长、推进供给侧结构性改革、调整相关产业结构、惠及城乡民生等方面的作用，各有关部门出台了相应的政策措施。这为我国快递业的发展带来了前所未有的机遇。

"十一五"规划将物流作为一种生产性服务，并将其作为国家经济发展的一个重要方面。2009 年 3 月，国务院印发了《物流业调整和振兴

规划》。《邮政法》于 2009 年 10 月 1 日正式施行，赋予了民营快递公司合法身份，使我国快递业迅速发展。2012 年 3 月，工业和信息化部发布了《电子商务发展"十二五"规划》，将促进快递业务与电子商务协调发展纳入《全球电子商务纲要》。《物流业发展中长期规划（2014—2020年）》于 2014 年 10 月 4 日正式发布，为中国物流业的发展指明了方向。2015 年 10 月，《国务院关于促进快递业发展的若干意见》指出了促进快递业发展的总体要求、重点任务，以及提出了"深入推进简政放权、优化快递市场环境、健全法规规划体系、加大政策支持力度"的政策措施。2016 年 3 月，《中华人民共和国国民经济和社会发展第十三个五年规划纲要》提出，"加强物流基础设施建设，大力发展第三方物流和绿色物流、冷链物流、城乡配送"。2017 年 2 月，国家邮政局发布《快递业发展"十三五"规划》，其中提出要加快建设一批航空和快递物流枢纽，加快发展"快递集团"，争取建成年营业额超过 100 亿元或 1 000 亿元以上的三四家大型快递企业集团，培育两个以上具有国际竞争力和良好声誉的世界知名快递企业。《快递暂行条例》于 2018 年 3 月 27 日正式发布，并从经营主体、快递安全、监督检查、法律责任等几个角度对快递业进行了规范。2019 年 7 月 9 日，《国家邮政局关于支持民营快递企业发展的指导意见》围绕当前民营快递企业遇到的困难和问题，结合目前已经出台的若干政策，从"降低企业成本，减轻企业负担；加强企业培育，推动转型升级；完善监管措施，营造公平环境；加强组织协调，提升保障水平"四个方面提出了 12 项更有针对性、更务实、更有效的新举措。2020 年，国家邮政局发布《快递进村三年行动方案（2020—2022 年）》，其中提出要建成快递服务通达建制村，既包括快递企业直接设立站点的模式，也包括与其他商业组织合作提供快递服务的模式等。通过畅通城乡经济循环、服务乡村振兴战略，实现快递业高质量发展。

（三）促进我国民营快递企业发展的电商经济

受美国次级抵押贷款危机及欧洲债务危机的影响，全球经济走弱。

尽管目前我国的经济仍然处于中等快速的发展阶段，但是大多数工业，尤其是传统工业的发展速率急剧下降，出现了大量的产能过剩。但是，电子商务的发展势头正相反。根据艾瑞咨询公司的统计，中国网上交易的规模持续高速增长。根据国家统计局数据，2021 年全国网上零售额达 13.09 万亿元，同比增长 14.1%，大约 80% 以上的大型电子商务是以实物方式进行的，从而引发了快递业的快速发展。

第二章　民营快递企业员工概述

第一节　民营快递企业员工的分类

一、按年龄划分

快递企业员工大多是青年与中年人。随着时代的快速发展，人们的生活节奏也越来越快，他们的时间持续压缩，足不出户就能买到东西成为此类人的迫切需求，快递业应运而生并迅猛发展。据不完全统计，在民营快递企业员工中，26 到 30 岁的员工占的比例达到了 47.4%，19 到 25 岁的员工占的比例达到了 21.1%，这也就意味着 30 岁以下的员工比例接近 70%，41 岁以上的员工比例不到 10%，这充分表明民营快递企业员工的年龄结构趋于年轻化。根据韵达公司人力资源部对员工年龄分布的调查（表 2-1）可知，35 岁以下的员工占 48.3%，36~45 岁的员工占 36.7%，46 岁以上的员工占 15%，韵达快递物流基本趋于年轻化，以中年和青年人为主。

表 2-1　企业员工年龄培训调查表

年龄	比例（%）
20 岁以下	3.8
20 ～ 35 岁	44.5

续　表

年龄	比例（%）
36～45 岁	36.7
46 岁以上	15.0

二、按接受教育程度划分

大多数快递企业的员工是低学历，高学历员工比例很低。由于快递业大多需要较好体力的人员，并未对学历有过多要求，属于劳动密集型的劳动，其主要负责的工作就是快件的接收与派送，因此从整体上看，员工的接受教育程度相对较低。从申通快递的武汉转运中心的员工学历调查结果（图 2-1）可以很好地论证这一观点：员工整体接受教育程度较低。此外，上海韵达公司员工中大专以上学历的人占整体的 7.11%，而中专偏下学历的人竟高达 77.45%。当然，不只是申通、韵达公司如此，圆通、中通亦是如此，在此不再赘述。

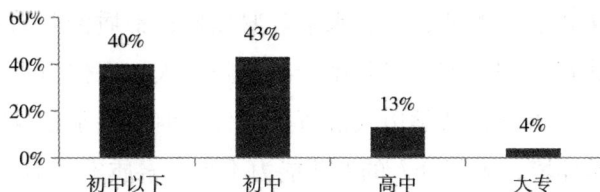

图 2-1　申通快递武汉转运中心员工学历分布

三、按员工分类划分

民营快递企业员工大体可以分为四类：管理人员、专业技术人员、营销人员和生产人员。其中，生产人员占比为 73.39%；专业技术人员占比为 10.95%；管理人员和营销人员分别占比 7.83%。也这反映了我国现阶段快递业的劳动密集型特点。

四、按性别划分

民营快递企业员工大体为男性，女性员工较少，这主要是因为男性力量更强，一般男性的体力相较于女性来说更为持久。根据 2022 年民营快递企业调查，女员工占比超过 30% 的企业比例仅有 48.34%，女员工占比超过 20% 的企业比例则达到 78.8%。在受调查企业中，男性担任技术类岗位的占比高达 84.11%，女性占比仅为 31.79%；男性担任业务类岗位的高达 68.21%，女性则为 31.79%。而女性担任行政、客服及后勤类岗位的占比高达 79.47%，男性则仅为 20.53%。

第二节　民营快递企业员工存在的问题及原因分析

一、民营快递企业员工存在的问题

（一）学历水平偏低，综合管理性人才少

民营快递企业门槛低，学历水平普遍偏低，素质参差不齐。民营快递企业对一线员工需求大，但是由于工作强度大、以体力为主，并非高学历人群的工作诉求；低学历人群可以胜任，但受限于自身的学历水平和平时的生活环境，大部分人的专业能力不足、素质素养不高。

人才是这个时代发展所必需的要素且为重要因素，不仅是在其他国有企业或私有企业，抑或外资企业，人才都是十分重要的。在民营快递企业，"人才"更是重中之重。由于少有高学历人才进入快递业，所以在快递业中的管理层大多由一线或者二线人员提拔而成，他们缺乏一定的专业性与前瞻性，虽然有一定的实操经验和处理机智，但是缺乏完整的理论知识和对先进技能的掌握。

（二）培训机会较少，培训机制与平台不完善

由于民营快递企业员工人员素质普遍较低，并且培训需要花费巨大

的费用，而且需要其他资源和物质基础来综合推进培训的发展，培训不仅需要公司提供机会，还需要员工个人进行技术学习，这双重压力下导致公司对人才培训不太重视。当员工进入一线后，无论是员工还是公司更为注重绩效，讲求工作效率，并未将员工的技能提升放在首位，培训机会大大减少。而对于快递人员培训机制与平台在当今时代底蕴不深厚、知识储备较浅、社会资源方面较少、政府支持力度不强并且快递业发展时间短等问题，仅通过企业自身的实力难以改变这种局面。

（三）人员流失严重，人员发展不稳定

快递企业员工来源复杂，不仅有本公司员工，有来自其他非快递企业的员工，有刚刚放假的学生，还有经营其他行业的店主等。据调查得知，其他非快递企业的员工的比例达到了42.1%，并且学生所占的比例达到了26.3%，其中很大一部分属于大学生自主创业群体。因此当假期来临时，快递企业涌入许多的学生工，而随着开学季的展开，这些学生又会陆续离职回到学校，人员流失率高，发展度不高，并且在这些人心中，快递业是一个兼职，适宜赚外快，如若找到相对较稳定的工作，他们更多地会选择跳槽，因此难有长期稳定的大规模人员，影响着民营快递企业的长远发展。

（四）社会服务水平偏低

2018年3月，国家邮政局和各省（区、市）邮政管理局通过"12305"邮政行业消费者申诉电话和申诉网站共受理申诉231 907件。其中，涉及邮政服务问题的有8 587件，占总申诉量的3.7%；涉及快递服务问题的有223 320件，占总申诉量的96.3%。

受理的申诉中，有效申诉（确定企业责任的）为16 477件，同比下降35.0%。其中，涉及邮政诉讼问题的有1 440件，占有效诉讼量的8.7%；涉及民营快递服务问题的为15 037件，占有效诉讼量的91.3%。

以上数据可说明我国的快递服务人力资本问题仍然突出，如果不及时完善，不仅会使店家的销售名誉和自身品牌受损，还会导致物流快递

业不能向前良性发展。

（五）管理层管理水平不高

由于民营快递企业的加盟门槛较低，而快递企业的业务量大，增长快，总部不能及时对新进管理人员进行相关培训，管理人员大多数仅通过简单的自我学习来完成上岗前的培训，这就使很多管理人员并不具备相应的管理技能。管理人员缺乏完善的管理制度理念，缺乏长远发展目标，既不愿意对快递配送进行优化，又不愿意对员工进行培训。平时管理人员对下级员工的管理，主要通过日常的口头传递消息的形式进行，形式简单且语言粗暴，对员工更谈不上进行人文关怀，这就让员工缺乏对企业的认同感与归属感。

（六）员工服务意识不强

2020 年以来，快递延误，暴力分拣造成的快件损坏或丢失、代签收现象，赔付困难等问题频遭消费者投诉。从投诉缘由来看，快递延误排行第一，投诉量达 17 167 起，占总投诉量的 40.71%。服务缺位相关投诉量为 11 921 起，主要表现为客服、快递员联系不上，介入处理慢甚至不作为。丢件相关投诉量排行第三，为 9 835 起。

（七）员工职业道德缺失

国家邮政局数据显示，2017 年 6 月，与上个月相比，消费者投诉中最大的问题是物品损坏。与去年同期相比，明显增长的问题为邮件丢失短少，同比增长 3.9%。究其原因，一方面是寄件方进行保价的比率低，如果没有进行保价，而快件丢失，《邮政法》对货物的实际损害进行了赔偿，其最高赔偿金额不得高于运输费用的三倍。另一方面，民营快递企业未及时对员工进行必要的职业素养培训，加之员工平时工作辛苦，缺乏企业的关爱，在面对贵重物品时，职业道德的缺失往往让他们铤而走险，拿走物品，并迅速离开公司。但是，良好的职业操守却是一种有效的竞争方式，也是关系到企业能否生存和发展的重要因素。丢失、盗件、抢件、延误、快件破损等都会引起民营快件的投诉，其中 80% 以上的工作失误是因为他们的职业操守。

（八）员工责任心不够

据近年来民营快递业统计，大型快递企业员工流失率高达 50%；而小型快递企业的员工流失率高达 80%。其中，以一线操作人员流失居多。调查表明：企业对员工缺乏人文关怀是重要的影响因素，员工与企业之间没有形成一种心理契约。此外，快递工作本身比较枯燥、繁忙，基本工资不高，要想提高工资，只能提高绩效工资中派件的成功率，而很多员工为了提高派件的成功率，自己代替消费者签收，或让门卫冒名签收等。这种行为加大了货物遗失的风险，是员工缺乏责任心的表现。

（九）发展速度快，员工的知识储备难以提升

在当今快节奏的现代生活中，快递已经成为生活中不可或缺的重要组成部分。员工大部分的时间都用于工作，只余下零碎时间，难以进行系统化的学习与培训，员工的发展水平只能以缓慢的速度向前推进，难以跟上时代的发展。在数字化时代，科技成为时代的代名词，快递业全年无休，但又是一个趋向饱和的状态，据了解，截至 2013 年就已有 1 万多家的民营快递企业，市场这一块大蛋糕已经快被分完了，快递企业的发展也必须紧跟市场的变化。

二、民营快递企业员工存在问题的原因分析及解决对策

（一）民营快递企业员工存在问题的原因分析

民营快递企业在发展的过程中也会产生一系列问题，如人员素质不高。下面将对民营快递企业员工存在的问题进行原因分析。

1. 服务意识不强，服务态度差

由于员工的技术水平较低，一般在一周之内就会上岗，而大部分民营快递公司对员工的培训工作不重视，导致员工的服务意识不足和服务态度差。国家邮政局和各省（区、市）邮政管理局通过关于"12305"邮政业用户申诉网站共处理申诉 22 164 件，较上年同期增长 5.1%。

2. 文化水平低下

民营快递公司员工中大部分工作人员的文化程度比较低，他们只负责收发和投递邮件。中小型民营快递公司在成立初期往往雇佣数十名或十名以上的人员，造成了企业内部人员的大量流失。此外，电脑等专业技术人员的素质也比较低，学历也比较低。

3. 职业道德规范教育重视不够

民营快递公司在员工职业道德方面缺乏足够的重视。良好的职业操守是快递公司竞争的重要手段，也是关系到企业生存和发展的关键因素。而快件丢失、盗件、抢件、延误、快件破损等都会引起民营快件的投诉，其中80%以上的工作失误是因为他们的职业操守。

4. 企业管理人才匮乏

从以上分析可知，民营快递企业的人力资源构成仅为8%，说明其人力资源相对匮乏。从2010年的投诉量来看，80%以上的投诉原因主要是"误工率、损失率、漏失率"。民营快递企业管理人员缺乏、手段单一、方式落后是造成"三大投诉"的主要原因。为了降低"三大投诉"量，民营快递企业必须采取有效措施，提高管理人员的工作水平。

5. 初级操作类工作人员的需求量已接近饱和，对高级技术人员的需求量较大

初级操作人员的需求接近饱和，但高级技术人员的需求量比较旺盛。基础操作员的工作条件相对简单，门槛也比较低，大多数人都达到了企业工作岗位要求，基层人才基本处于供过于求的状况。在当前供求形势下，企业亟须大量仓库经理、物流配送总监、采购经理、营销经理等高级物流管理人员。而随着我国物流业的快速发展，我国物流管理水平不断提高，并且企业的管理水平得到了提高。后勤人员的需要也在持续增长，相对于一般的后勤工作来说，具有一定的专业知识储备，掌握管理技能和管理经验的高素质人才是一个巨大的缺口，市场需求持续增长。物流在当今社会中的地位日益重要，尤其是在商品流通环节中，物流的重要性更是无以复加。因此，从事后勤工作的人，不仅要有足够的专业

知识，精通各方面的知识，有相应的技术，精通多种工作，还要懂得全面的物流运营知识与管理，同时要对企业的经营进行全方位控制，以适应企业整体发展的需要。也就是说，民营快递企业在迅速发展的过程中，需要大量的复合型人才担任后勤工作。

6.行业吸引力不够，人才聚集不平衡

在近年来的人才培养模式中还存在高质量人才培养质量无法得到提升，复合型人才以及科技领军型人才相对较少的问题。数字经济时代下，不同行业的人才发展也不同，互联网等行业发展速度飞快，并且具有较多的复合型人才，但是传统行业的竞争力不够明显，人才吸引力相对较差，无法获取更多优秀的高素质人才。

7.人才培养模式不合理，高层次人才匮乏

当前，我国在进行人才培养模式的选择中更多是以知识教育为主，针对专业知识的培训却缺乏对一个行业甚至一个企业的深度调研，这也导致了在员工培训模式过程中对员工专业知识设置相对陈旧，员工培训欠缺的针对性。员工培训的人才与企业日益增长所需要的人才并不相适应，更无法与当前的现代化发展相吻合，员工培训模式十分单一，更加注重的是课堂教学形式，缺乏实践培养，导致很多员工学习理论知识相对较强，但是后续的实践能力相对较弱。

（二）民营快递企业员工存在问题的解决对策

1.业务员应注重自身能力提升

2021年7月，交通运输部、国家邮政局、国家发展改革委等7个部门联合印发了《关于做好快递员群体合法权益保障工作的意见》，其中包括各项快递员权益保障措施。因此，快递员的合法权益得到了有效的保护。在这份文件中，涉及以下几个方面：权益保障尚且不足、制定派费核算指引、指导规范企业用工。2021年9月6日，在提高快递员群体权益的行业风潮之下，顺丰控股继续推行"员工可持续发展保障计划"。顺丰称，由于当前快递人员大多是年轻人，因此公司将目光放在了他们的职业发展上。职业生涯的多元化发展和发展需求，制定专业、管理型人才的可持续发展保障规划，积极鼓励一、二线员工参加学历教育与技能认证，为高中学历快递员进修专科、专科进修本科提供学费补贴；组织各地快递员进行快递员、快件处理员技能等级认定，参评快递业职称评定，提升工作能力和水平等。

2. 企业应加强业务培训力度

对于一些规模小、分散经营的快递企业来说，他们很难利用自身实力节省资源，使企业运作效率上扬。因此，企业需要重视政府当局的全面调控，并且积极配合。对于政府发布的一些政策，如鼓励并支持实力雄厚的快递企业对那些实力差、无竞争力的快递企业兼并重组等，企业应大力配合，通过相关政策的支持来运行。这样不仅整合了社会资源，又通过强强联合，加强了有用资源的利用。一方面，可以加强和培养企业的竞争力；另一方面，也会促进人力资源的优化，通过物料资源重组（MRP），不断削减利润低、价值小的链条，这也在无形中激发了公司成员不断进取的动力。

快递业是劳动密集型的服务行业，人力也是其中主要的要素。但目前我国快递业的人才质量仍处于较低的水平，但由于民营快递业人才培养尚不完善，也造成了高素质人才的短缺。教育与储备机制不完善。所以，"十二五"期间，我国大力发展高素质人才。目前，我国快递业的一个重要工作，除了要加强政府的指导和培训，还要加强对员工的用人观念和对人力资源的管理。企业则应强化内部的培训及其他方面的管理，给予员工适当的福利，并为他们制定合理的职业发展目标，以保证他们的工作稳定。

3. 转变人才培养观念

时代不断改进，企业应该意识到，新经济时代，人才是企业发展的源泉和动力。真正的人才拥有自己的独立思想和人格，不喜欢条条框框的管制，尤其是知识型员工。因此，原来的管理思想已不符合当前的社会发展趋势，企业应真正做到以人为本，高度关注人员才能的开发与培养。作为企业管理者，应成为育才型领导者。通过恰当的放权、指导等管理手段给予员工自主成长的空间，从而使其通过不断自主学习、解决事务来提高自身的工作绩效，同时带动整个企业的绩效水平。

4.全面提升个人素养

我国物流的总体社会服务水平虽然呈上升趋势，但仍然存在着缺件、少件、邮件耽误、投诉等问题。例如，接收和邮寄，如果没有及时处理，不能真正提升我国的快递服务水平质量。快递人员是直接面向客户的群体，他们的一举一动都是企业文化的体现和企业素养的传达。现今，人们越来越注重服务的享受，对此，快递人员不应再是简单的快递送达者，而是社会文明的凸显。因此，为达到社会所需求的，联邦快递航空服务人员对员工进行了特定的个人素养培训，如工作人员的站姿、行走、谈吐、微笑等，并且保证每月进行特定培训。除此之外，员工个人可以通过翻看各种书籍扩宽视野，了解各方面的信息，以全面提升个人素养。

5.建立健全的培训机制与完善的培训平台

一方面，高校要适应快递市场的需要，对快递人才培养方向和标准进行不断调整和优化，为其提供更高水平的知识技能，以便为我国的快递事业发展作出贡献。另一方面，政府要积极高效地组织人才招募，为高校和快递公司搭建一个良性的交流平台。

因此，企业首先需要对员工进行基本的岗位技能培训；其次，要对员工输出企业文化、精神、价值观、目标等，用文化软实力形成一份对员工的约束力；最后，企业应满足员工的保障需要与激励需要，提升员工的忠诚度与归属感，进而使企业的凝聚力不断增强，以软实力推动企业的发展。

6.建立合理薪酬和绩效考核体系

在薪酬体系中，公平是最重要的原则。亚当斯公平理论强调外部公平与内部公平的统一。企业要使员工把自己的付出与所得和同事的付出与所得进行对比，得出的关系式相等，否则会引起员工极大的不满，同时要注重员工的个人公平，即承担相同工作或从事同一岗位的员工之间的薪酬应该对等。

此外，民营快递企业还应健全绩效考核体系。对此，企业首先应设置良好的绩效考核指标，指标应具有积极的导向作用，能影响员工的积极行为。其次，评价对象应是多元的，包括直接上级、客户、自己和同事等，给予不同比例的全面评分，以确保评价的客观性和公正性。最后，将绩效考核结果应用于员工培训、晋升、薪酬调整与工作调动中。

7. 建立健全人才引进激励机制

企业在制订培训计划时，首先要明确企业发展的定位是什么，只有定位清晰，企业在人才培训过程中的培训质量才能得到提升。其次，企业应了解本次培训管理的方式，以及本次培训所提供的支持服务范围等。例如：在培训过程中，企业应明确培训目标，了解培训期间针对不同员工的培训内容和重点，并提出培训愿景，以提高培训的整体效果，以便企业根据培训目标找到培训的重点和突破口。最后，企业应做好培训工作的策划和宣传，提高后续培训工作的整体效果。在进行人才培训中，还需要通过我国政府参与、加大政策红利，才进而全方位地建立健全人才引进以及基地管理制度。因为当前企业所需要的是复合型人才，这是知识经济时代下人才发展中的重中之重，更是知识经济时代下企业员工素质培养中的重中之重。

如今，快递服务能满足消费者的特定需要，受到了人们广泛的欢迎。随着市场需求的不断拓展，这也促进了快递服务的迅猛发展。为适应经济的快速发展，2011 年国务院发布了《关于支持河南省加快建设中原经济区的指导意见》；2017 年 1 月，交通运输部等 18 个部门联合印发了《关于进一步鼓励开展多式联运工作的通知》。2014 年 9 月，国务院颁布《物流业发展中长期规划（2014—2020 年）》。2021 年 7 月，交通运输部、国家邮政局、国家发展改革委等 7 个部门联合印发了《关于做好快递员群体合法权益保障工作的意见》。2022 年 1 月，国家邮政局研究起草了《快递市场管理办法（修订草案）》等。这些都给快递业长期发展带来了机遇。

配送作为物流末端，被称为"最后一公里"，其独特之处在于为消费者提供"门到门"服务。近年来，随着新科技、新形态、新物流模式不断涌现，可以说不管在创新还是实践方面都取得了重大突破，但还存在低价夺取客户、利用"规模经济"准则进行营销，导致了客户和企业之间的相互损失，无制度化管理导致送件员的服务态度淡薄，由于快递拖欠、缺件和毁灭导致服务水平低，这严重影响了行业的良性发展。

为提升企业竞争力，推动经济发展，企业需要抓住最有提升价值的生产要素——人力资本，它是一切经济成长的源泉和巨大潜力。对许多发展中国家来说，人力资本的提高对经济发展具有无限潜力，因此对其进行研究是极其重要的。针对人员结构来自年龄、学历、知识、地域的不合理，一人身兼多职务且职务关联性差距十万八千里等问题，企业要尽量保持现有的企业人员，尽量减少公司的人员变化。为了稳定员工的情绪，企业必须对现有员工进行合理分配，并对其现有的工作能力和工作质量进行考核和评价。经审核后，企业再确定其能否满足新的岗位储备人才需求。若经评审的员工的工作能力及质量与新增岗位的工作条件相匹配，则公司可增设这一类别的员工。工人的再培训使他们能重新上岗，这不仅可以在一定程度上实现员工的重用，避免早期人力资源投资的损失，还可以在更高程度上照顾员工的心理，增加员工的满意度、忠诚度和归属感，提升企业的良好品牌形象。

第三节　民营快递企业员工培训的重要意义

一、民营快递企业培训的必要性

（一）民营快递业的发展对培训的影响

我国快递业发展趋势大好。以邮政为基础的快件发展历史仅有三十多年。1984年，中国邮政开通了中国快递服务，开创了快递业的先河。从1994到2002年，大量的民营快递公司相继成立，如申通、顺丰、圆通、韵达、中通等。2021 年，我国的快递业务品牌集中度已高达 80.5%，这已经达到了较高的水平。从一些发达国家的经验看，在今后的几年里，我国将会逐步形成以少数几个大公司为主导、中小快递公司在区域内形成一种相互补充的竞争模式。另外，我国的航空、铁路、公路等运输企业也会与快递公司进行合作。通过合作或兼并重组，扩展业务网络，提高公司的核心竞争力。电子商务、制造、物流企业通过与快递企业的合作和并购，推动了整个产业链的形成和发展。服务链条的集成与集成，促进了行业的协调发展。自 20 世纪 90 年代以来，我国民营快递公司经历了由小到大的发展，在已有注册的民营快递公司中有将近一百个物流公司。在这些公司中，顺丰、圆通、韵达等大型物流公司是依靠奇才网的优势，以及与电商的合作不断壮大的。

但在中国物流快件业务蓬勃发展、快递企业发展欣欣向荣的同时，面临着一些问题。例如：我国快件业务中消费者的物品损坏、遗失、送货延迟等，物品与消费者期望存在一定差距，服务水准还需进一步提升等。

交通运输部数据显示，2016—2019 年我国货运总量不断上升，增速呈现先上升后下降趋势，2019 年我国货运量达到 534 亿吨，与上年同期相比增长 5.5%，增速下降约两个百分点。在发展过程中，每一家公司都会遇到各种问题，这些问题若不能及时加以解决，将会对我国的经济发展产生重大影响，同时会影响物流产业整体稳步发展。

随着我国民营快递企业的发展，大型民营快递企业大多成立于 20 世纪 90 年代初，如顺丰、"四通一达"、宅急送等大型民营快递公司。由于企业处于起步阶段，加上 2009 年之前中国邮政法律法规的限制，社会资本（包括金融资本）不愿参与民营快递企业的开发和建设，导致固定资产投资有限，民营快递企业的高科技和信息技术资源匮乏。大多数民营快递企业经营缺乏长期发展战略，缺乏做大做强的意愿和动力。20世纪 90 年代，中国快递业务快速发展，快递市场潜力巨大，民营快递企业不得不通过大量劳动力的投入来满足快递市场的发展。因此，在 20

世纪 90 年代，快递市场仍然是基于"人海战术"的初级市场。2007 年后，中国电子商务快速发展，电子商务快递帮助民营快递企业快速发展。"四通一达"在这一时期快速成名。2010 年，中国注册的快递企业超过 5 000 家，全行业员工约 24 万人，其中快递业每年业务增长速度为 50% ～ 100%。

现阶段，快递企业发展不均衡，进入门槛较低。一辆车外加两个人就可以送快递，尤其是"四通一达"。由于融资限制，为了加快业务发展，同时为延缓重资产投入（主要指大型中转场地和运输工具），企业必须引入一种新的快递业务模式——代理制度和特许加盟制度，以便迅速占领快递市场并以量取胜。然而，代理和加盟企业的规模相对较小，他们基本上是靠人力资源的投入来发展业务，运营极不规范，快递的野蛮增长已经形成。

众所周知，及时和质量是民营快递企业生存的基础。然而，20 世纪 90 年代，由于中国特殊的市场环境，时效性低、质量差并没有从根本上阻碍中国快递业的快速发展。事实上是，交付量和客户投诉量"一起增长"。劳动力快速涌入快递市场，推动了快递业的发展。但由于快递员体力劳动占很大比例，对技术要求较低，因此早期快递员的整体劳动质量并不高。大多数快递员的学历都在高中以下，没有受过正规系统的服务水平教育和高等文化教育。这也是快递业野蛮增长的重要原因。2009 年以前，拥有现代企业标识的快递企业较少，甚至有些快递企业都是"两无企业"即没有社保的员工和没有资质的企业。低端劳动力投入是这个阶段较明显的特征。

电子商务的兴起与高速发展，使快递员已经成为我们日常生活中不可或缺的一个部分，我们的衣食住行几乎很大一部分都依赖于他们的辛苦工作，将或远或近的商品带到我们的身边，被人们称为"最熟悉的陌生人"，几乎每天都要打交道的快递小哥为我们的生活带来便利的同时，不可避免地会带来"幸福的烦恼"。如何使快递从业人员更加职业化，便成为我们需要关注的问题。

需求促进增长，从业群体不断扩大。现如今，网络零售行业已经融入我们生活的衣食住行的各个方面，从 2016 年到 2018 年，我国网络零售交易额从 51 540 亿元增长至 90 065 亿元，两年内增长率达到了74.4%，市场的繁荣也带动了其他相关行业的发展壮大。随着互联网零售业的迅速发展，以及配套设施的广泛建设，快递业的发展越来越受到人们的重视。行业的发展速度也是突飞猛进。据国家邮政局统计，2018 年全国快递业务总量达到 490 亿件，2019 年全国快递业务总量达 635.2 亿件，2020 年全国快递业务总量达到 833.6 亿件，且平均增幅一直保持上升态势，市场体量较为可观。快递业务量的不断上涨，自然而然地使快递业对人力资源的需求越来越大，其中对快递员的需求更是首当其冲。2010年至 2018 年，我国快递员人数逐年上升，从 2010 年的 60 万人到 300 万人，8 年时间翻了 5 倍之多，增长率高达 400%，极大的劳动力流入。在促进行业高速发展的同时，解决了大量的就业问题，可谓一举两得。但是，由于快递员职业的特殊性，及巨大劳动量和较高的工作压力，使行业内人员的流动性较大，而且根据中国物流联合会 2017 年所统计的数据，快递员的学历普遍集中在高中、职高、中专和大专，占比达到了总体学历水平占比的七成，本科和硕士以上的高学历人才在从业人员汇总中仅占 7%。不难看出，快递行业人员整体的学历水平和文化水平并不是很高，因此对于服务业之一的快递一线工作人员而言，对快递员的职业培训成为必需品，如何使这一群体更加职业化和专业化，便成为行业需要思考和关注的问题。

1.培训能提高员工对公司的归属感和自豪感

在企业中，对员工的培训越充分，越能吸引员工，越能使其增值，越能使其为公司带来更大的利益。有数据表明，在浙江某快递企业的270 名员工中，有 100 人接受了培训。80% 的人对他们所做的工作感到满足，87% 的人愿意继续在公司工作。通过培训，可以使员工的技术水平得到提升，也可以使员工对自己的价值有更深刻的认识，从而更好地理解自己的工作。

2.培训可以促进双方交流，加强企业的凝聚力，并形成良好的企业文化

因为企业文化是公司的灵魂，所以很多公司采用了自己的企业文化培训形式进行培训。通过这种方式，可以很好地把培训与企业文化结合起来，并在培训中让公司的管理者与员工认同公司的文化，这样，他们不但会自觉地学习和掌握科学技术的知识与技术，还会提高自己的主人翁意识、质量意识与创新意识；通过培训员工的企业文化，还可以使他们每个人的敬业精神、创新精神和社会责任感得到提高，形成人人自学、自主创新的良好氛围。这样，技术人才才能不断进步，公司的技术研发能力也才能逐步提高。

3.提高行业快递员素质

目前，快递员行业人员整体素质并不高，但职业培训可以帮助企业培养更多的行业专业人才，提升从业者的自身素质，这能有效提升行业服务水平。

4.有效缓解快递员就业压力

通过技能水平的提升和专业技能的提升，快递员能更好地适应工作环境的改变，从而激发自己的创造力，进而增强工作的稳定性。

5.提升企业形象和竞争力

快递员的服务质量和个人素质也会影响快递企业的社会认可度与用户黏性，消费者认可度高，自然而然企业在行业内的竞争力就更强。虽然目前各大快递企业都在加紧完善快递员职业培训的机制构筑，但是处于起步阶段，总免不了面临一些亟须解决的细节问题。

6.有利于提高员工的服务意识

2010年315消费投诉网数据显示，关于快件方面，延误、投递不到位、服务态度、辱骂客户、电话接通困难、物品丢失、赔偿问题、货物损坏、拒绝商品检验等问题是消费者投诉的重点。国家邮政局数据显示，2011年7月，反映民营快递企业员工服务态度差的申诉量为490件，占19.8%，仅低于快件丢失及内件短少的申诉率。由于服务态度问题多而广，且申诉量逐年上升，因此自2011年8月起，国家邮政局将服务态度申诉扩大为收投服务申诉。而通过投诉的手段记录员工的工作行为，在培训时多加提醒，让快递员知道自己的问题所在，可以有效提高其服务意识。

7. 有利于提高用人成本的效益

近年来，学界与企业界认为：培训、开发和利用人力资源，可以大大提高人力资源的利用效率。特别是在信息时代下，信息、知识和创造力作为重要的战略资源，对员工培训也成为影响生产力、市场竞争和企业业绩的重要因素。

8. 有利于提高民营企业员工多方面的技能

人力资本投资的关键是培训和投资，即对员工在知识、技能、素质等方面进行教育与培训，以促进公司与员工的全面发展。无论是从理论上还是从实践上来看，国外关于企业培训的研究相对来说比较成熟，但是我国对培训的研究大多局限于宏观层面，忽略了对企业的微观层次的研究，特别是民营公司。

9. 有利于中小民营企业有效地促进我国生产力的成长

企业的竞争归根到底就人才的竞争，人力资源是企业较重要的资源，科技水平的提高使企业的经营重心从物质的投入向人力资本的投入转变。只有拥有适合企业成长必需的人才，企业才能在市场竞争中百战不殆。而今，我国大部分企业都是中小型企业。因此，中小民营企业有效地促进我国生产力的成长，是国民经济的重要组成部分。而中小民营企业想要取得更大的成长，必须建立在科学的管理系统的构建和树立正确的人才观的基础上，使企业能延续规范和成长的方向。

（二）民营快递员工素质对培训的影响

快递员入职门槛低，大部分快递员工的综合素质较低。长期以来，由于受到"生产大于流通"的观念，物流行业在很长一段时间内没有得到企业的足够重视，民营快递业行业技术水平较低，初始资本投资较少，同样对员工素质的要求也一般较低，而行业利润较高，容易获利，且有大量的廉价劳工。这就造成了快递业的混乱。例如，出现快递小哥恐吓、辱骂、殴打收件人；快递员非法占有快递邮包等现象。快递业中员工非法占有快递物件的现象频发，引起了学界与司法实务界对此类案件定性问题的关注。如"中通快递员遭客户投诉当客户面踩碎包裹"成都顺丰快递分拣员杨某窃取邮包等事件频繁登上热搜。

目前，我国已经从全国邮政获得经营快件执照的公司超过 8 000 家，从事快递服务的企业则有万家之多。但是与国外快递巨头相比，无论是在资本还是技术上，我国的快递公司都有很大的发展空间。目前，我国的快递业还未实行职业资格证书，致使其从业人员的整体素质偏低。《邮政局关于 2013 年快递服务满意度调查结果的报告》调查显示，2013 年快递服务总体满意度为 72.7 分。而消费者对快件服务的不满表现在以下方面：不能主动预约上门、普通受理电话不能有效接听、取件时间长、揽收人员不能按时上门、服务质量差、快件不能按时到达、投诉结果不满意等。可见，快递业人员的服务质量有待提高。虽然我国当前的快件行业资格认证已实施多年，且其考试内容往往很简单，但很多从业人员并没有持证上岗，这使资格认证制度在实际当中并没有落实到位。对于这方面，企业应加强对快递从业人员的职业操守与相关知识技能的配备。同时，要求快递人员注意着装，规范操作，执行服务术语。而且，在现实当中，也可以用施行给员工打分制，对其进行即时奖惩，以提高其服务质量。

二、民营快递企业员工培训对企业员工的意义

（一）民营快递企业员工培训对企业的意义

在现代化企业管理中，企业培训是企业发展必不可少的一个环节，也是企业应该优先考虑的问题之一。因此，企业可选择有经验的培训师对员工进行培训。换句话说，任何一个企业想要发展，都不少了内训。下面，将详细描述企业进行内部培训的目的和意义。

人是企业发展的主要生产力，要想在现代企业竞争激烈的行业中占有一席之地，必须依靠广大员工的智慧和技术。但是，每个员工都会有一些缺点，都会遇到瓶颈或者困难期。因此，企业需要进行内部培训，

不断提升员工的知识储备、工作价值观，使其保持良好的工作态度等，帮助员工解决问题，使他们获得新技能，磨炼现有技能，提高绩效和生产力。

1. 为机构发展提供强有力的人才保证

在知识经济时代，企业的核心能力之一就是人才。国有企业要在激烈的市场竞争中保持持续发展，必须加强对人才的管理。加强对人才的培养和发展，是搞好人才队伍建设的一项重要措施。人力资源部必须全面了解企业发展的目的，从提高员工工作能力、工作态度和行为习惯等几个方面着手，对其进行合理规划。

在国有企业进行员工培训，首先，可以使员工在工作中掌握必要的知识、技能、方法，提高自己的综合素质；其次，能加强员工的责任感、荣誉感和团队意识，增强企业的凝聚力，留住人才；最后，有利于吸引更多的优秀人才，使企业的人力资源得到持续优化，从而提高企业的核心竞争能力，从而更好地吸引更多的人才。通过对员工的培训，可以加强企业与员工、管理层与员工之间的双向交流，提高企业的凝聚力和向心力，从而形成良好的企业文化。很多公司都采用了自己的培训方式和委托式的培训方式。通过这种方式，可以很好地把培训与企业文化融合在一起，因为企业文化是公司的灵魂，是一种以价值观念为核心的企业文化。公司的管理者和员工认同公司的文化，他们不但会自觉学习和掌握技术，还会提高自己的主人翁意识、质量意识和创新意识。通过这种方式，还可以使员工的敬业精神、创新精神和社会责任感得到提高，使他们能够自主学习、自主创新，使公司的科技人员增多，使公司的科技发展能力得到显著提高。总而言之，以软性力量团结员工。

2. 有助于提升组织的绩效水平

国有企业做好员工培训工作，一方面能帮助员工迅速学习并掌握工作所需的各类新知识、技能、理念和方法，另一方面能帮助员工加深对企业战略目标、年度生产经营指标以及岗位工作标准的理解，更新员工现有的知识结构和管理理念，从而提升员工的工作业绩，推动组织整体绩效水平的提升。此外，学习型组织理论认为，企业要想获得持续发展，就必须增强自身的整体能力，提高整体素质。加强学习型组织建设，也是国有企业适应改革发展的必然选择。例如：很多国有企业目前在尝试以企业大学、商学院等形式打造学习型组织，将培训工作与企业的发展目标、战略规划结合起来进行统筹安排，以不断提升组织的综合竞争优势，为国有企业改革发展提供基础保障。

　　3. 有助于企业工商管理的提高

　　企业管理培训是指企业管理人员在对财务、经济、商业管理等方面进行全方位的学习和实践，从而不断地提升自己的专业技能和专业素质。从目前的市场发展情况来看，企业的经营管理能力与决策水平将直接决定一个公司的整体竞争力，而管理人员的综合实力将会对公司的经营状况有很大的影响。因此，加强对这些人的培养，可以使其在经营上不断进步，为公司的长远发展奠定良好的基础。企业的工商管理硕士（MBA）培训工作对企业经营管理工作意义重大，主要表现有三方面。第一，能有效地提升企业管理者的专业能力和管理能力。目前，我国企业的经营管理工作中，很多管理者的职业素质和业务能力都有不足之处，主要表现为知识水平低、业务能力差、实践能力差等。有的企业甚至是在其他部门工作人员中兼职，缺少系统的专业理论学习和实际操作的经验，使他们在工作中的作用越来越小，效果也越来越差。因此，企业可以开展各种形式的培训、学习，促进员工学习先进的专业思想理论，使其积极参与相应的实践活动，从而实现知识和管理的综合素质。第二，在全球经济一体化的大背景下，我国企业已从传统的自产自销模式转变为走出国门、积极参与国际市场的竞争。面对国际市场竞争的日益加剧，企业面临着前所未有的机遇和挑战，因此企业必须加强管理，提高质量，提高企业的整体竞争力。企业的 MBA 培训是一项很有意义的工作，它可以通过运用现代的培训技能来适应国际市场的发展，不断地提升管理人才的能力，从而使企业的核心能力获得更大的发展。第三，通过对企业进行 MBA 培训，能使公司高层具备科学、先进的管理思想，并有效地运用现代管理技术，从而使公司的经营制度得以顺利转变；同时，它可以提高管理人员的能力和质量，促进公司的创新发展，从而在日益激烈的市场环境中保持持续发展优势。

4. 降低员工的流动性

培养与发展是企业为员工提供的福利，也是企业留住人才的重要手段。透过内训员工，不但能使其感受到被重视，也能使其获得想要的技能、福利，大大降低员工的流失率。

5. 提升公司的声誉和形象

一个有力和成功的培训战略，有助于树立企业的品牌形象。另外，通过内部培训，可以使更多的人了解公司内部的期望和流程，吸引更多的新员工。实际上，公司的内部培训实质上是一种系统的知识投入，是一种实现"共赢"的过程。企业在内部培训中投入人力、物力对员工进行培训，从而提升员工的素质和人力资本的价值；内训结束后，员工重返工作岗位，还可以为企业带来效益，得到投资收益。公司声誉与形象建立对提高企业的工作质量很有帮助。工作质量主要由生产工艺、产品质量和消费者服务质量三部分组成。培训可以提高员工的素质，提高他们的职业能力，从而提高他们的工作质量。培训可以提高员工的绩效，减少费用；培训能提高员工对安全作业的认识；培训能加强员工的技术能力；培训能加强员工的工作意识，提高其责任心，使其遵守安全生产法规；培训能加强对企业的安全管理，加强对企业的管理。因此，企业在员工的职业安全意识、安全法规、安全生产等方面，都需要进行相应的培训。

6. 顺应发展变化不落伍

互联网、移动互联网、万物互联、大数据、人工智能（AI）等科技发展日新月异，知识更新速度越来越快。因此，企业要紧跟大环境，抢占竞争高点，员工也要随时更新和补充对应的知识和技能。因此，员工培训作为提高知识技能的一种手段，越来越被企业认可。

7. 市场竞争需求常态化

为了保持竞争优势，企业要持续更新和提升自己的业务能力。而如何开发并有效调动企业员工的潜力，适应市场竞争需求，已成为中小企业常态化考虑的问题。即适应市场变化，增强竞争优势，培育后备人才，使企业永续发展。公司之间的竞争，归根结底是人才的较量。聪明的创业者越来越清楚地意识到，培训是"人本投资"，是企业发展中不可忽略的一项重要内容，也是提升企业"造血功能"的重要手段。一份来自美国的调查数据显示，在公司技术创新方面，最好的投资比率为 5 ∶ 5，也就是说，"人本投资"与"硬件投资"各占 50%。以人为本的软性科技投入，在机械装备上进行硬性科技投入，其产出效益呈几何倍数增长。在相同的设备条件下，加大"人本"投入，可以实现 1 ∶ 8 的投入和产出比率。发达国家在推动技术创新时，不仅重视机械设备的引进和更新，还重视对科技软技术的投资，以提高人的素质为主要目的。实践证明，人才是公司较重要的资源，有了这些人才，我们就能研发出好产品，做出好业绩，进而赢得市场的大份额。

8. 提高企业效益目的化

对员工的培训是一项投资，而高素质的培训则是一项高回报的投资。面对日益加剧的国际竞争局面，企业需要更多的跨国管理人员，为进入全球市场做好人才培养；而员工的培训则可以提升公司的研发能力，从而取得竞争优势。特别是在人类社会进入知识经济和信息资源的新时期，智力资本已经成为获取生产力、竞争力、经济发展的决定性力量。公司的竞争不再依赖于自然资源、廉价劳动力、精良的机械和强大的资金，而是依赖于密集的人力资本。员工培训是一种创造知识资本的方式。知识资本包含基础技能与高级技能（如何利用技术与其他员工分享信息、创新产品设计），并能自主地发挥创意。这就需要一种全新的、适应未来发展和竞争的新的培训理念，以全面提升员工的综合素质。

9. 促进建立有效的工作业绩体系

21 世纪，随着科技的发展，人们的职业技能和工作职责发生了改变，企业必须对组织架构进行重组（如组建工作小组）。如今的员工不再仅是接受工作或提供辅助工作，而是参加团体活动，以提升他们的产品和服务。在一个小组的工作体系中，员工承担着很多的管理任务。他们不但能利用新技术获取信息，提升消费者的服务质量，并与其他员工分享信息；他们还具有处理问题的技巧，参加团队活动的经验，具备沟通和协调的能力。特别是培训员工学习使用因特网、全球网以及其他沟通和搜集资讯的工具，可以让公司工作业绩体系更有效地运作。

例如，众磊拓展培训公司建构"体验培训"，以人际沟通、领导执行力等专题为主要内容，以提高员工的能力和团队素质为目标，将重点放在团队问题解决、挑战及团队协作、增进人际关系、营造积极的组织气氛、加强与员工之间的沟通和交流方面，带领学员深入自然，针对企业需要量身定制拓展培训课程，利用专业的户外拓展培训设施，在资深拓展培训师引导下，让学员在活动中体验、领悟、激发潜能和提升管理技能，并把这些潜能和技巧应用于工作中，创造最佳的个人工作表现。

（二）民营快递企业员工培训对员工的意义

企业培训，更注重当下的应用，同时企业培训有"终身"和"全面"的特征。所以企业不得不提供持续培训，个体必须进行终身学习。

人的成功除了大学的通识教育、企业传统上提供的特定职业技能之外，还有时间管理、项目管理、团队合作、领导力、沟通能力、情商等软技能，而软技能对成功的作用一点都不软。普通家庭环境没有从小为孩子做软性技能培训，即便考上大学也基本没有相关培训。而企业的员工培养，可以帮助大量普通家庭出身的员工在出了校门以后一点一点地形成全面能力。可以说，大批企业通过全面技能培养，帮助广泛的人群全面发展，提升了全社会劳动大军的人力资源价值。

1. 树立主人翁意识

在公司内部进行培训，可以让员工明白他们的工作职责，帮助他们树立主人翁意识，了解企业与自身的利益相互联系，增强员工工作的积极性，提高员工素质，使其更好地胜任工作，全面提升员工的绩效。在企业中，员工的培训越充分，越能吸引人才，越能将其增值，越能为公司带来更大的利益。培训可以培养新员工尽快适应环境并胜任工作，达成工作目标；也能使在岗员工加深对岗位工作要求的理解，掌握新的技术以适应工作需求，充分发挥其潜力。培训在使下属员工的工作能力提高并减少失误的同时，能减少管理成本，这在一定程度上了解放了管理者的时间和精力，使其不再花费过多的时间为下属查缺补漏或者一直处于"救火员"的状态，从而投入更多的精力考虑企业发展及运营的关键问题。

2. 提升员工的满意度和士气

公司对员工进行内部培训，使他们认识到自己的价值。尤其是，他们意外得到了自己想要的培训，接受了更具竞争力的工作，就会更加满足。与此同时，公司还可以通过内部培训，把员工培养成为适合公司发展的人才。

3. 提升技能，促进公司成长

公司在不断前进，为了适应公司的发展，公司必须对员工进行内部培训，强化每一位员工需要提高的技能。将所有员工的技能水平提到更高，减少企业内部严重依赖他人完成基本工作的弱点。这样，员工之间也可以互相接管，提高工作效率，无须他人的持续帮助和监督。员工培训的目标是培养他们的专业技能，让他们能更好地适应目前的工作和将来的工作。在能力培训中，传统的培训侧重于基础和高级技术，而未来的工作则要求员工具备更广泛的知识，因此可以培训他们的知识分享、使他们创新使用知识以适应自己的产品和服务。同时，通过培训可以提升员工的工作能力，从而使其获得更好的工作表现，从而给他们带来更多的升迁机会和更高的薪酬。

4. 满足员工对自我价值的需求

在现代公司，员工的工作目标更多地被视为"高级"的需要，即实现自身的价值。通过培训，员工可以通过学习新的知识和技巧适应或接受各种挑战，从而达到自身的发展和自我价值。

第三章　民营快递企业员工培训现状

第一节　民营快递企业员工培训模式

一、民营快递企业员工培训传统模式

（一）民营快递企业员工培训传统模式类型

近年来，我国的民营快递公司得到了快速发展。这些发展与其自身快速发展的经济增长有关，也与积极的政策环境有关。民营快递公司在全国百家快递公司中的份额逐渐上升，这表明中国快递公司已从过去的"垄断"状态，逐渐成为中国快递业的主力。虽然近几年中国私营快递公司发展迅速，但对民营快递公司的员工培养却没有引起足够的关注，特别是对员工的态度、观念、决策能力等方面缺乏足够的重视，主要原因有四点。第一，公司领导者不重视培训，觉得没有必要花费太多的资金。第二，公司领导者将培训视为企业问题的关键。第三，公司领导者过度重视物流企业的服务和服务能力的快速提升。第四，企业对员工的培训缺乏计划性，公司高层管理者可以随意决定是否进行培训。从这些问题中可以看出，我国大部分民营企业的培训是盲目的，其任意性很强。这主要是因为我国的培训策略尚未形成，没有把培训上升到战略层面，缺少对培训的策略引导，甚至在建立了培训体系后，民营企业的培训工作依然举步维艰。为此，民营企业的领导者、培训人员要转变培训理念，

确立培养策略。

　　企业员工的培训方式多种多样，其中较重要的就是找到一种适合于本企业的培训方式。目前，企业常用的培训模式有四种。

　　1. 系统型培训模式

　　系统型培训模式是使员工经过一套系统的、有条理的培训。这是一种很好的培训方式。

　　2. 咨询型培训模式

　　咨询型培训模型注重从受训者的视角思考培训实施问题，并将其分为三个阶段：分析调查、提出建议、问题解决。这是一种互动的培训方式。

　　3. 自我教育培训模式

　　自我教育培训模式是指员工通过各种途径自觉提升自己的综合素质，包括道德品质、知识技能、身体素质等。这是一种独立的培训方式。

　　4. 其他培训模式

　　（1）角色定位展示法。角色定位展示法是一种有效地发展角色（在企业中就是各种类型的员工）的行为能力为目的的培训。它可以改变学员的心态，提高他们处理问题的能力。角色定位展示法主要用于学习和提高询问、电话回复、销售技巧、商务谈判等基本技能。

　　①企业及员工在执行角色定位展示法时，需要遵守以下程序。第一，在角色定位展示法的开头，说明该方法的名称、内容和预期目的。第二，在演示之前进行一些活动，使学员之间的气氛变得轻松愉快。第三，确定特定的职责和承担者。第四，进行实际示范，使每个成员按照指定的角色在各自的位置上进行示范。第五，展示完毕，由观察员对每一位演讲人提出的问题进行分析和评价。第六，在分析和讨论后，再次播放录像，并确定问题。

　　②企业及员工在执行时，要注意以下两点。第一，演讲者仅是教科书的提供方，而观察者是分析和评判的主角。所以，观察员在整个过程中都要仔细留意，并给予恰当的评价。第二，人物必须由导演、演讲者、

观众三部分组成。

（2）个案研究法。个案分析法以实际工作中的问题为研究对象，向受训者呈现真实的背景信息，并分析该问题，继而提出问题的解决方案，并在此基础上培养学员的分析能力、判断能力与问题解决能力。个案分析培训主要有三个步骤。

①选择个案。培训师应预先做好个案准备，在深入了解学员的状况后，选定培训对象，搜集客观、实用的资料，并按照预先设定的题目撰写个案或选择已有个案。培训师在挑选个案时，一定要选择真实的社会和经济例子，避免哗众取宠，编造案例，同时要启发管理者，让管理者阐明自己的观点，分析问题，并给出解决方案。

②真实的人物分析。在正规培训中，首先要让学员有充分的时间学习个案，让学员有"身临其境"和"感同身受"的感受，从而让自己像当事人那样思考、解决问题。教练则把案例告知学员，让学员提前预习，并做简单的提示，但要做到引而不发。其次，要让学员融入自己的角色，使其通过对问题的分析和思考，提出自己的解决方案和方法。最后，学员在教室内演讲，教练在其讲话中进行指导，鼓励讨论，倡导创新，并掌控教室的情况。

③对个案进行评价和提炼。由于受训者的能力、经验和水平不同，处理案例中遇到的问题的方法也不同，甚至截然相反。事实上，解决这个问题的方法是多种多样的。所以，在实施个案点评时，教练应注重启发学员的思维、探究和创新。在评课时，教练应同学员的实际情况联系起来；留意学员每个计划的亮点；鼓励学员联想、比较、创新，不要预先给学员讲出结论。

（3）自主式学习。自主式学习指学员自己完全承担学习任务，在今天称为"自学"。自主式学习是受训者自主选择的一种培训形式，在此过程中，受训者不需要导师，只需要按照既定的培训计划完成培训即可。培训师仅是一个辅助人员，也就是他们只负责对学员的学业进行评价，并对学员的提问做出解答。培训员并没有对学习的进程进行控制，也没有对其进行引导，而是完全由学员自己来完成。自主式学习是一种以培训效果为导向的培训方法，而对于培训过程，则不被公司重视，甚至被忽视。

（4）模拟和仿真。模拟培训是一种培训方式，它能模拟真实的生活，学员的决定能反映出实际的工作环境。仿真是一种能让学员在无风险的人造环境中看到自己做出的决定的效果，通常用于培训产品和加工技能，管理和人际关系技巧。模拟器是指员工在工作中使用的真实装置。举例来说，摩托罗拉的自动编程图书馆里，在仅有电脑和机器人的培训环境里，参加培训的员工也能学会使用产品设计。在进入图书馆之前，受训者先听两个小时的关于工厂自动化的知识，包括新概念、专业术语和电脑协助的制造流程。仿真器允许学员自行设计一种新的产品以熟悉该装置。与此同时，学员不必担心那些不会造成真正损失的错误决定。通过简单地运用机器人与电脑的培训，提高受训者的自信心，让他们在自动化的工作环境中工作。

（二）民营快递企业员工培训传统模式类型存在的问题

1. 注重短期技能培训，未发展长远眼光

传统的企业员工培训模式比较注重短期技能培训。传统员工培训模式的主要形式包括师带徒、在职培训和新员工培训等。这些培训模式的共同点就是培训的覆盖率比较低，并且只注重短期的技能培训，培训内容比较基础，只是让员工简单熟悉所要从事的工作，了解岗位要求，并没有从员工发展的角度出发制订一个中长期的培训规划，忽视了员工自我发展的需求。

2. 企业对培训不重视

很多中小型民营企业对员工培训不够重视，态度敷衍。首先，公司没有专门的人员负责培训工作，大多数情况下都是老员工带新员工，新员工再自己摸索。其次，公司对培训的投入较低，并且不愿意花更多的时间和资金改进。还有一部分原因是企业所处行业对工人的知识和技术水平要求并不高，让企业觉得员工的培训没有意义。最后，员工只着眼

于眼前的工作和薪资，对未来的发展和规划并不清晰。

3. 流程不正规、不系统

研究发现，企业培训的几个关键流程的操作是相当随机的，尚未形成一个相对完整的体系；培训计划无法完全实施，由于各种因素，临时变更的可能性很大；尚未根据员工的实际需求进行分析并实施具体培训，大部分只是照搬之前的内容，并不完全实用；对培训效果的评估和分析不够系统，没有统一的标准和一套完整的实施程序；企业缺乏收集员工的培训反馈，以及与员工的沟通和互动。

4. 未从企业发展战略角度设计员工培训模式

部分企业认为员工培训对企业无足轻重，并且认为培训机构华而不实。还有些企业认为，如果安排员工培训，企业的资金会比较紧张。很多企业的培训工作也具有很大的临时性、突击性，即企业把培训工作看作可有可无的存在，未从企业发展战略角度看待培训工作。目前，民营快递企业的培训策略缺失，以往的间歇式培训脱离了经营战略，没有与企业实际需求相结合，导致培训的针对性不强，难以产生经济效益，这影响了企业开展培训的积极性。而非系统、松散、随机的培训也不能产生规模效应和定量评价，影响企业的长远发展与战略目标的实现。

5. 目光短浅，功利性强

部分企业现有的培训制度及方法功利性较强，多数情况下只注重企业的生产、运营和发展，忽视了员工素质、综合能力的提高，以及对其未来职业生涯的规划。企业只重点关注企业本身的利润，而不是员工的未来发展，因此让员工为企业的发展尽最大努力比较困难。人才是企业发展的重要因素，员工如果感受到公司的诚意，那么就会努力地为企业服务。因此，企业要重视人才未来发展，培养人才的多种技能。

二、民营快递企业员工培训模式设计原则重点与建议

（一）民营快递公司的员工培训模式的设计

1. 目标一致性

员工培训的目的首先应该与企业的发展战略相协调，其次要符合人力资源培训的短期和长远目标；在合适的培训目标指导下进行的培训，可以促进公司的发展，提高员工的能力，并与公司的发展战略相适应。

2. 培训系统性

人力资源培训与开发的整个过程是建立包括培训需求分析、培训计划制订、培训实施和培训效果评价的培训模式。此外，这个系统活动的开展还要考虑公司的战略规划、员工招聘、未来发展和公司现状等因素。

3. 内容针对性

由于每个工作岗位要求都不尽相同，因此每个员工需要掌握的知识与技能也不一样。因此，企业在培训过程中要针对不同的工作类型和员工特点，进行针对性的培训。

4. 员工激励性

只有调动员工参加培训活动的积极性，才能提高员工的培训参与度，激发员工的潜能。一方面，要提高员工在企业中的"主人翁"意识；另一方面，要让受培训的员工能把掌握的知识用在实际工作中，另外要注意选择优秀的培训学员做表彰奖励，鼓励员工积极参与到培训中来。知识经济的环境特点决定了企业在培训理念、培训方式、培训组织和人员配置、培训定位等各方面的问题，并对培训对象的培训提出了新的要求。

（二）民营快递企业员工培训模式设计重点

民营快递企业员工培训模式设计的重点内容主要有以下几点。

第一，建立鲜明的员工培养观念。

第二，加大培训资金的投入，探索培训资金的多元化渠道。

第三，建立高效、网络化的培训机构。

第四，建立科学、规范的员工教育管理制度。

第五，对员工培训进行充分、实际的分析。

第六，对培训内容进行系统、科学的规划。

第七，有针对性地选择培训方式和培训技术。

第八，构建培训绩效评估与动态修正的培训体系。

（三）民营快递企业员工培训模式设计建议

1. 实习和在职实习的结合

岗前培训和在职培训是民营快递企业建立系统的人力资源管理体系的重要组成部分。民营快递企业是一个理论和实践相结合的企业，具有很强的专业性和操作性，因此在新员工上岗之前，要进行必要的理论知识和实际操作方面的培训，以保证他们很快就能适应新的岗位。与此同时，快递作为一个飞速发展的、日新月异的产业，其发展的阶段性、新的模式、新的技术都在不断涌现，对人才的要求也从技术层面转移到了管理、沟通、决策等层面。因此，要对现有的员工进行定期培训，不断地更新他们的理论体系、操作技能和理念。

2. 专业培训和扩展培训的一体化

民营快递企业在培训中往往只注重实际操作，注重快递专业知识和技能的掌握，忽视了企业文化、团队精神、管理技能等方面的培训。而要想实现企业的健康发展，除了自身的优秀素质外，还需要企业文化、团队精神、团队精神、管理能力等，这些是无法通过职业培训获得的。因此，在建立企业员工的培训模式时，要注重调整专业培训与扩展培训之间的关系，保证专业培训的质量，同时进行思维、管理、人际关系、分析、决策能力等方面的培训。

3. 集体培训和个体培训的结合

由于培训成本、培训组织、培训管理等问题，很多公司采用了集体培训的方式，不同部门、不同岗位的人员都参与统一的培训，接受统一的培训内容。而民营快递企业的各个岗位的工作性质、内容存在着很大的差异，因此企业在培训的同时需要考虑民营快递业务的各个关键环节，继而结合各岗位的要求，开展有针对性的员工培训，从而提高培训的有效性。

4. 集中培训和工作交换的模式

对实践性强、操作性强的民营快递企业来说，仅靠企业自身的集中培训还不足以使其在实际操作能力和操作能力上发挥应有的作用。要想解决这个问题，较好的办法是进行工作交换，即企业积极地建立内部的工作交换制度，并与其他民营快递公司建立合作关系，让员工去别的地方历练，扩展自己的视野，提高自己的能力。

5. 有效利用外部培训资源

一些培训机构、咨询公司等外部培训资源相对企业更加专业化。当企业的培训效果不佳时，特别是面对高级管理者的培训时，可以考虑从外部专门机构进行培训。在外部培训资源的筛选中，必须要考虑课程的适应范围、培训人员经验、培训需求等因素，以确定适合于公司的外部培训资源。在此过程中，要对所提供的信息进行登记，对所提供的服务进行检验，为今后的培训打下良好的基础。企业培训是一项战略投资。它不仅体现了企业对员工的关心，也是影响企业未来发展的重要资源。企业应发现培训过程中的问题，并进行有效处理，以促进员工进步与企业发展。

第二节　民营快递企业员工培训对象

在现代企业中，员工培训不仅是一种独立的组织形式，它更像是一个整体的生产技术和运营管理系统。该系统包括五个方面：培训机构、培训师、培训系统、培训管理和反馈控制。各要素相互关联、相互制约、相互促进，形成了完整的培训体系，实现了员工教育培训在企业生产经营管理体系中的功能。公司的员工培训主要针对两类员工。一类是新员工。虽然在招聘过程中，企业通过考核、测评等手段进行了大量的工作，但是很多新员工并非一开始就具有所需的知识和技术，并且常常缺少与新团队合作的精神。为了使其尽快地掌握必要的知识和技术，具有良好的工作精神和工作态度，企业必须对其进行教育和培训。另一类是在职员工。现代企业的生存和发展都是在不断改变的经济和技术环境下进行的，因此员工的知识、技能和工作态度都要与这个时代的需求保持一致。为了实现这一目标，公司现有的在职员工必须不断地进行教育和培训。

企业员工培训主要由三部分组成：一是对员工进行岗位知识培训，使其能胜任自己的工作；二是对员工进行岗位技能培训，使其能较快地完成自己的工作；三是对员工工作态度进行培训，通过培训，使员工建立起对公司的自豪感，形成公司的凝聚力，培养员工的良好心态和工作态度，以及使其从做好自己的工作开始，自觉维护公司的信誉和利益。

需要注意的是，企业的员工培训也是一个动态调整的过程，可分为五个阶段：一是通过对当前企业和理想要求进行对比，制定有针对性的培训方案；二是从企业的总体需求出发，统筹考虑员工的培训工作，确定优先顺序，制定切实可行的培训方案；三是在培训课程设计、培训方法选择、培训资料准备、培训人员配备等方面做好前期准备；四是一切准备工作完成后，进行员工培训，在培训过程中要注重倾听反馈，并及时处理问题；五是培训完成后，要对培训进行效果评估，及时总结经验，并进行反馈。

尽管各企业对员工的培训内容有所差异，但大部分企业的培训内容包含知识、技能、素质与态度等内容。一般企业在制订培训计划时比较关注的是技能培训和知识培训这类"硬件培训"，尤其关注的是技能培训，对于素质培训以及态度培训这类"软件培训"的关注程度不够。而服务型基层员工由于其工作特点，需要与客户进行直接接触，他们的一言一行都代表着企业对外的形象，服务型基层员工的素质高低直接影响着客户对企业的第一印象，因此对他们进行素质培训也同样重要。另外，正如学习迁移理论所讲的那样，通过学习获得的知识、态度等对受训者其他培训的接受程度以及转化效果都有一定的影响。在行业中也流传着这样一句话，"态度决定一切"，提供服务的人员除了产品外较重要的就是态度，因此态度培训对服务型基层员工来说同样重要。并且，在对其进行培训需求分析的时候，不同的时期、对象以及行业企业特点等都应该加以考虑。因此，虽然大体上对其进行的培训与其他类型的员工十分相似，但是具体看来也存在一些差别。

一、民营快递企业新员工培训内容

（一）新员工培训的概念

新员工培训，也称为职前培训和职前教育，是指公司雇佣的员工从外部人员转变为业务人员和专业人员。员工逐渐了解并适应组织环境，并开始初步计划，或继续发展自己的职业，定位自己的角色，发挥自己的才能。新员工培训已经渗透到员工的行为和心理。与在职培训相比，新员工培训是团队互动的开始。

在工作环境中，员工所接受的职业培训无非是对公司的文化、政策和规章制度的表面宣传，更多的是给新员工发些小册子，或是带领他们参观一下办公大楼和工厂。在一些公司里，新员工的培训是没有必要的，因此老员工就成为新员工的"师傅"。

对刚刚步入职场的大学生而言，他们就像是一张白纸，而不同的公司文化也会给他们描绘出不同的颜色和形象。当他们面对一个既新又陌生的环境时，他们的言谈举止、心理方面都会表现出不同程度的变化。所以，企业要实现员工与公司之间的共赢，就要加强对新员工的培养，对新员工进行系统性的培训。

而从其他公司进入公司的新员工，他们将会在不同的公司文化之间进行转换。他们会为自己的新工作而担忧，会思考自己会不会被上级欣赏，会不会和同事和谐相处，以及在公司的前途。而对于企业来说，新员工在进入企业的第一个过渡期会根据自己的工作态度、工作动机等做出相应的调整，例如在公司发展，或者将公司作为一个跳板，这些都会影响他们的工作态度、工作表现、人际关系等。

（二）企业对新员工的培训

企业对新员工的培训包括以下内容。

第一，介绍公司的历史、价值观及发展前景，鼓励员工不断努力工作，促进公司的发展。

第二，介绍公司的规章制度和工作职责，让员工自觉遵守各项规章制度，并按照公司制定的工资制度、福利计划、工作描述、工作规范、绩效标准、工作评价机制、劳动保障等标准、程序和制度严格执行。

第三，介绍公司的组织结构、各部门的协调机制及工作程序，以及相关部门的处理机制，让新进员工清楚地掌握公司的信息沟通、提交建议，让新进员工对各部门的功能有所认识，以便在未来的工作中更好地与各相关部门沟通，并能在任何时候就工作提出建议或投诉。

第四，通过业务培训，让新进员工能熟练地掌握自己工作所需要的基本技术及相关的资料，以便能很快地适应工作。

第五，介绍企业的经营范围，包括产品简介、市场定位、目标客户等。

第六，介绍企业的安全管理措施，包括具体内容、相关安全工作措施，以及怎样发现和解决常见的安全问题，提升员工的安全意识。

第七，通过介绍公司文化，向新进员工传递公司的价值观，让新进员工了解公司鼓励与追求的精神。

第八，介绍企业要求员工的行为与态度。包括职业道德、作息制度、财务规则、礼貌用语、仪容、精神面貌与衣装等。

（三）新员工培训的常用技巧

在对新员工进行入职培训时需要运用一些小技巧，以便提升他们对培训的积极性，下面是新员工培训的几个常用技巧。

1.使新进人员有宾至如归的感受

当一名新员工开始一份新工作时，最初的工作时间或天数往往决定了成功与失败。在这个初期，也很容易形成一个好的或坏的印象。新工作对主管和新员工都有挑战。因为那个工作需要他，否则他就不会被录用，所以主管成功地给新招聘的人员留下了好印象，这与新招聘的员工给主管留下好印象一样重要。因此，主管应首先了解新员工面临的问题。通常情况下，新人的问题一般包括对新环境感到陌生，对新工作是否能做好感到不安，对新工作中的意外事件感到胆怯，陌生的声音容易分心，有无法适应新工作的感觉，不熟悉公司的法律法规，不知道主管是什么样的人，担心新工作会很困难，等等。

2. 介绍同事及环境

新人对环境感到陌生，但如果他被介绍给同事，这种陌生感很快就会消失。当处在一个未被介绍的人群中时，每个人都会感到尴尬，新来的人也会感到尴尬。然而，如果把他介绍给同事，这种尴尬的感觉就会有一定的消除。向新同事友好地介绍公司环境也可以帮助他消除对环境的陌生感，并帮助他更快地进入工作状态。

3. 与新员工做朋友

用真诚对待新员工，并帮助他们在工作之初克服诸多困难，这样还会降低因不适应环境而导致的过高的离职率。

（四）培训新员工的程序

在实践中，通常需要部门主管和高级职员起表率的作用。每个人都有自己的特点，不可能一成不变地培训出优秀的学员，因为一把钥匙只能打开一扇门，企业应根据不同的环境采取不同的方法。

1. 制定正确的培训步骤

在新职员到岗之前，企业应提前制定培训新职员的步骤和方法。确定好先培训什么，再培训什么，在每个阶段都进行哪些教育，把重点放在哪些问题上。

2. 根据新员工的长处和专长安排工作

在开始工作之前，首先要对学员进行演示，回答学员的问题，并要求学员进行练习，如果有了成绩，应立即给予奖励。对于缺点，要及时指出，并要求其纠正。总而言之，在新员工踏入公司的第一步时，要将最好的工作方式教给他们，使他们能顺利地工作，并建立起工作的自信。

3. 协助新员工建立随时向上级汇报、与上级沟通、与同事沟通的良好习惯

在企业中，培训主管需要协助新员工养成随时向上级汇报、与上级沟通、与同事沟通的良好习惯。即无论上级交代什么事情，新员工都要把自己做这件事的进度、遇到的困难等告诉上级。这样，发布任务的人就可以通过汇报情况决定下一步工作该怎么做。

4. 不仅要注重成果，还要注重工作过程、方式方法

新员工培训工作的根本准则是"一要正确，二要快速，三要提升"。在开始正式工作时，要注重品质，哪怕是慢一点也无关系。等他们把工作做好了，就会让新来的员工加快工作进度，让他们承担更多的工作。

总之，在增加员工工作时，一定要以质量为先决条件，逐步增加工作量，目的是尽快地建立新员工的工作信心，让他们感到工作的乐趣。

5. 让员工明白工作的重要性，不打折扣地贯彻上司的意愿

当高层领导安排工作时，要用一种积极的口吻来发布命令，让员工感到有必要去做。如果员工有问题，可以让他们提问，直到他们彻底了解了情况再实施。在这个时候，领导不能有不耐烦的情绪，而要仔细地倾听，耐心地回答。对待工作，不管多复杂，都要一次做好，这是新员工融入企业的第一步。

（五）对新员工进行培训

新员工培训是一项需要大量金钱和时间的人力资本投资。如果选择不正确的培训方法，会使新员工缺乏学习动力。因此，企业要积极探索正确、有效的培训方法。以下是几种常见的培训方法。

1. 在线教学

在线教学也叫 e-learning，它是一种使用网络开发的网络软件的方法。西门子、国际商业机器公司（IBM）等公司采用的就是网络课件（将课程、学习计划编入学习进度图表）和在线学校。该方法的优势是个性化且一对一进行教学，新员工能及时得到他们所需要的信息。此外，该系统还提供了培训指导书，能帮助培训师了解新员工的培训状况。但是，

由于该方法初期的课程开发费用比较高，所以适合具有网络办公环境的学员和大量学员的情况。

2. 现场授课

现场授课是一种面对面的教学，其特点是快速、生动，可以很快得出答案。其缺点在于，由于受时间、场地等因素的制约，缺乏弹性，而且对具有大量工作的人员来说，在时间上容易出现问题。

3. 员工手册

员工手册可以随时阅读，方便收藏。适合于变动不大的系统及其他内容，其不受时空限制，可供多人阅读。

4. 信函

这是一个强大的企业之间的沟通工具。企业电子邮件系统可以帮助企业实现办公自动化。它适合于接收文档、通知、个人化和分组发送。对小范围的信息传输效果更好，但是不适合在信息丰富、要求生动的课堂上使用。

5. 每日同事辅导

在日常工作中，新员工和同事应经常沟通，便于及时发现问题并反馈。但是，此方法语言的一致性、运营的规范不能得到保障，不能反映企业对个人的关注；个体思维会对新员工产生较大的冲击和更大的危险。

（六）对新员工进行培训效果评估

岗前培训效果评估是指在完成岗前培训后，为使其更好地发挥岗前培训效果而进行的一项考核。

在岗前培训之后，培训效果如何，不进行跟踪是不可能知道的。培训必须要有后续的跟踪与回馈，不然培训就会不完全。所以，在完成员工岗前培训之后，要对培训效果进行跟踪。跟踪期通常在员工入职后4周内完成，后续的方式包括召开培训反馈会议、个别谈话、填写反馈表等。对存在问题的人员进行岗前培训，要及时处理并改进。

岗前培训效果评估的主要内容有员工反应层、学习层、行为层和绩效层四个层级。反应层应着重于培训的内容是否完整，员工能否了解，以及培训后能否激励其工作积极性。学习层是指员工是否熟悉公司纪律、岗位行为准则、工作安全知识、企业文化的核心价值。行为和绩效水平主要关注员工培训后的工作行为和绩效。例如，在试用期内，员工是否更好地适应新的工作环境和岗位要求；员工是否落实了培训内容并实现了预定目标。

一般来说，新员工首先要学会正确理解公司的指令，并注意以下七个要点。

第一，被上司召见时，应立即说"是"，并立即准备好纸和笔，并向上司走去。

第二，站得笔直，离上级一步远。

第三，在听上司讲话的同时，把重要的事情记录下来，如数字、专有名词、地点、时间、人名、电话、事由等。

第四，要好好地领会指令，不仅要记住，而且要认真聆听。

第五，有疑问或不明白的问题，要在上级的指示下再询问。

第六，复述上级的指令。这是为了防止听错或不完全了解指令，在重复上级的指令时，要把听到的和记下的问题和内容讲得明白，尤其是有关生产和管理的问题。

第七，如果员工的工作与时间不能协调，不能自我调节，应立即向上级汇报。

二、民营快递企业在职员工培训内容

（一）在职培训的类别

1. 晋升培训

晋升培训，指的是对新晋升的员工进行知识、技能、管理等在职培训。升职培训是为了培养未来的员工或后备人才而进行的，目的在于提高他们的工作水平。升职培训的目的是在一个职位上有一个职位空缺时，可以选出一个合适的人选。

2.以改善绩效为目的的培训

提高绩效培训是指当绩效达不到要求、绩效下降或尽管绩效达到目前要求，但员工希望提高绩效所进行的在职培训。

3.转岗培训

转岗培训是对提出转岗申请并获得批准的人员进行的培训，其目的在于满足新岗位的需要。转岗培训的原因主要有组织因素和个体因素。组织层面的变化，如企业的规模和方向、生产技术的进步、机构的调整等，都会使现有的人员结构发生变化。在此背景下，调职成为人事调动的一种方式。由于历史原因，国有企业的人力资源过剩问题十分突出，因此企业的减员和提高效率是不可避免的。有些人在经过统一的培训后就会调职，而一些经济状况不佳的公司，则会被重组或者合并。

个人层面通常有两种情况：一是员工无法适应目前的工作需求；二是在某个特定领域内，员工的特殊能力得到了关注，需要另作安排。

4.岗位资格培训

所谓的岗位资格培训，就是在某些工作中，对员工的操作提出一些特别的要求，而这种要求并不是每个人都能熟练使用，而是需要经过一定的培训。很多工作都要经过考核，获得相应的资格证书，并且证书通常在数年之内生效。在资格证期满后，员工必须经过培训和重新进行资格测试。

（二）在职员工培训课程的特点

1.固定课程与灵活课程相结合

固定的课程安排，是因为很多知识和技能都要求员工具备比较稳定的能力，并且因为人员的变化，总是要不断地进行传授。弹性的课程通常比较灵活。

2.必修课与选修课相结合

以全面规划和个体规划为基础的在职培训公司，其培训项目具有此特征。

3. 旨在协助员工的发展和改进

岗前培训是让员工在岗位上有一个基本的工作环境，而在职培训是一个能让他们在公司里继续发展和提升的过程。当然，有些公司缺乏正规的培训，在职培训则会成为一种补救。

4. 分级设置

公司内有各种工作，相同的工作也有不同的水平。上述差异决定了在职培训的主要目标，如厂长、经理等，以及为中层管理人员开设的培训班。当然，也可能有个别课程是针对全体员工的，如产品新技术方面的课程。

（三）在职员工培训的重点

1. 提高员工文化、技术素质

企业应从文化与技术两个层面提升职人员的素质并对其进行培训。在新的岗位上，员工可以更好地适应工作环境，熟练地使用新技术，从而更好地适应工作。企业的业绩指标将反映员工目前的素质水平。

2. 提高工作品质

通过改进培训流程，员工能掌握正确的工作方式，并且改进工作中的失误，从而增加知识。技术培训是从多个人的经验中得到的最好的工作方法。工作方式的改善，也能使工作质量得到提高。

3. 提高产量，节约成本，减少损失

通过培训，可以提高工人的劳动技能水平。在生产中，产品的质量也将得到提高，从而减少产品损耗，减少原材料的浪费，提高企业的经营效率。

4. 减少事故的发生

有调查显示，与培训有素的员工相比，公司员工的意外事件要多出好几倍。尤其是在更具危险性的机械设备上，没有经过专业培训的人员，除了工作上的原因之外，精神上的紧张和不安也是造成事故的主要原因。所以，企业需要对在岗员工的安全行为进行培训，必要时还需要进行操作技巧的培训。

5. 培训劳动纪律

培训劳动纪律，不只是让员工背诵相关的规章制度，更重要的是让员工在实际工作中认识到他们的工作与其他工作之间的关系，以及他们在工作中的重要性，这样他们才能有意识地按时上班，提高工作意识和责任感。

6. 提高生产率的培训

企业开展员工培训，主要是为了提高劳动生产率，降低损耗，降低劳动成本，让每个员工在相同的工作环境和工作时间内完成更多的工作。当然，工人的素质也会受到组织、管理、士气、资本、设备等多种因素的影响。

在国外，劳动生产率和员工质量的关系为 P=CM。其中，P 指生产力，C 指人员素质或符合条件，M 指激励。也就是说，生产力是合格的员工和有效的管理方法的总和。

（四）对核心人员的培训

1. 培养核心人员的方式

加强对企业核心人员的培养与发展，是提升企业和组织工作业绩、经营管理水平的关键。所以，企业必须认识到核心员工的工作特点，使其更好地发展，以及了解这些能带来高效能工作的企业核心人员应该具备哪些品质，并对其进行有针对性的培训。

（1）讲授与研讨的教学方法。首先，组织公司的核心人员，使他们5 人为一组，施行 3 天集体住宿制度，一同上课，共同探讨，从而确定核心员工的行为规范和准则。其次，从中层（部门）经理到高层管理者，搜集员工的职责、任务期望，并将其与原有的个人思想统一起来，形成一个整体的结论。企业想要使核心员工成为有效的管理者，可以从以下几个方面进行培训。

第一，核心员工应具备良好的自控和自制力。

第二，核心员工对公司及公司的发展目标具有较强的使命感和责任感，具有承担责任和承担风险的能力。

第三，核心员工能形成具有市场竞争力的能力，集中所有的精力来达到最佳的工作效率。

第四，核心员工要有威信，有勇气，有能力，对企业要忠诚，要值得信任。

（2）单脑刺激（SBS）方法。单脑刺激（single brain stimulation, SBS）方法主要是将参加人员按职位划分成若干组，每组5个人，使其围绕"如何协调好工作"这一主题展开讨论，并从各个方面提出解决办法，明确要实现的目的。在此基础上，各个组按照各自的目标，分别以个人或团体的SBS为基础，提出一个解决方案。SBS方法的实施过程如下。

第一，清楚自己的职责和工作内容。

第二，分析公司的战略发展方向，并确定阶段目标。

第三，分析当前的市场状况、客户需求和竞争对手的条件，以实现自己的目标。

第四，分析企业存在的问题，并提出相应的解决措施。

第五，分析自己怎样工作来达到公司的目的，以及思考自己需要做些什么工作。

第六，分析自己怎样为公司和个人的发展做出最好的选择。

要求每个参与培训的核心人员都使用SBS方法制订一个行动计划，然后在培训指导下进行评价。

2. 让骨干成为有效执行者

（1）重新定义执行者和领导者。我们可以把领袖看作一个更高级、更积极的角色，而忽略掉他们的作用。但是，他们的主观能动性不同，从工作方面来看，一个领导岗位的人，要把公司的目标和策略放在第一位，要有与同事交流的技能，要善于与不同的群体沟通，要善于协调各方面工作，其中最重要的是要善于领导。

因为每个人都在自己的岗位履行自己的职责，所以，必须把自己的工作做得出色，才能为单位的业绩作出自己的贡献。

（2）对执行人员进行技能培训。大部分公司相信领导力是必须的，而执行是人人都会的，这种理解是建立在以下几点的基础上的。

第一，领导人的重要性超过了执行者。

第二，作为一个执行者，你说的话他就会去做。

第三，他们的能力、动力，甚至他们的才能，都来自领袖。

如果企业希望有效地消除这种错误的培训方案，可以从以下方面考虑。

第一，培养学员的独立思维。

第二，提高自我管理。

第三，提出一种可以被另一方接受的不同观点。

第四，建立信用机制。

第五，协调好个人与公司的目标。

第六，对公司、领导、同事和自己的行为负责。

第七，精准分析领导人和执行者的共同点和差异。

第八，维持管理者和领导人的良好合作关系。

3. 工作评价与回馈

不要对员工的领导能力进行评估，例如自我管理、独立思考、独创性、勇气、能力和可信度等。可以从一个领导者和一个执行者的共性出发，然后评估他们在不同的工作环境中的适应性。

评价来自上级、同级、下级与自我评价。评估工作相对简单。有工作关系或经常联系的下属、同事，可以通过填写简表，定期检查执行人员的质量，发现问题，及时进行总结，并将其反馈给全体员工。

4. 建立激励核心员工的组织架构

在没有领导者的团队中，每个人都有相同的职责来达成一个共同的目标。这些人可以在一起工作，在自我约束和监督下工作。如果团队成员都是高效率的，那么整个团队的生产力将会非常高。但是，在一些领导团队中，一些领袖的能力不如团队中的其他成员，因此团队成员有时会不接受领导的安排。按照一般人的想法，这个领导的工作应当得到适当的调整，不然的话，有才能的人很难接受这种低效率的管理。但优秀的执行者，首先要学习如何运用优秀的执行者的工作技巧去补偿那些不称职的领导者。然而，也不能因为这一点就忽略了一位领导人的经历，这对于培养一个有效率的执行者来说是十分重要的。

培育优秀的管理者可采用适当地对权力进行分权的有效的途径。这样，就可以充分利用团队成员的积极性，让他们有足够的时间来做决策，独立思考，并在工作中解决问题。许多公司知道如何激励执行者工作。不过，还有很多领导人都依赖一些"和事佬和软弱的人"，他们从未想过要给他们额外的奖金。这使某些效率很高的执行人员受到不公平的待遇，因为效率高的执行者往往是令人不自在的人。一个公司和一个机构，如果不能让那些默默无闻、任劳任怨工作的人获得成功，那么它将会陷入衰退。

所以，为了使高效率的执行人员获益，公司获得成功，就需要寻找一种方法来回报他们，使他们有机会参加公司的各种工作。然而，一些公司领导人却并未公平地对待他们，所以即使他们付出了很多努力，也没有什么效果。需要注意的是，一个公司的成功，靠的就是他们拥有大量的员工，且员工全身心地投入工作，并且能获得充分的认可。因此，企业需要改变一些不好的想法，并建立激励核心员工的组织架构。

第三节　民营快递企业员工培训中存在的问题

在快递人才紧缺和快递员工培训不当的双重窘境下，分析民营快递企业员工培训存在的问题有利于为企业日后更好地开展培训工作、培养新时代新兴快递人才奠定基础。

一、培训流于形式

部分民营快递企业的培训工作只是简单地走走过场，没有形成完整、系统的培训体系，缺乏针对性，且培训方式、内容与时间比较单一。例如，一些民营快递公司只会在新员工入职后进行一次简单的培训，且主要是介绍公司的情况以及公司的规章制度。这里所说的缺乏针对性，主要是指培训内容与培训对象缺乏针对性。

在培训内容方面，较为明显的一个现象是，当下企业对服务型基层员工的培训通常只是一个"走过场"的过程，很多企业采用"一刀切"的培训方法——无论什么岗位的员工都进行同样的培训，没有认真分析具体岗位的具体需求，"眉毛胡子一把抓"，不管所进行的培训是否适合该岗位，员工几乎不能通过培训使自身的业务水平和专业素质得到提高。企业对基层员工的培训采取"流行什么学什么"的做法，缺乏对培训需求的分析，没有弄清楚"流行"的是不是企业所需要的就盲目地组织学习。这样不仅不能达到企业所希望的目的，反而会造成资源的浪费，使企业和员工对培训越来越失望，造成恶性循环。在培训对象的选择方面，有的企业十分随意，如对培训哪个员工不由实际工作情况、员工需求或绩效考核结果等决定，而是掺杂了很多的个人喜恶，决定草率而缺乏科学依据。培训对象的确定随意性大，同样缺乏针对性。

二、培训员工学历低

调查发现，由于快递员职业的特殊性和不规范性，现有从业人员学历普遍较低，一线快递人员仍以初高中为主。在所有的快递公司中，快递员的受教育程度大部分为高中，其比例为49.5%；其次为初中毕业，其比例为18.8%，大学本科毕业的比例为29.7%；小学毕业占比较小，仅为2%。从业人员的学历较低、以年轻劳动力为主，其中还包括农村转移的劳动力。

三、培训体系不健全

在招聘中，仅进行简单的自我介绍，其他的招聘程序未进行。应聘者只需要满足工作时间的要求，几乎没有对其素质和个人能力的考查项目。这种招聘方式直接导致快递业服务质量参差不齐，很多加盟商没有完善的服务质量监管体系，以至于分拣时快递乱扔；交付过程中服务态度差，经常导致客户投诉。

四、员工对培训的认识存在偏差

一些民营快递企业经理对员工的培训意识不够，这造成了他们在经费预算上的投资不足。

（一）员工认为培训费用很高

一些民营快递企业经理认为，培训是一种长期投资，会加大快递费用，所以在现有的有限培训流程中，所需经费是有限的。这种客观条件极大地制约了培训的实施，一些培训没有达到预定的规模，培训也没有达到预定的目的，培训效果也较弱。

（二）员工认为培训和领导没有关系

作为一名员工，只有不断地学习工作，才能提高自己的知识、技能和工作能力。而要想成为一位优秀的领袖，首先必须成为一个很好的教练。因此，作为一名领导者，要不断培训自己的部下，让自己的部下成长起来。而且还需要对自己进行培养。这样，员工才会产生感激之情，才会更忠诚于公司，进而主动工作。

（三）员工认为不需要培训

部分企业认为，效益好就不需要对员工进行培训；但是当企业效益不好时，又没有钱对员工进行培训。要知道，一时的效益好不代表总是好的，企业要有一种危机意识，还要努力做到未雨绸缪。例如，海尔集团始终把员工培训作为首要任务，从公司的高层领导到一线员工都要接受相关培训，其培训政策是："找到合适的准则，明确目标，找到差距，学习缺失的东西，填补缺失的东西。在紧急需要时先学习，能马上产生影响。"

五、片面追求技术技能培训，忽视情感与价值观培训

传统的企业员工培训往往会忽视对员工进行的情感与价值观方面的培训。员工需要经历一个成长和发展的过程，企业在这个过程中不仅要关注员工业务能力和技术水平的提升，同时要关注其职业道德素质和思想道德品质的塑造，员工只有具备崇高的思想道德素质和正确的价值观念，才能推动企业的良性与健康发展，同时增强员工对企业的认同感。但是，不少企业忽视了对员工的情感与价值观的培训，导致员工缺乏正确的价值认知，不能正确看待个人与集体的关系，或者做出违背职业道德的行为，这些都不利于企业的健康发展。

六、培训计划不科学，欠缺执行力度，落实程度不够

民营快递企业总部要求各分公司制订员工培训计划，但未能对培训需求进行全面客观地分析。分支机构过分强调工作要求，忽视了公司战略和员工的个人发展需求，导致培训与业务部门缺乏整合与协调。分支机构很难选择有利于企业业务发展的知识，以及很难筛选员工的核心能力，并建立员工行为标准；培训计划实施不到位，培训计划虽已制订但未得到有效实施，通常难以达到预期目的。

七、培训规模未能覆盖所有员工，未能做到以人为本

一般民营快递企业员工的培训重点是以新员工入职培训为主，员工一旦入职，就依靠以老带新的方式，使新员工逐渐胜任岗位，独立操作。新员工未能直接感受公司对个人能力的重视，未能很快地发现自己的成长和进步空间，导致自身的工作积极性和学习积极性受挫。企业未能做到以人为本，对员工的成长和进步设立方向和目标，帮助员工进步的同时创造更大的利润。员工培训评估缺乏有效性，培训体系不完善，这造成了民营快递分公司未能及时评估和跟踪培训效果，也未能提高员工的培训效率。企业员工的培训是一个由多个任务构成的过程，是一个系统的工程，而若不能建立一套科学、合理的培训制度，就会造成培训工作的低效。

八、培训内容脱离员工职位职责

部分企业组织管理基础薄弱，导致很多职位的职责缺乏准确的定义，而且每个员工的能力都不明确，导致支撑职位职责的知识技能需求比较模糊。在这种情况下，培训需要调查出的结果，反映的可能是当事人想要的（与个人兴趣、喜好有关），但是未必是当事人需要的（与职位职责及员工能力水平评估有关）。

九、员工培训工作缺乏反馈环节

当前，我国民营快递企业对员工的培训工作缺少反馈环节。如此一来，员工培训工作质量低，培训过程中，培训内容刻板生硬，缺乏新颖性和趣味性，活动现场混乱，工作的开展存在较强的盲目性和随意性，培训效果不尽如人意。另外，没有对培训进行相应的反馈，企业不能对员工培训工作的开展情况进行归纳和梳理，不能及时地检讨和总结培训中的问题，使员工培训没有真正发挥作用。反馈环节的缺失也使企业在对员工进行培训时缺乏必要的监督，不利于提升员工的综合素质。

第四章 民营快递企业员工胜任力素质模型构建

第一节 民营快递企业员工胜任力素质识别

一、胜任力素质模型的提出

麦克利兰于20世纪70年代提出胜任力素质模型。他认为这一模式具有三类核心胜任力：跨文化的人际敏感性、对他人的积极期望、快速进入当地政治网络。也有人认为胜任力素质指的是将在某项工作中取得突出成就的人与普通人区分开来的动机、特征、自我形象、态度或价值观、知识、认知或行为技能等，胜任力素质可以清楚地区分优秀员工和一般员工的个人特征。通过对胜任力概念进行分析，笔者认为胜任力有三个特点。

（1）胜任力指员工个人拥有的知识、技能和素养（显性与隐性特征）的综合表现，它们均由行为兑现，并具有可观察性和可测性。

（2）胜任力与其所处岗位要求紧密相关，并在较大程度上受工作氛围和环境以及岗位特征和条件等多方面因素的影响。因此，不同职位的相应胜任力有一定的差异。同一行业、不同企业对同一职位胜任力的需求也有一定的差异，即使是企业发展的不同阶段对同一职位的需求也有一定的差异，需要随时改变策略和做出调整。

（3）胜任力能较大程度地预测未来业绩，公司可借助合适的手段衡量员工的胜任力，并据此评判员工未来的工作业绩。

胜任力素质模型是指组织或部门为达到绩效标准或实现绩效目标而需要具备的胜任力特征。这种能力特征可以用文字来描述，即完成任务和实现特定绩效目标所需的各种能力要素的组合和层次结构。

二、胜任力素质模型的发展

由于不同岗位对能力的要求各不相同，因此各岗位的胜任力素质模型要素也不尽相同。胜任力素质模型之间的差异很大。例如，"胜任力素质模型"描述了在一个特定组织中有效工作所需的知识、技能和属性的独特组合。胜任力素质模型包括相互关联的知识、态度和技能等，这些是员工工作的重要影响因素。它们与工作绩效有关，可以用标准来衡量，并可以通过培训和发展进行改进。胜任力素质模型代表优秀绩效者和一般绩效者的动机、特征、技能和能力，以及特定工作或层级所需的行为特征。胜任力素质模型一般是针对具体工作的。根据公司、职能和专业知识水平的不同，胜任力素质模型高度依赖环境。它们不适合一般使用。因此，创建通用胜任力素质模型很常见。

（一）国内胜任力素质模型的研究

国内对胜任力素质模型的研究主要有三个阶段。

1. 第一阶段（1990—2002 年）

1990 年之后的三年是研究胜任力的启蒙时期，但是研究的学者并不多，到了 1998 年，王鹏、时勘才介绍了胜任力的相关内容。[1]

2. 第二阶段（2003—2010 年）

2003 年后是扩展时期，学者以及研究的区域更加广泛。2003 年，彭剑锋、荆小娟在提出的"洋葱模型"原来的 3 层扩展到了 7 层。[2]2005 年，

① 王鹏，时勘.培训需求评价的研究概况[J]心理学动态，1998，6（4）：36-51.
② 彭剑锋，荆小娟.员工素质模型设计[M].北京：中国人民大学出版社，2003：137-138.

陈万思提出了"发展胜任力"的新概念。[①]2006年，叶龙、张文杰、姜文生通过研究制定了首个物流行业人员胜任力相关模型，并分别从拓展能力、应变能力、行业分析能力以及元胜任力四个维度对胜任力进行了分析。[②]

3. 第三阶段（2011—至今）

迄今为止，经过十多年的发展，我国对胜任力的研究开始取得巨大进步，不少学者在物流领域进行了相关研究。例如，2011年，罡群臻构建了物流高技能人才胜任力素质模型。2014年，李茹、朱立国、花达开构建了物流基础岗位胜任力素质模型。2014年，朱芳阳、潘文吴构建了物流人才胜任力冰山素质模型。2017年，王慧颖构建了"互联网+"下高职物流管理专业人才胜任力素质模型。

（二）国外胜任力素质模型研究

国外对胜任力素质模型的研究主要有三个阶段。

1. 第一阶段

20世纪70—80年代是萌芽探索阶段。在此阶段中，美国国务院在选拔招聘外交官中对招聘效果不满意，聘请了麦克利兰为其设计适合的选拔方法。麦克利兰通过高效率的外交官与低效率的外交官的针对性分析比较，总结了外交官的胜任力特征，正式提出了胜任力的概念并构建了胜任力"冰山模型"。[③]

2. 第二阶段

20世纪80年代到20世纪90年代是发展的成熟阶段。例如，1982年博亚特兹将胜任力素质模型研究推向成熟，提出了"洋葱模型"，并

① 陈万思.纵向式职业生涯发展与发展性胜任力：基于企业人力资源管理人员的实证研究[J].南开管理评论，2005，8（6）：17-23，47.

② 叶龙，张文杰，姜文生.胜任力模型在物流企业中的应用研究[J].物流技术，2006（3）：17-19.

③ MCCLELLAND D C. Testing for competence rather than for intelligence[J]. American Psychologist, 1973（28）：1-14.

将胜任力特征全面形象地概括为一个洋葱，认为胜任力特征就像洋葱一样，是一层又一层的，并明确了胜任力构造应该具备动因、性格、形象、价值观等。[1]1994年，斯宾塞、麦克利兰、斯宾塞提出了潜在的个性特征对优劣绩效具有重要影响，是胜任力管理体系研究的首例。[2]1997年，米拉布尔在冰山模型的基础上提出了"KSAO（knowledge，知识；skills，技能；abilities，能力；others，其他个性特征）模型"，适用于不同情境下的胜任力的测量、考核。[3]

3. 第三阶段

21世纪至今，胜任力素质模型被广泛应用。在这一阶段中，胜任力在管理学和心理学的研究成果引起了广泛关注，逐渐扩展到各个领域的胜任力实证研究中。例如，2007年，奥利森、白、莱默运用行为事件法制定了相应的胜任力素质模型，主要服务于微软公司。[4]

综上可知，我国对胜任力的研究虽然发展迅速，但研究内容仍未成系统；研究对象中高层管理者居多，但物流末端配送人员的胜任力的研究相对缺乏。因此，文献能给予的借鉴是有限的。

三、民营快递企业员工的现有素质问题

我国民营快递企业在快速发展的过程中，存在诸如员工素质不高、缺乏企业管理人员等一系列问题，具体内容如下。

（一）服务意识不强

我国大部分民营快递企业对员工培训不够重视，员工一般在一周之

---

[1] BOYATZIS R E. The competent manager: a model for effective performance [M]. New York: John Wiley & Sons, 1981: 10-12.

[2] SPENCER L M, MCCLELLAND D C, SPENCER S M.Competency Assessment Methods: History and State of the Art[M].Boston: Hay-Mcber Research Press, 1994: 15-21.

[3] MIRABILE R J. Everything you wanted to know about competency modeling[J]. Training & development, 1997, 51（8）: 73-78.

[4] OLESEN C, WHITE D, LEMMER I. Career models and culture change at microsoft[J].Organization development Journal, 2007（25）: 31-36.

内就会上岗，且由于大部分员工的工作能力低，导致他们的服务意识和服务态度很差。根据 2022 年 10 月，国家邮政局快递投诉排行榜可知，速尔、国通、申通占据投诉榜前三。加之民营快递企业对员工缺乏物质奖励，工作一段时间后，部分员工就会变得懒惰、不负责任，导致公司的服务质量下降，进而影响了公司的形象，降低了消费者对公司的信任度。

（二）文化水平低下

民营快递企业的大部分员工文化水平低，他们只负责收发和投递信件。特别是中小型民营快递企业在成立初期迅速扩张，往往会大量雇佣十几或几十名员工，不要求具备较高的学历水平，初、高中学历即可，对员工在电脑使用等方面的技能水平要求也较低。

（三）职业道德规范教育重视不够

良好的职业操守是一种有效的竞争方式，也是关系到企业能否生存和发展的重要因素。但是，大部分民营快递公司对员工的职业道德方面缺乏重视，导致丢件、盗件、抢件、快件延误、快件破损等问题频频发生，引起消费者的投诉，而其中 80% 以上的工作失误是因为他们的职业操守有问题。

（四）企业管理人才匮乏

在民营快递的人员结构中，管理人员的比例仅为 8%，这表明人才供给相对不足。根据 2022 年 10 月的国家邮政局快递投诉信息统计可知，80% 以上的投诉是"延误率、遗失率和损失率"。"三诉"的根本原因在于民营快递公司管理人员比较缺乏、管理手段较为单一、管理方式比较落后。由此可见，采取有效措施提高管理者素质是降低三大投诉率的有效手段。

（五）年龄结构趋于年轻化

在民营快递企业员工中，26～30 岁的员工占 47.4%，19～25 岁的员工占 21.1%，这也就意味着 30 岁以下的年轻员工比例接近 70%，而 41

岁以上的员工比例不到10%，这充分表明民营快递企业员工的年龄结构趋于年轻化。由于民营快递企业员工结构并不十分合理，这也造成了员工素质的参差不齐。根据调查显示，民营快递企业员工不仅缺乏相关技能，导致工作的差错率上升，而且缺乏工作经验，使客户的投诉率增加，更缺乏吃苦耐劳的精神，造成员工的流失率较高。

（六）员工来源复杂且学历偏低

民营快递企业员工来源复杂，既有来自其他非快递企业的员工，又有刚刚毕业的大学生，还有经营其他行业的小店店主。其他非快递企业的员工比例达到了42.1%，且刚毕业的大学生所占的比例达到了26.3%，且很大一部分属于大学生自主创业群体。因为民营快递业加盟门槛比较低，需要的技术含量比较少，工作灵活性较高，所以这也符合不少刚刚进入劳动力市场的年轻人的要求。高学历员工比例偏低，初中及以下学历的员工比例为10%，职业中专或高中学历的员工比例为42%，大专学历的员工比例为37%，本科及以上学历的员工仅为11%。换句话说，只有不到一半的员工拥有大专或以上学历，而高学历人才的缺乏又会降低企业的整体素质，并严重影响民营快递企业的长期发展。

针对上述问题，国家相继出台政策，希望民营快递企业能在竞争中发展。总之，民营快递企业亟须提高员工的素质，并建立良好的民营快递企业员工胜任力素质模型。

四、民营快递企业员工胜任力素质模型

（一）民营快递企业的岗位及职责

民营快递企业岗位主要分为四类：管理人员、专业技术人员、营销人员、生产人员。民营快递企业中的典型岗位如表4-1所示。

表 4-1　民营快递企业中的典型岗位

典型岗位	岗位职能
快递员	在规定时间内完成收件、派件，保证客户快件不受损失
客服人员	主要负责处理客户的咨询、投诉，跟踪两地间的物流消息等
业务人员	主要负责拉单，为公司找客户等
分拣员	在规定时间内完成货物的装卸、搬运工作
市场营销员	主要负责开拓区域市场等
仓库管理员	主要负责仓库货物的进出，降低耗材，提高仓库的利用率

（二）民营快递企业的员工类型

1.从公司的角度划分

第一类是在一线工作中拥有熟练快递技术的工人。第二类是技术人员，他们拥有很强的专业技术。第三类是管理人员，他们拥有丰富的行政管理经验。

这三类人才中，80%以上是在一线工作的技术工人，拥有专门技术的仅占 8%，行政管理人员不到 12%。从近五年的人力资源数据可以看出，企业在过去五年的发展历程中，这三类人才大量流失，特别是在第二、第三类人才流失的时候，因为他们在这个领域的工作并不多，所以有些技术和技术人才会因为人脉的问题，跟着公司的管理层离开。而由于技术人才的离职，其他人也会选择跟风离开，这对公司的发展也造成了很大的阻碍。

2.按从业人员的学历划分

民营快递企业员工的学历普遍较低，初中及以上学历的比例为9.27%，中专、高中与技校学历的比例为68.02%，大专学历的比例为17.75%，本科学历的比例为4.82%，硕士及以上学历的比例仅为0.14%。由于缺少高学历人才，使企业员工的整体素质低下，而企业内部培训又不够，严重影响了民营快递企业的未来发展。

3. 按从业人员的劳动力来源划分

由于规模、设备、资金等诸多因素的制约，民营快递企业在招聘过程中存在着大量的人员流动和整体素质偏低等问题。其中，农村剩余劳动力与下岗员工在员工中占有较大的比例，分别为 38% 和 33%；待业人员的比例接近 13%；而受过高等教育的员工比例仅为 11%；出于对薪酬、福利等各种因素的考虑，长期从事快递业的员工比例仅为 5%。

4. 按从业人员的人才结构划分

调查显示，民营快递公司的生产人员比例为 73.05%，比例最高；专业技术人员比例为 10.95%；管理人员和营销人员占比较小，分别占 8%。这也凸显了目前中国快递服务行业为劳动密集型的特点。

（三）筛选各岗位胜任力素质的方法

1. 麦克利兰的冰山模型

麦克利兰冰山模型（图 4-1）是知名度较高的胜任力素质模型，他把能力比作一座冰山，而这种能力的驱动力就是由一系列的行为所表现出来的，既有表面的，也有潜在的。[①] 知识和技巧都在"冰山"之上，这是很明显的，在学校或专业培训中，很容易被提升，通常被认为是一种学历或一种证明；性格和动机都在"冰山"下面，很难被发现，很难通过培训来改变。

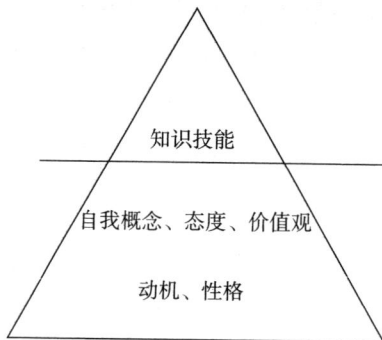

图 4-1　麦克利兰的冰山模型

---

① MCCLELLAND D C. Testing for competence rather than for intelligence[J]. American psychologist, 1973 (28)：1-14.

2. 差异心理学研究

从事此项研究的人大多接受了心理方面的培训，主要集中在个人的智力、认知和生理能力、价值、个性、动机、兴趣等方面。19 世纪末 20 世纪初，加尔芬、卡特尔成为对人类能力与性格进行量化测量的先驱。这些早期的研究主要是为了探索衡量智能的方法，特别是探索感知和精神等方面潜在能力的方法。从 20 世纪 50 年代开始，个人差异心理学的研究范围不断扩大，例如动机、个性、价值、生理、智力、信息加工、情绪等方面。尽管各机构使用的方法和技术各有差异，但基本都是通过判断或量化的方式将行为表现归类，并由此推断出个体的特点。

3. 教育和行为学研究

教育和行为学研究的主要目标是影响或影响个人的行为，以促使个人在工作和生活中取得成就。从事该领域工作的人通常具有教育经验，他们认识到个人的不同对事业的成就也有一定的影响，但他们更注重教育对成功的重要性。他们强调了环境的重要性，并认为后天环境对行为的影响要大于先天的遗传特性。其中，布卢姆的教学目标分类和加涅的目标分类在个人发展方面的研究尤为突出。这一领域的大部分研究都是为了给每个类别下一个操作的定义，每个类别都有自己的行为指数，这符合很多人对能力模型的构建。

4. 工业与组织心理学研究

工业与组织心理学的研究思路主要集中在个人的不同对工作绩效的影响、工作中的行为和评估的标准等方面。这一类研究往往要花很多的时间在工作分析、工作评估、工作手册和工作标准上。有学者在管理与领导领域已进行了许多研究，以探讨与评估优秀经理人与领导者的潜质特性，而评估中心法则是一种行之有效的选择方式。通过对国内外有关文献的研究发现，各评估机构的工作内容、评估维度与 AT&T（american telephone & telegraph，美国电话电报公司）的绩效评估结果具有很高的一致性，显示出组织、层级的管理职能。这些维度表现出特性、特征、资格等与工作成败紧密联系的特征，是当前胜任特征模式研究的一个重要方面。

5.扎根理论研究

格拉译、施特劳斯在《扎根理论的发现：质化研究的策略》一书中第一次提出了一种新的观点，这种观点被称为扎根理论。它是一种质性研究方法，弥补了理论研究和经验研究之间的不足，目的在于弥补理论研究和经验研究之间的差距。研究者通过收集和分析资料，从中提炼反映现象本质的核心要素，并寻找这些要素之间存在的关联，由此进行理论构建。

笔者在了解民营快递业发展趋势的大背景下，通过对民营快递业从业人员胜任力的相关文献的阅读、整理分析，对民营快递企业员工素质的相关理论进行总结，为建立胜任力素质模型打下了坚实的基础。

本书运用扎根理论，构建了民营快递企业末端配送人员胜任力素质模型，在选择了16名末端配送人员进行访谈的同时，对4名配送主管和仓库管理员进行了访谈，选择配送主管和仓库管理员进行访谈的原因主要有三点。第一，配送主管和仓库管理员都是由末端配送人员中表现优异者提拔上来的，具有一定年限的末端配送工作经验，精通末端配送业务。第二，配送主管负责管理末端配送人员，且仓库管理员与配送人员接触频率较多。第三，本次访谈的配送主管和仓库管理员都曾是从事配送工作过程中被企业给予肯定的绩效优异者，他们的意见和建议更具有指导意义和参考价值。

如何通过扎根理论构建民营快递企业末端配送人员胜任力素质模型，下面将阐述具体的操作流程。

（1）一级编码。一级编码，也就是开放式登录，它是把数据拆分，赋予一个新的概念，然后用新的方法进行重组。在悬置个人观念的前提下，将研究资料完整如实地进行登录，并且从中发现相关联的概念属性，将这些属性进行定义，明确其不同的层面角度，进而分类整理。

为保证访谈资料的有效性，笔者将经过整理的书面记录与访谈对象进行校对，确认无误后进行编码分析。经过开放式编码分析后，将与主题不相关或与主题相关但出现频率低于两次的内容进行排除，同时将同一概念在多份访谈资料中重复出现的内容进行挑行合并，摒除一切主观因素，完全根据客观材料归纳了与末端配送人员胜任力相关的 25 个概念，如表 4-2 所示。

表4-2　与末端配送人员胜任力相关的 25 个概念

编号	概念	原始语句
1	DP1-a：自信心 DP4-b：细心耐心 DP9-c：吃苦耐劳 DP13-d：情绪管理	a：工作上遇到困难是常态，最重要的是要有一颗坚强的心，要相信自己能战胜它 b：平时的工作其实很简单，但是工作量和信息量较大，所以要细心、耐心地去做 c：每天的工作量大而且比较辛苦，所以对配送人员有一定的体力要求，关键还是要愿意吃苦 d：配送工作虽然比较自由，但是工作量大且比较枯燥，员工很多时候会感到烦躁不想去做，这个时候就要学会控制自己，努力完成工作
2	DM2-a1：配送管理知识 DM2-a2：成本管理知识 GK1-al：仓储管理知识 CK1-a2：安全管理知识 DM1-b：法律知识 DP3-c：服务礼仪	a：在上岗前有专门的岗前培训，日常工作中也会进一步学习物流管理相关的专业知识培训 b：每个行业都有属于自己的法律规章，在了解制度的情况下才能更好地工作 c：岗前培训除了专业知识课程，公司还会安排服务规范课程，请老员工教新员工在配送工作中服务顾客时需要注意的细节、要素等各方面
3	DP8-a：驾驶技能 GK2-b：计算机操作技能 DP9-c：包装加工技能	a：现在的配送工作基本都配备小型车辆进行配送，所以要求配送人员取得驾照，还要考核驾驶技术 b：因为日常工作信息量巨大，所以公司配有专门的内部系统处理配送信息，要求配送人员会操作计算机 c：配送人员能根据货物的种类负责包装，确保在运送和分发期间不会有任何的损伤

续 表

编号	概念	原始语句
4	DP4-a：保守秘密 DP5-b：遵纪守法 DP4-c：责任意识 DP13-d：服务意识	a：配送人员要对每位顾客的个人信息和寄件内容保密，不能泄露消费者的隐私 b：法律规定寄件、收件要求实名制，当消费者在没携带有效证件的情况，应拒绝此项寄件、收件业务 c：做好本职工作，不但要对消费者负责，更要对自己负责 d：现在的情况下，大部分消费者在寄件、收件时会主动上门，工作人员应尽量为消费者提供便捷的寄件、收件服务
5	DP1-a：理解表达能力 DP5-b：合作协调能力 DP10-c：亲和力 DP11-d：突发事件处理能力 DM1-e：投诉处理能力 DP14-f：学习能力 DP15-g：抗压能力 DM2-h：计划能力	a：大家每天都在一起工作，交流是少不了的，最害怕的是交流不起来，这样就很难工作了 b：每天的工作量都很大，自己一个人肯定是完成不了的，大家都是"我帮帮你，你帮帮我"这样过来的 c：一开始大家都不认识，熟悉了以后觉得同事都很不错。一开始可能不熟悉，共事久了自然而然就有默契了 d：有时会遇到订单异常或包裹丢失的情况，如果不能及时处理好这些问题，消费者不能及时收到货件就会打电话或是上门投诉，一想到被投诉会很焦虑 e：消费者投诉是令人头痛的问题，处理不好的话不仅会扣工资，严重的还会通报，影响以后的加薪升职 f：不断地提升自己的快递行业知识与技能 g：特别是在快递量很大的情况下，如何调整自己的心态，完成好工作任务 h：如何有效地提高收件与派件的效率，满足消费者的需求

注：DP 指 配 送 人 员（distribution personnel），DM 指配送主管（distribution manager），GK 指仓库管理员（godown kepper），数字指访谈顺序，小写英文字母是对语句的区分。

通过整理访谈记录（表 4-3），笔者发现员工访谈时提及最多的五项胜任力特征分别为自信心、理解表达能力、细心耐心、保守秘密和服务意识。从表 4-3 可以得知，配送人员要有做好配送工作的自信心，同时具备良好的理解表达能力和细心耐心。物流行业作为支柱服务行业，配送人员作为服务人员，他们每天需要直接面对大量的消费者。而随着业务量的大量增长和物流行业的不断专业化，配送人员需要熟练计算机的各项操作，同时要求他们不断地学习新的专业知识，与时俱进。

表 4-3　访谈提及最多的五项胜任力特征

序号	胜任力素质	出现次数	提及人数
1	自信心	40	20
2	理解表达能力	39	19
3	耐心细心	38	19
4	保守秘密	35	18
5	服务意识	33	17
6	吃苦耐劳	32	17
7	责任意识	30	16
8	抗压能力	28	15
9	投诉处理能力	28	15
10	突发事件处理能力	27	15
11	合作协调能力	25	14
12	情绪管理	25	14
13	亲和力	24	14
14	计划能力	24	14
15	学习能力	23	14
16	服务礼仪	23	14
17	遵纪守法	22	14
18	驾驶技能	21	13
19	配送管理知识	20	12

续　表

序号	胜任力素质	出现次数	提及人数
20	仓储管理知识	20	12
21	计算机操作技能	20	11
22	安全管理知识	18	11
23	成本管理知识	16	11
24	法律知识	15	10
25	包装加工技能	13	10

（2）二级编码。二级编码，就是相关的登录以及中心的登录方式，总结出优化后的类属范用，将对象作为研究主体与核心，找到与此相关的原因、背景、影响因素、行动策略以及结果，分析它们之间的关系并将其联结起来构成完整的故事线。

现象为主要范畴，原因、背景、影响因素、行动策略以及结果作为副范畴从属于现象，一切围绕现象展开。通过对 25 个概念进行分析，从开放式编码中提炼出 25 个副范畴，将 25 项副范畴进行联系，对其进行主轴编码分析，最终提炼出了 5 个主要范畴，分别为个人素质、职业知识、专业技能、职业道德与工作能力，具体内容如表 4-4 所示。

表 4-4　五个主要范畴

主要范畴	对应范畴	范畴内涵
个人素质	自信心	能积极有效地完成配送工作，信任自己
	耐心细心	配送工作中注意细节问题的处理以及长时间工作的坚持性
	吃苦耐劳	具有一定的身体素质和吃苦精神，能耐住配送工作的辛苦
	情绪管理	有意识地控制自身情绪，保持适当的情绪，避免或缓解因不当情绪而影响工作

续　表

主要范畴	对应范畴	范畴内涵
职业知识	配送管理知识	掌握物流配送各环节的管理知识
	成本管理知识	了解物流配送工作费用产生的原因、数量和种类等因素，并进行核算和分析
	仓储管理知识	掌握仓储管理知识，对仓库及仓库内的物资进行管理
	安全管理知识	运用安全管理知识，寻找并分析配送工作中各种不安全因素，采取相应措施，解决和排除各种不安全因素，防止安全事故的发生
	法律知识	了解和掌握相关法律知识，防范违法作业
	服务礼仪	学习服务礼仪的相关知识，注重自身仪容、仪态
专业技能	驾驶技能	配送工作中熟练使用运输工具完成配送工作
	计算机操作技能	掌握计算机基本操作以及熟悉物流配送信息系统
	包装加工技能	根据货件种类和属性，采用一定的技术方法和容器材料对货件进行包装加工，保护货件在运输配送过程中不受到损坏
职业道德	保守秘密	严格保守消费者个人信息和货物信息，防止消费者隐私泄露
	遵纪守法	遵守法律法规和公司规章制度，不做违法违规的事情
	责任意识	自愿承担工作责任，尽心尽力做好本职工作
	服务意识	学会为消费者着想，主动为消费者提供热情的服务，尽可能满足消费者的需求

续 表

主要范畴	对应范畴	范畴内涵
工作能力	理解表达能力	理解他人的思想、感情与行为，同时清晰明确地表达自己的想法和观点，进行有效的信息交流
	合作协调能力	积极主动与他人配合，整合利用资源，优势互补，共同完成工作任务
	亲和力	以友好的态度平等对待每一个人，使他人愿意亲近和接触，促成合作意向
	突发事件处理能力	能沉着应对突发事件，对事件进行分析，并迅速寻找制定有效的解决方案
	投诉处理能力	根据实际情况和消费者需求，妥善处理投诉意见，维护消费者利益和分司利益
	学习能力	拥有积极主动学习并吸收整合知识的能力
	抗压能力	具备良好的心理承受能力，能解决工作中遇到的困难，并调整好自身心理状态
	计划能力	能根据任务目标、工作时间长度以及困难程度等具体因素，制订详细可行的工作计划

（3）三级编码。三级编码，即核心式登录或选择性登录，即在二级编码的基础上，从主要范畴中选择核心范畴，并分析核心范畴和主要范畴以及其他范畴之间的关系并进行验证。核心范畴的特点应具备以下三点。

第一，核心范畴必须在所有类属中占中心位置。

第二，核心范畴代表的现象在收集的资料中出现的频率比较高而且较为稳定。

第三，核心范畴应较容易与其他类属相关联，且内容较为丰富。

（4）民营快递企业员工的胜任力素质构成。民营快递企业员工的胜任力素质是基于对不同岗位类型工作表现优秀人员胜任力要素的充分分析，在筛选出产生优秀绩效的能力要素或关键点后，根据每类岗位的能力要素，确定该类岗位人员相应的能力水平要求，并整理出清单。

下面以营销人员为例，分析民营快递企业员工的胜任力素质的构成。

①知识要素。民营快递从业人员必须具备一定的理论知识与专业技术，要熟练掌握各类业务，具备较强的业务素质，具备所需的专业知识，掌握专业资料，这样才能为消费者提供专业的服务，使消费者产生信赖。根据不同的岗位要求，应对从业人员筛选不同的职业技能，如组织协调能力、领导能力、创造力、学习能力、分析能力、适应能力、理解力、判断力等。民营快递公司的员工业绩评价主要是看结果，而不是看过程，因此在制度许可的条件下，员工要采取各种方法、技术和措施，进而取得成功。

②能力要素。民营快递企业人员在配送工作中，不但直接与消费者接触，还与配送主管、仓库管理员等人员共同完成作业，因此理解表达能力、合作协调能力和亲和力较为重要。良好的理解表达能力可以确保双方信息沟通顺畅，例如准确地向消费者表达配送信息，或是工作中与同事就工作事宜进行沟通。配送工作属于团队集体作业，因此要求配送人员具备一定的合作协调能力，配送人员经过长期的团队配合工作后，逐渐形成工作默契，能进一步提高工作效率。亲和力则能使他人愿意接触，促成合作意向。

随着民营快递业的蓬勃发展，也衍生出了一系列问题，如服务态度不好、包裹损害严重、陆续的投诉举报等，而能否处理好这些问题将严重影响配送服务质量和企业竞争力。同时，民营快递配送的专业化要求配送人员不断地学习知识和技能，以提升自身业务水平，适应行业发展的大趋势。工作强度大和工作量繁多一直是物流行业的显著特征，这就要求配送人员具有良好的抗压能力，在面对工作压力的情况下调整好自身的状态工作，而做好工作计划、提高工作效率的同时相当于降低了工作难度，帮助配送人员有条不紊地完成日常配送。

企业必须清楚每个职业类别的潜力组成，也正是这一潜力结构，才能使那些具备这些潜能的人在工作中表现出色。能力等级，指的是同一种职业所需要的各类潜力。根据企业的目标、规模、资源等情况，选择的能力模式也是不同的，主要有决策能力、安全管理能力、战略管理能力、理解判断能力、系统思考能力、问题解决能力等。同时，沟通技巧也是营销技巧中的关键一环，在与客户沟通时，营销人员必须能进行有效的指导与控制，表达清楚、具有说服力、能快速反应变化，并根据变化做出相应的反应，以取得较好的沟通效果。人际洞察力则需要能洞察人们的需要和想法，能理解别人的想法，能从别人的角度去思考。关系维护技巧则可以让营销人员和消费者建立一个稳固的人际联系，从而为消费者创造有价值的资源，增加成功的机会。

③素质要素。个人素质有助于工作能力的提高。作为民营快递企业人员，自信心和吃苦耐劳必不可少，高强度的配送是对精神以及体力的双重考验。面对高强度的工作量，需要有强大的自信去完成任务，也是因为自信，才可面对挑战。国家邮政局统计，2017年的"双十一"期间，物流企业共揽收快件8.91亿件，工作量庞大，这对配送人员的信心是一个不小的挑战。而细心耐心和情绪管理表现为工作过程中配送人员对工作的投入程度以及自身情绪的控制。对于每天大批量的快件，从分类到配送，以及相对枯燥的工作流程，都需要配送人员的细心耐心，减少并避免快件的遗漏、不合理的分类等。国家邮政局关于2017年12月邮政业消费者申诉情况的通告中显示，邮件丢失短少所占比例为18.4%，邮件延误所占比例为37.5%，这些是可以通过提高工作中的细心耐心程度来降低消费者投诉的。此外，每个公司要根据社会主义核心价值观的要求细化员工的关键要素，如领导力、成就导向、主动性、自我提升能力、培养他人、组织认同、学习能力、建立创新组织、抗压能力、专业性、自律性、客户意识、开拓精神等。

④职业道德。民营快递企业员工职业道德主要表现在四个方面：责任感、服务意识、保守秘密与遵纪守法。现代社会生活中，个人法律防范意识十分强烈，加之信息流量巨大和信息流速飞快，因隐私权利被侵犯导致的法律案件频繁发生，配送人员在配送工作中需要使用消费者的

身份信息，或是消费者向配送人员提出合理的保密要求，所以配送人员在不违反法律的情况下能否保守秘密影响着服务质量的好坏。责任意识和服务意识决定了配送工作的优劣。责任意识要求配送人员树立责任精神，驱动着配送人员尽职尽责地完成配送工作。服务意识则驱动着配送人员主动地、更加用心地为消费者提供良好的配送服务，决定着配送人员的工作态度。

⑤市场敏锐度。面对迅速变化的市场和客户需要，处于一线的营销人员需要有一定的思维能力，要勤思、善思，不仅要具有现实的感性认知，还要将其上升为深层的理性认知，并做出较高的归纳和总结。只有具有一定的思维能力，才能具有敏锐的洞察力和判断力，进而制订一套完整的市场拓展计划，并制定营销策略和计划。当市场营销人员在市场营销与服务中敏锐地察觉到客户的需求，力求让自己的工作与他人的需求相匹配时，应以"为客户创造价值""让顾客充分满意"为核心，这样就可以顺利地实现销售目标，并与客户保持良好的关系。

⑥性格特质。性格特质是人的思想、品格、认识等内在的本质，是人的行动和行为方式的持续性、稳定性。例如以下特质。

第一，诚实信用。营销人员最重要的素质是诚信，这是一个能让销售员和公司与客户长期保持良好的合作关系的基石。

第二，主动积极。营销人员直面客户，要想推销自己的产品和服务，就必须有主动的行为，以达到自己的目标。

第三，自信坚韧。营销人员要对自己的能力和价值有充分的肯定，即要有自己能够达到既定期望的心态，对自己的工作有信心，这样还能激发营销者的精力和潜能，协助客户化解矛盾，跨越难关。

第四，成就欲。营销人员若有一种从心底想要达到好的业绩的愿望和动机，就会变得更积极，就会为自己设定一个又一个的目标。

第五，气质。一个成功的营销人员应积极健康，应衣着得体，言谈举止应不卑不亢等。

第六，意志力。意志力是营销人员成功化解矛盾、克服重重困难、顺利度过危机的必备素质。

⑦营销技能。沟通技巧是营销技巧中的关键一环。在与消费者沟通过程中，营销人员要有效地指导、掌握、表达清楚，能快速回应变化，并能根据变化做出相应的调整，以取得较好的沟通效果。洞察力指的是营销人员能理解消费者的需求和想法，能看穿他人的想法，能站在他人的角度思考问题。关系维护技巧则可以让营销人员和消费者建立一个稳固的人际联系，从而为消费者创造有价值的资源，进而增加成功的机会。

第二节　民营快递企业员工胜任力素质权重的确定

胜任力素质模型的构建要从企业实际应用目标出发。若只是在招聘筛选中使用，对模型精度的要求不高，对公司的特性也不是很强，那么就可以从功能角度来考虑，使用成熟的模型库进行建模，既节省时间，也节省人力。模型若要应用于人才培养与发展，则需要进行深入细致的建模调查，并充分考虑公司的战略发展与企业文化需求，对模型的精准度也有较高的要求。

一、行为事件访谈法

在学术界，行为事件法又被称为行为事件访问，最早的做法是听目标群体讲故事。虽然时间较长，但效果比较好。美国心理学家麦克利兰在此基础上，提出了行为事件访问法，主要是将关键事件法与主题统觉测试结合起来。① 这种方法主张在一个相对封闭的环境中，让被调查者回顾过去一段时期工作中最有成就感（或沮丧）的重要事情，并向他们汇报当时的情况。在行为事件访谈中，要求被访问者对所体验的工作事件进行详尽的描述，从而将其主要的行为因素记录下来。人们一般用

---

① MCCLELLAND D C. Identifying competencies with behavioral-event interviews[J]. Psychological science, 1998, 9（5）: 331-339.

STAR 法描述关键性事件。其中，S 指情境（situation），也就是让被调查者回答在什么情况下发生的事情；T 指目标（target），要求被调查者回答为什么要这么做，也就是说他们的意图是什么；A 指行动（action），也就是被询问的人必须回答所做的事情；R 指结果（result），也就是被询问的人对该行为的后果做出回应。借助访谈，了解事件的全貌，确定被调查者在典型事件中的特定行为及心理活动，并获取大量显示工作能力的工作场景资料，以提供大量有价值的资料来发展员工的品质与能力。

行为事件法中的事件既包括成功的事件，也包括失败的事件。人们通常是对这两个不同事件的特点进行分析，发现行为特点、综合表现行为能力，并建立能力素质模型，再检验这个模型的有效性，如果检验通过，则表明结论正确。因此，行为事件法是一个很好的方式。但是，它也存在着数量少、速度慢、效果差、费用多的缺点，只有拥有一定实力及一定底蕴的企业才能实现。行为事件访谈法是当前较有效和被广泛认可的一种评价胜任力的方法，同时是建立员工胜任能力的重要手段。在有限时间内对被调查者进行全面、深入的了解，并发掘出大量有价值的资料，可以全面、深入地研究人才素质。但是，有些地方还存在一些缺陷。首先，在运用行为事件访谈法建立胜任力素质模型时，必须从关键事件中抽取主体，而国内外学者对此问题的研究尚且不足。其次，进行行为事件访谈的方式比较单一，目前仍以 STAR 法为主，需要引入更多的信息获取途径，或尝试对多种途径进行灵活组合，以取得最佳结果。此外，行为事件访谈法对访问人员的职业素养有很高的要求，这与其是否具有良好的可信性和正确性有着直接的关系，所以在使用行为事件访谈法的时候，必须对来访者的职业能力做出特殊规定。

二、演绎法

虽然演绎法有缺陷，但如果效果较好也是可行的，关键在于引导。华为也使用过演绎法，但存在两个问题：一是企业必须积累经得起考验的成功经验；二是公司成功的条件在不久的将来没有太大变化，成功经验能迁移。例如，一些国内行业市场变化迅速，其原有的高绩效行为可能无法保证新环境下的成功。

因此，演绎法是用一种较容易理解的方式理解公司的目标和远景，其次是策略，最后是员工的行为。首先，需要明确公司的战略目标，其次是看对应的部门需要什么样的绩效，最后确定员工要做哪些工作，以及他们所需要的知识和技能。

三、外部基准法

中国的发展速度很快，素质能力没有得到验证，因此如何解决这个问题非常迫切。对此，企业可以使用外部基准法，即兼顾企业发展的前瞻性和互补性，以及向外看，即从外部寻找基准作为对标对象，学习业内知名企业的做法，学习他们优秀员工的独特素质，并结合这些素质和企业的实际情况，使素质模型具有一定的可靠性。

四、卡片建模法

卡片建模法简单易行，但有效性有待验证。卡片建模法，即首先列出所有的素质，以获得自己的能力卡，包括 8 个维度，75 个能力素质。在这个过程中，企业选择了几名优秀的绩效人员和企业中的高级管理人员组成了一个讨论小组，受训者选择了他们认可的 3～5 张卡片，在讨论后筛选出了几种被大家认可的能力和质量，并整合和优化了模型。

目前，人们对卡片建模的验证很少，但有效性可以从两个方面进行控制。

（1）内部一致性。即采用研讨会小组的讨论和辩论形式，以保持一致性，这类似于德尔菲专家讨论法，在一定程度上可以确保模型的有效性，这里的专家指那些在管理岗位上具有丰富工作经验并对岗位有全面把握的员工。

（2）校准效率。在实施校准效率后，企业可以通过员工绩效分析和工作绩效验证员工标准，这样更有说服力。

可以说，这两种方式并无优劣之分，关键是用此法制造的品质模式是否能区分优异的绩效与普通绩效。

五、选择专家

胜任力素质模型的构建是一项艰巨的任务，因此选择合适的负责人至关重要。倘若模型设计人员缺乏职业道德，缺乏对策略文化的剖析，无法在访谈中发现有效的行为事件，或者在代码与数据统计方面存在偏差，这些都会造成模型的失效。因此，要使构建的模型顺利进行，必须挑选高素质的专业人士进行筛选，即职业建模人员不仅要具备良好的胜任力素质模型，还要具备系统思维以及归纳总结、写作、协调、创新能力等。

根据相同的行为事件，企业内部经理和其他员工的能力水平有很大的差别。这是因为咨询公司的顾问不了解公司的背景和具体情况，所以在决策时会产生一些偏差。因此，人力资源与企业管理者需要结合起来对模式进行精练，如组织研讨会、头脑风暴等。同时，该能力模型的实际使用者是企业管理者，通过亲身参与，可以帮助管理者更好地理解不同能力素质的含义。

六、问卷调查法

问卷调查法是一种以特定方式从受试者那里收集大量信息和数据的严谨方法，即通过发放问卷、收集和分析问卷，获得一手数据。在能力研究中，较常用的方法就是问卷调查法。

胜任力素质模型的构建，首先是在问卷调查的基础上，采用结构化访谈、半结构化访谈和开放式问卷调查的方法进行胜任力分析。其次，对收集的合格指标进行筛选，并通过问卷调查、专家评估等方法进行鉴定。再次，将所保存的能力指标整理为调查表，进行施测。最后，对调查问卷进行统计分析。调查问卷数据通常采用探索性因子与验证性因子进行分析，以筛选出胜任特征的结构模式。问卷调查法具有迅速、统一、客观、高效、成本低的特点，基于此建立的定量分析胜任力素质模型，提高了其科学性。然而，运用此方法进行素质调查也有缺点，即缺乏弹性，大部分调查表都是从结构上来回答问题，让人无法表达自己的观点，而且很多问题都没有得到解答，从而导致调查表无效。问卷调查法所搜集的资料仅限于问卷调查所规定的能力特点，无法获得更多的资料，因而建立的胜任力素质模型的有效性也会受到问卷效度的限制。另外，问卷回收率低、数据遗漏、问卷的随机性等也是问卷调查法在胜任能力研究中需要考虑的问题。

七、情境测验法

情境测验，也叫情境判断测验，主要是设定一种现实的工作（人生）问题，并给出若干种可能的反应，让受试者做出判断、评价和选择，在测验中选择最有效（最不有效）或最愿意（最不愿意）的行为等级，或对有效、无效、最愿意和最不愿意的行为进行评价，并根据受试者的判断与评价进行评估，从而推断他们实际解决社会工作问题的能力。能力是与工作岗位密切相关的，它的评估和衡量是不能脱离现实情况的。

八、层次分析法

层次分析法（analytic hierarchy process, AHP）是一种多指标（或标准、约束）方法，它将多目标问题分为多个层次的多个指标或标准，并使用定性指标的模糊定量方法计算多个层次上的单个指标（权重）和总体排名，从而选择多指标、多方案的优化决策方案。

AHP 是按照总目标、各层子目标、评价准则直至特定的准备项目的排序，通过求解判定矩阵的特征矢量，求出各级别的各要素在上一层的优先权，最后通过加权求和，确定各备选方案的权重，以确定最佳方案的权重。AHP 更适用于目标体系中分层级的交叉评估，但其目标值量化比较困难。如表 4-5 所示，其是对八项胜任力素质权重的分析。

表4-5　八项胜任素质权重

胜任素质要素	重要程度调查得分	权重
客服服务倾向	11	11/81=13.6%
果断决策能力	10	10/81=12.3%
思维分析能力	9	9/81=11.1%
成本收益意识	8	8/81=9.9%
人际关系营造能力	9	9/81=11.1%
说服沟通能力	12	12/81=14.8%
组织计划能力	11	11/81=13.6%
团队建设和协作能力	11	11/81=13.6%
总分	81	100%

综上，目前建立胜任力素质模型的方法很多，我们要充分吸取不同方法的优点，并对单个方法的缺点进行修正。

第三节　民营快递企业员工胜任力素质模型的操作与应用

在快速发展的新时代，随着经济的发展，人力资源管理也面临着许多变化。企业的发展不再仅取决于资产或资本的增加，而是更多地取决于创造财富的人，更加依赖于人具有的胜任力和创造力，他们具有较高的专业技术能力或者管理能力，或者具有独特的技术、独特的创新能力，这些人才造就了企业的不可复制性，使企业具有了独特的竞争力。因此，当今企业的人力资源管理就是对人力资源这一特殊的稀缺性和可持续性资源的管理。所以，研究民营企业快递员胜任力素质模型具有重要意义。

一、民营快递企业胜任力素质模型的建立

胜任力素质模式是指在完成一件工作，达到一个特定的业绩目标时所需要的一系列品质因素，其中包含了不同的人格品质要求、动机表现、自我认知和社会角色特点、知识和技术水平等。通过素质模型，企业可以判断和发现员工表现优异和总体差别的主要胜任力素质，进而将其作为改善和优化绩效的基础。民营快递企业员工一般分为四种类型：管理人员、市场营销人员、专业技术人员和生产人员。

以下是构建员工胜任力素质模型的步骤。首先，使用文献回顾法收集相关信息，并搜索民营快递人员素质的一般指标。收集资料的来源包括书籍、报纸与杂志、专业网站以及统计年鉴等。其次，采用问卷调查法，将收集的各项素质指标逐条添加、修改、删除，并从多层面、多角度形成较为完备的评价指标。再次，采用层次分析法为筛选的指标进行权重设置，并对其进行一致性检验，构建民营快递企业员工胜任力素质模型。最后，结合问卷调查法，验证层次分析法构建的胜任力素质模型是否正确。

二、胜任力素质模型的设计与应用

（一）胜任力素质模型建立流程

第一，确定公司的长期战略目标，确定要遵循的社会主义核心价值观与竞争力要素，并从社会主义核心价值观、公司使命和核心竞争力因素的角度总结与归纳员工的核心能力和素质。

第二，根据企业的特定业务和特定的工作群体的特定责任，对不同的工作群体进行不同的工作序列的能力进行设计。另外，还需要根据不同岗位的具体工作和表现对不同岗位的员工进行分析。

第三，对所有人员的核心能力、各个序列的通用能力、相应的职业能力进行分析，并分别设计每个能力的主要性能指标。

第四，根据专家数据库或评估团队分析和设计所研究能力的每个级

别的具体行为。

第五，持续测试、评估和改进胜任力素质模型。即在岗位胜任力素质模型建立后，可以先用于招聘和选拔，再经过不断改进，进而用于人员培训、绩效管理、人才测评和员工关系等人力资源管理活动。

（二）胜任力素质模型在设计和应用方面存在的问题

1. 以人的潜能为基础的岗位胜任力素质模式的建立较为复杂

岗位胜任力素质模型包括知识、技能和潜能三个方面。其中，知识与技能属于表面质量，是相对容易辨认的品质；所谓潜能，就是一种不易辨认的品质，包括动机、性格、自我意识等。工作能力模式以人的潜能为基础，潜能具有内隐性和本质性，因此在认知与评估中要经过表象到本质、从外延到内隐的复杂过程。

2. 胜任力素质模型的设计比较复杂，一般难以操作

胜任力素质模型的设计与应用需要借用心理学和社会学的理论与方法，如行为事件访谈法、专家讨论法、问卷调查法等，这些方法有标准的流程，实际操作过程更复杂和专业，而非专业人士进行设计时往往会靠主观判断，所以实施人员的专业知识和经验对结果有很大影响。

3. 企业人力资源管理体系不匹配

岗位胜任力素质模型只是一个辅助工具，它不会单独产生效果。民营企业对岗位胜任力素质模型在人力资源管理中的价值普遍不够重视，且高级管理人员对岗位胜任力素质模型的理解或期望存在偏差，他们期望利用此模型解决所有问题，但没有清楚地理解岗位胜任力素质模型与人力资源管理之间的关系，以及在实施人力资源实践、政策和胜任力素质模型方面缺乏统一性。例如：人力资源管理实际人员的操作水平较低问题亟须解决。

三、岗位胜任力素质模型的成功应用的建议

岗位胜任力素质模型成功应用对企业具有重要意义。但由于模型不能单独发挥效用，因此笔者建议从以下六方面开展。

（一）建立完善的人力资源管理综合配套体系

人才培养模式与人才培养模式的完善有着密切的关系。胜任力素质模型是一种新的视角，也是一种十分有效的方法。在此基础上，人才培养模式的实施也迫切需要制定与之相对应的人才培养机制。

1.树立新的人力资源管理观念

传统的人力资源思想强调有形的知识和技术，忽视了无形的个人潜在素质。事实上，与优秀表现密切相关的往往是个人在社会角色、价值观、人格特征和社会动机、上进心、创新、主动意识等方面的潜力。因此，基于知识和技能的传统人力资源关系体系是片面、有限的。所以，岗位胜任力素质模型的构建给传统人力资源管理思维和意识带来了新的视角和挑战。

2.提高人力资源管理者素质技能水平

岗位胜任力素质模型的建立和实施，从技能角度来看，要求人力资源管理者具备较高的专业水平，如掌握心理学和社会学理论；以及掌握实施的方法和技术，如行为事件访谈法、问卷调查法、数据收集法、案例分析等。从应用角度来看，需要人力资源管理者提高实践经验，并具备相应的应用和指导水平。人力资源经理不应局限于具体事务和运营，而要将岗位胜任力素质模型的实施与企业的发展战略和长远发展目标紧密联系起来。

3.建立科学的绩效管理体系

胜任力素质模型中各种素质要素的细化应基于科学的绩效管理体系，胜任力素质的运行也应基于绩效管理，以确定应用对象，测试应用效果，找出需要改进的素质要素，进而形成绩效改进的管理闭环。

（二）更新招聘测评与干部任用中的功能应用

企业应根据不同岗位类别的胜任力和不同层次所需的技能，设计相应的结构化面试题库，并设计相应有效的面试题。在正式面试过程中，企业可以通过检查应聘者是否具备所申请职位的能力所规定的相应能力要素，进而提高招聘与相应职位之间的匹配度。同时，现有人员的胜任力评估结果也可以应用于管理人员的任用和晋升，以使人员的能力与相应的职位相匹配。这不仅能发挥员工的优势，而且因为人员和职位的匹配度较好，能促进绩效目标的完成。

（三）改进绩效考核观念

在以前的概念中，绩效管理只是绩效考核，而在现代人力资源管理中，一个完整的绩效管理周期不仅包括绩效评估，能力评估，还包括行为态度、知识要素、技能要素等，它可以引导企业员工向企业发展所期望的能力要素转变和提高，确保企业的整体绩效能持续实现。

（四）设计对应的薪酬福利体系

薪酬和福利在薪酬和福利管理中的具体应用主要通过结合具体职位、个人能力和个人绩效产出确定。岗位所在地区、行业市场价值和企业内部岗位价值评估决定了具体岗位对应的薪酬范围，绩效产出决定了员工个人绩效工资的多少。不同能力的员工担任不同级别的职位，因此个人基本工资的范围也会不同。即使在同一个岗位，由于员工个人能力的不同，基本工资也会有显著差异。通过建立和完善基于胜任力素质模型的工资序列、不同类型工作的薪酬和福利制度以及绩效评估制度，可以更有效地激励表现突出的员工。

（五）胜任力素质模型在企业员工培训发展和职业成长中的应用

在每个专业序列或不同岗位类型、岗位序列的岗位胜任力素质模型建立后，企业可以具体开发与员工培训相对应的课程体系，并对每个阶段或层次所需的管理技能培训和专业技能培训进行梳理，以使培训课程更具系统性和针对性。通过对在岗人员的能力进行评估和盘点，可以找出每个被统计员工的优点和不足。这样，一方面能使员工充分发挥自身的优势；另一方面能针对员工的短板进行针对性培训，进而提升其工作能力。

（六）选择合适的人才对象

在企业中，不同层次、不同岗位的员工，特别是中小企业，随着岗位的增加和人员规模的越来越大，很难一次就建立全部的胜任力素质模型。这就需要寻找合适的模型，并以此作为建立胜任力素质模型的出发点。通常情况下，企业应该为以下四种类型的员工或工作制定并建立胜任力模式。第一，有能力为企业带来核心价值的人才；第二，可以对企业的未来发展有直接影响的人；第三，企业内部要有自己的工作或人才队伍；第四，可替代程度较低的岗位或人群。

因此，在不同岗位上，并不一定要建立一个适合的能力模型，而应根据企业的实际情况，选取合适的核心岗位和优秀人才，进行有针对性的建模。核心岗位越多，岗位越多。例如，很多迅速成长的公司都是从中层管理者着手建立了公司的绩效模型；在高科技企业中，主要从设计、开发、产品经理等关键技术岗位上建立了胜任力素质模型。

如果企业的胜任力素质模型想覆盖所有员工，则可以按层次和顺序建模。不推荐根据每个岗位进行胜任力素质模型搭建。因为同一级别或序列在能力上更常见，区别在于专业知识、技能等要求。同时，如果各岗位的胜任力素质模型分类过细，那么胜任力素质模型的应用将变得更复杂，且不利于后续的实施。

第五章　国内外快递企业员工培训的经验

第一节　中国邮政企业员工培训

一、中国邮政

2006 年 8 月 28 日，国务院批复关于组建中国邮政集团公司有关问题，原则同义《中国邮政集团公司组立方案》和《中国邮政集团公司章程》。2007 年 1 月 29 日，中国邮政集团正式挂牌成立。根据《中华人民共和国全民所有制工业企业法》，中国邮政集团成为国有大型企业，其前身为包括国有企业、事业单位和个人在内的国有企业。中国邮政企业是按照法律规定开展邮政专营业务的，担负着一般邮政服务的职责，接受国家的委托，并对具有竞争性的邮政业务进行商业化运作。

中国邮政集团不仅是国家委派的投资单位，而且需要负责国家资产的保值和增值。中国邮政集团是国家财产的主管机构。中国邮政总公司在各省、市、县设立邮政分公司，按人民群众的用邮需要设置邮政支局（所）及各类专业经营单位。

中国邮政集团主营业务如下：国内外邮件投递业务；报纸、图书、电子出版物、音像制品等出版物发行业务、广告业务；发行邮票、制作和销售集邮票，以及经营其他集邮产品和服务；保密通信业务和义务兵普通信件、盲人书籍、革命烈士遗物免费寄送等特殊服务业务；邮政汇款业务、邮政储蓄业务、境内外投融资业务、银行、保险、证券及国家金融业有关监管部门批准的其他金融业务；电子商务及增值产品业务、商品销售业务；快递物流和仓储业务；各类邮政代理业务以及符合国家规定的其他业务。

中国邮政集团在政府依法监督、企业自主经营下，坚持全面而又深化的改革，加快转型发展，逐步发展为治理规范、管理清晰、高效运行、服务质量高、品牌知名度高、竞争实力显著的大型现代化服务业集团。

《中华人民共和国 2020 年国民经济和社会发展统计公报》指出，2020 年邮政行业业务总量达到 21 053 亿元，同比增长 29.7%。其中，全国快递服务企业业务收入累计完成 8 795 亿元，同比增长 17.3%。从邮政业务量来看，2015—2020 年，我国邮政业务总量保持总体上升趋势。从邮政行业收入来看，2015—2020 年，我国邮政业务收入（不含邮储银行直接营业收入）保持总体上升趋势。2020 年，中国邮政收入 11 037.8 亿元，同比增长 14.5%。从区域市场业务量增速对比来看，2011—2020 年，我国东部、中部和西部地区快递业务量增速呈现波动下降趋势。2019 年，中国东部、中部和西部地区的快递业务量增长率分别为 24.6%、31.2% 和 19.4%；2020 年，中国东部地区的快递业务量增长率最高，为 37.0%；西部地区的快递业务量增长率位居第二，为 28.5%；中部地区的快递业务量增长率最低，为 5.8%。从区域市场业务收入增速对比来看，2011—2020 年我国东部、中部和西部地区快递业务收入增速总体波动较大，呈现下降趋势。2019 年，中国东部、中部和西部地区的业务收入增长率分别为 24.2%、26.5% 和 20.4%；2020 年，中国东部地区市场的业务收入增长率最高，为 21.3%；西部地区市场的业务收入增长率位居第二，为 17.2%；中部地区市场的业务收入变成负增长，同比下降 3.7%。

二、中国邮政培训体系现状

就目前的信息来看，国家邮政局下设人教科、教育科，从宏观上对全国邮政企业员工教育培训进行全面指导与管理，这是一级。每个省邮政局都有一个人事教育部门，负责全省邮政员工的教育与培训，从计划制订、过程实施、培训后期考核等方面开始进行管理，这是二级。与此同时，各地邮政局几乎都设立了邮政员工培训中心，专门执行省邮政局下达的培训方案，这是二级的实施层面。各地邮政局的教育培训中心则由邮局人力资源部门的一位员工以及兼职的培训师来负责，他们会利用局里的专有或公用场所对邮局员工进行一些基本的和常识性的培训，这是三级。

（一）新员工入职培训

1. 多方位培训需求分析

本书主要以问卷调查法对中国邮政新入职员工需要进行调查，并对他们的需要进行分析。例如，他们是否符合工作条件；员工个人事业发展和未来的发展方向；公司可以为员工提供发展的指导；工资、福利；除了一般项目，员工可以为公司提供的价值；公司可以为员工创造的环境；等等。在新员工入职培训中，如何找到其与公司之间的契合点，成为一个重要的环节。

2. 创新培训内容与形式

（1）明晰岗位认识，启发职业规划。中国邮政在集中培训开始时，设立了省分行经理"答记者问"环节，新员工可以在现场就岗位知识、职业规划等问题进行现场提问。新员工还可以与各部门沟通，了解各部门的工作能力与培训课程之间的联系，并于集中培训之初进行分析。这一实践的目的是使新员工能更好地理解课程和将来的工作。在集中培训中，中国邮政还增加了以往优秀员工的经验交流环节，受训者皆是最近三到五年发展较好、工作表现较好的人。这样做是为了给新员工树立一个学习的标准，激发他们制订事业计划并按计划发展。

（2）增强企业归属感。企业的归属感十分重要，无论新员工的年龄是大还是小，都有人会选择离开，究其根源，就在于他们对公司文化缺乏认同感，缺乏归属感。作为中国邮政集团的控股子公司，中国邮政与中国邮政集团的关系十分密切。因此，培训不仅要开设与中国邮政发展历史和企业使命相关的课程，还要开设关于中国邮政集团劳模精神与企业文化的课程，让新员工对公司的整体情况有一个全面的认识，对公司的过去、现在乃至将来都有一个全面的认识，牢固地把自己和公司的发展联系在一起。

（3）提升岗位知识技能。职位知识和技能是新员工最基本的素质，各个行业的职位都有正式的工作职责。因此，培训人员既要有出色的工作表现还要有较强的培训技术。这样才能既满足新员工对岗位知识的需求，又能提高培训课程对新员工的吸引力。此外，在技术说明上，培训人员可以以高效的培训环境为基础边说边做，这样还能使新员工快速掌握岗位知识和技能。

（4）提高职业素养。在工作场所，中国邮政对员工一般课程的要求也相对较高，因此还特别设立了商务礼仪、时间控制、有效沟通、执行力改进、WPS高效办公软件操作以及公文写作入门等课程。旨在通过这些课程提高新员工的专业素质，提高他们的工作效率。

（5）增强团队凝聚力。首先，新员工在集中培训过程中已经初步建立了团队精神。例如以教学为主的团队精神课程、学习与娱乐结合的团队拓展课程、党性建设课程等。其次，鉴于为期20天的培训持续时间较长，还建立了班长、学习委员、文艺委员、纪律委员、体育委员和生活委员的班委管理制度，这些员工都是从横向选举产生的。所有的新员工都被分成不同的小组，并选出各自的队长。这样，就能形成一个横向和纵向两方面都比较可靠的管理系统。再次，为了提升管理期间新员生活方面的趣味性，中国邮政还安排主题演讲和表演节目。这样做的目的是为新员工提供一个展示个性、展示自己的舞台。在整个演讲过程中，演讲的人员选拔、内容审定与前期彩排等都是新员工自己提前准备的。而在大型仪式上当众表演，则更能锻炼新员的能力。最后，快递企业要着力打造学习型组织，这对于快递这个朝阳的新兴产业来说尤为重要。目前，电子商务的迅速发展为快递企业提供了难得的发展机遇，如何在这个市场取得更大的份额，则需要快递企业安排专门的人员进行产品设计与研发，并对产品与网络运营进行创新，而要想达到这种效果则必须把快递企业打造成学习型组织。

3.全流程课堂跟踪组织形式

中国邮政在培训课前和课后添加了课前介绍和课后总结的环节（这一部分由新员工负责），并建立了一个高效的分数管理系统，包括出勤率、课堂表现、课前介绍、课后总结等，而最终成绩也直接关系最终的优胜者，这样就能形成全系统的闭环。

4.持续跟踪评价评估效果

为了防止新员工的培训和考核工作流于形式，充分发挥考核的功能，中国邮政构建了一套可持续的绩效追踪系统，目的是全面了解培训状况，这为下一步的培训计划打下了良好的基础。根据柯氏四级评估理论，中国邮政设计了企业员工培训的整体性效果评价。

柯氏四级评价在公司的组织和培训中应用广泛。柯氏四级评价模型包含四个层次。一是反应层次评价，通常在培训后进行，其主要功能是对培训内容、培训方式等进行全面评价。二是学习层次评价，它的评价重点是评价员工对学习的获取程度，以及其对所学知识和技能的掌握程度。三是行为层次评价，一般是利用一系列评价标准衡量受训后的员工在行为水平上的提高程度。四是绩效层次评价，其主要是对培训所产生的经济效益进行测算，其中包括事故率、生产率等方面的内容。最初的三个层次是以个体为目标，而第四个层次则是以企业为中心。

（1）反应层次评定。一般情况下，对培训计划（培训目标、课程设置、师资配置）、教学实施、组织管理、后勤保障等的评价会在培训结束后马上进行。另外，在集中培训讲授期间，中国邮政还会组织两次讨论会，用来搜集新员工对以上评价项目的评价，并创新地将反馈层次评价纳入集中培训阶段。

（2）学习层次评价。对于知识类的考核，中国邮政一般会在集训后进行理论知识测验。对于计数和打印文件等技术类别的评估，培训结束时还将进行模拟培训。另外，推行的全过程积分管理系统也会对新入职员工进行分级评定，即教员每天对新入职员工进行评分。

（3）行为层次评价。对于员工品行的评价一般是在集中培训后2～3个月内进行，且主要以调查问卷的方式进行，重点考查的是员工在集中培训时学习的内容在工作中的运用情况，以及员工在工作中的表现有没有提高。问卷由两部分组成，一部分是学员本人通过培训后的自我评估；另一部分是直接领导对新员工的工作表现进行的评估。

（4）绩效层次评价。这一环节的实施比较困难，经过这一过程，新入职的受训人员可以不经过二次培训就可以直接进入工作岗位，节约了时间和人力资源。

（二）培训配套体制

1. 管理体制

中国邮政建立了全国邮政局、省级、地市三级的教育管理体制。第一，按照全国邮政员工的培训需求，保留最适合的一部分，并从国家邮政局划拨运营成本，集中在全国范围内对各级邮政员工进行培训，并持续提升教育和研究的能力。第二，建立省级企业人力资源部门和培训中心协同工作机制，加强省级企业培训机构对各地分公司的教育和培训工作的统筹和管理。第三，各地分公司的人力资源部门设立专职的教育和培训主管（或教育培训中心），负责制定和实施所有员工的教育和培训方案。各级教育和培训机构在经营管理方面采取的由上至下的纵向管理体系，提高了教育培训的质量，可以使新员工的工作能力更进一个台阶。

2. 机构设置

我国省级邮政公司的人力资源部门负责对各省的邮政员工的教育和培训进行宏观管理，制订人力资源管理计划、培训政策、培训机制和年度培训计划，对全省各地的员工培训进行监督、指导，促进全省邮政员工的培训工作。此外，还建立了省邮政培训中心，该中心不仅要调研全省邮政企业员工的培训需求，还需进行统计与汇报，并进行培训组织与培训效果评估等。这样的培训中心应该是精简高效的，个人的培训计划和后勤工作可以适当考虑社会化，让中心骨干把重心放在培训管理和相关教学研究上。此外，还要从邮政企业和社会教育工作者中选拔优秀的管理人才和师资，以提升培训机构的水平。

3.建立员工教育培训档案，优化教育培训激励机制

中国邮政是一家劳动密集型的企业，随着改革的逐步深入，一大批青年人进入企业生产经营的第一线。因此，如何建立员工教育与培训档案，对优化教育与培训激励机制较为重要。

（1）创新设计教育培训内容体系。邮政教育培训内容体系是在企业战略发展的基础上，以企业教育培训的发展战略为目标，规划和设计企业的培训活动，有针对性、有计划地对员工进行专业技能培训，以提高员工的专业能力。培训内容体系为管理者、专业技术、市场营销、基层骨干、高技能人才、一线生产员工、新入职员工等制订科学合理的培训计划，并对培训时间和课程进行合理规划。同时，为适应企业发展以及满足员工需求，在全面开展岗位培训的同时，鼓励优秀的商业、技术和管理人员增加经验、拓宽视野，通过岗位交流、交叉任命等形式，开发他们的潜能，扩大他们的能力，始终以培养高素质复合型人才作为最终目标。此外，中国邮政还探讨了如何构建个性化、激励性的培训机制，将企业与优秀员工的双向职业计划相结合，运用弹性化学习和培训需求套餐等形式，在培训方案和培训内容方面，更注重员工的多元化发展需求，以满足企业多层次绩效改善的需要，逐渐推动企业教育培训高效化、集约化，培养忠诚的员工，注重员工的个性化，促进员工的全面化发展。

在邮政市场化经营和现代化发展的今天，邮政新业务、新产品不断涌现，新的业务办理方式有待学习和实践；电子邮件技术的发展速度很快，新的网络技术也亟待推广。在当前邮局人员素质参差不齐的情况下，单凭一份书面通知灌输新知识是远远不够的。因此，企业应在引入新业务和新技术之前进行培训。此外，目前邮政各管理部门和办公室主任以及高层管理者的选拔往往侧重于员工的经营理念和创新能力，对专业技术这一方面的关注越来越少。因此即使这些素质较高的一线专业技术人

员、销售人员或高级技师只是参加骨干培训且并不一定能晋升，他们的自身能力也能得到提升。

（2）创新教学方式。邮政员工的培训应符合企业的需要，对此可从传统和现代两个方面进行教学组织与管理，从而减少工作与学习的矛盾，节约培训成本，增强培训效果。中国邮政可以运用现代化的教学仪器和培训手段，及时、大规模地更新员工的思想，增加员工的知识，使教育和培训达到常态。例如，通过卫星网络或因特网建设远程教学培训网络；利用数码摄像机、录像机等器材，将教辅光盘分送到各级邮电所，让邮政员工能充分利用现代教育和培训手段学习。

（三）培训原则

1. 综合素质培训教育原则

在国内、国际竞争中，邮政企业要具备创新精神，要拥有高质量的人才，这是我国邮政事业发展的必然趋势。邮政企业是我国国民经济的重要组成部分，是与广大人民群众紧密相连的重要环节。因此，对邮政员工开展全面素质教育尤为重要。为了培养具有社会责任感和敬业精神的高素质员工，企业可以让员工不断学习马克思列宁主义、毛泽东思想、邓小平理论、"三个代表"重要思想、科学发展观以及习近平新时代中国特色社会主义思想，这样不仅有利于企业自身的长足发展，还对社会主义精神文明建设起了促进作用，实现了社会物质文明和精神文明的同步发展。

2. 自主教育培训原则

目前，我国邮政企业面临的问题是如何构建企业的培训体系，如何使企业独立进行培训，因为仅靠国家进行培训是不可能长久的，必须要有一套适合自己的教育和培训体系，这样才能保证公司的长远发展。企业内部的教育培训要遵守国家的法律法规，并接受政府的监管，而企业的内部教育培训则是以各种形式的培训班来培养邮政市场、识别风险、驾驭市场、决策市场的各种类型的人才，提高员工的创新意识和自主性。要使企业建立与市场经济相适应的运作机制与战略，必须在培训过程中不断更新知识，并根据市场情况调整相应的专业方向和课程。

3. 经济效益原则

邮政企业作为一种从事生产和经营活动的机构，不仅要注重承担社会责任，而且要注重追求经济效益。员工培训要有一个经营理念，只有自己发展起来，才能为社会作出更大的贡献，才能为公司的员工谋得更多的利益。此外，通过教育和培训，还可以培养出高质量的人才，这就是公司的竞争优势，只有拥有了高素质的人才，才能为公司带来更多的经济效益。以企业对员工素质的培养为起点，经过培训后能为企业的生产提供支撑，就是一条高质量、高效率的人才培训途径。

第二节　德邦快递企业员工培训

一、德邦快递

德邦快递是全国 5A 快递公司，主营全国公路零担货运及航空货运代理业务。德邦快递于 1996 年 9 月成立，截至 2011 年 7 月，德邦快递在全国 30 个省级行政区建立了 1 400 多个销售网络，拥有 4 200 余辆运输车，建筑面积达 50 余万平方米，日均货物吞吐量接近 3 万吨，公司业务范围遍及全国 550 多个城市。2018 年，德邦快递在上海证券交易所上市。多年来，德邦快递一直是国内大宗快递业务的领导者，企业定位为"大件快递发德邦"，并凭借在大小快递和快递领域积累的专业能力，德邦快递实现了为客户创造优质服务的承诺，并陪伴客户追求更美好的生活。同时，德邦快递也是"新华社民族品牌乡村振兴"工程的合作企业之一，他们通过新华优品共同推动"快递进乡村"，构建了有效匹配农村振兴的快递服务体系，促进了快速包装的绿色转型，并利用行业力量促进了农村振兴。而德邦公司自 1996 年创立至今，年增长速度也已超过60%，且先后被评为"全国快递先进单位"。

二、德邦快递的人才培养通道

（一）人才需求和培养发展

中华人民共和国国家发展和改革委员会官网显示，2019 年，全国快递总量将以 9% 的速度增长，2020 年和 2021 年分别达到 2.2% 和 15.1%。根据德邦快递近年来的统计，2019 年、2020 年、2021 年分别以 12.58%、13.60% 和 18.43% 的速度递增。

从一家默默无闻的公司，成长为中国零担运输行业的一支重要力量，德邦快递是如何在实际中迅速发展起来的？对此，我们有必要对其进行深入的分析与探讨。

德邦快递把人力资源作为企业的一项核心能力，对其进行了重点培训。德邦快递针对人才的基本理念是"不挖人，坚持自己的人才招募和培训"，就连德邦快递的招聘原则也是只招收刚毕业的学生。自 2005 年开始，除司机和搬运工人外，公司每年都会在大学生毕业季招聘快递操作员、文员等。该公司有数万名员工，其中 50% 以上拥有大专及以上学历。德邦快递拥有完整的人才培养和发展体系，为公司的迅速发展提供了充足的人才保障。德邦快递一直以来都是缺乏优秀的快递人才，但德邦快递不但没有受到人力资源的限制，反而凭借其自身的能力迅速成长起来。从这一点我们可以看出，在目前我国后勤人才短缺的形势下，如何构建人力资源管理体系以及人力资源配置体系，并为人力资源开发提供一条有效的渠道非常重要。

（二）人才培训机制

1. 运行机制

企业的发展依据包括盈利方式、盈利能力、技术实力、专业人才等方面的实际情况。这些是企业在竞争中获胜的基础，也是内部人才培养的基础。因此，我们必须分析企业的组织结构，为建立"双轨制培训与发展通道"做好准备。

（1）管理培训发展通道。这主要是在学习路径理论的指导下，以员工的职业提升为主线，通过相关的培训课程来促进其快速发展。管理培训发展渠道共包括九个层次：新员工培训、储干培训、储备经理培训、经理培训、储备区长培训、区长/高级经理培训、储备大区总培训、大区总经理/总监培训、副总及以上培训。主要内容如下。

①新员工培训的主要内容：公司概况、公司发展历史、公司组织结构、公司制度等。②储干培训的主要内容：标准化工作模式、沟通技巧、管理学、辩论赛。③储备经理培训的主要内容：选点技巧、有效调研、部门管理、活动开展。④经理培训的主要内容：时间控制、绩效管理、成本分析、质量管理。⑤储备区长培训的主要内容：财务管理、市场调研、风险防范、文化建设。⑥区长/高级经理培训的主要内容：现场管理、产品知识、行为改善、对标管理。⑦储备大区总培训的主要内容：文化管理、品牌营销、沙盘演练、领导力。⑧大区总经理/总监培训的主要内容：外训课程、工商管理硕士（MBA）、论坛、商务考察。⑨副总（含）及以上职位培训的主要内容：高级管理人员工商管理硕士（EMBA）、论坛、商务考察。

新员工培训采取导师制的方式；经理级培训，储备区长培训，区长/高级经理培训以及储备大区总培训被称为接班人计划。在管理培训发展通道中前三级培训属于问题改善类培训；四、五级属于实战经理特训营；六、七级属于实战区长特训营；八、九级属于总监级及以上级别外训。

管理培训发展通道主要分为四个阶段。

第一阶段：当新员工踏入公司的那一刻，公司就提供一系列的"新员工培训"，让员工尽快适应公司的各种规章制度，尽快融入德邦的大家庭，同时导师系统将会为员工在公司的各个方面进行全面的培训。

第二阶段：随着员工对公司业务和自己工作的了解，公司为各个部门设计的"培训地图"和改进问题的培训也会为员工的职业技能提供指导。

第三阶段：随着员工对企业的了解和追求长期发展，为员工设计的"职业发展培训"将会为员工在德邦的事业发展提供指导。只要员工的表现足够好，员工就能进入"继承人项目"，无论是管理还是技术，都会有很大的进步。

第四阶段：如果员工的经营能力可以独当一面，并且想要提高自己的管理水平，公司会为员工提供一个机会，让员工成为一个优秀的管理人员。

（2）专业培训发展通道。专业培训发展通道指的是公司在任职资格制度的基础上，以职业发展的渠道为主线，对员工进行专业发展的相关培训，使其从从事特定行业到熟练掌握特定的专业领域，并对其进行全方位的培训。专业培训发展通道包括四个阶段，分别是初级专员、普通专员、高级专员和资深专员。

专业培训发展通道包括四个阶段，分别是初级专员、普通专员、高级专员和资深专员。

第一阶段：初级专员。在员工开始一个特定的专业领域后，该培训机构会为员工提供一个特别的练习和一个理论的学习。这也要求员工多自主学习，并和自己的同事多加沟通。

第二阶段：普通专员。通过实践学习和基本理论的学习，员工会对自己的专业发展方向有一个清晰的认识，而下一个部门的内部培训会让员工对一个行业有一个系统的、完整的认识，这会让员工更好地独立完成自己的工作。从这个阶段起，培训机构还将为员工提供一系列的管理培训，帮助员工在职业和管理两方面实现双向发展。

第三阶段：高级专员。本阶段将采用内部和外部相结合的培训形式，让员工有机会参加其他行业的培训，同时通过外部专业培训增强员工的专业性。

第四阶段：资深专员。在员工成长为本公司的资深专员后，公司将为员工提供一个更好的学习与沟通的平台。

（3）薪酬激励。报酬是一种价值的反映，是一种对员工的回报和投入。将薪酬激励与员工的职业通道整合在一起，可以有效促进员工根据自己的专业道路不断提升自己的专业知识、专业技能和专业能力，一步一步地往上晋升，进而取得更好的成绩。为激发员工的自主性和竞争能力，企业应抛弃传统的薪酬模式，引入新的薪酬制度，提出将员工的知识、技能和素质纳入薪酬体系，并结合公司的工作渠道，采用"3P"薪酬架构体系，即岗位薪酬（position）、能力薪酬（person）与绩效薪酬（performance）。计算公式是员工薪酬＝岗位薪酬＋能力薪酬＋业绩薪酬。总之，该支撑体系是将企业组织的基础有机地融合在一起，采用适合于企业发展的立体职业通道设计，并应用"3P"薪酬模型。从这一点可以看出，支撑体系是培养人才的根本，明确了培养目标、培养方向和路径，有助于提高员工的自主学习能力，为企业的"人才流水线"奠定基础。

2. 实施系统

该系统包括三维职业通道、测评体系和培训体系。三维职业通道描述的是一位新员工从普通员工起步，一直做到公司的核心骨干，是"双轨制培训发展通道"的大动脉；测评体系是"双轨制培训发展通道"的检验工具，通过考核的结果和工资福利之间的必然关系，引导员工继续学习；培训系统是"双轨制培训发展通道"的实施单位，是企业培养人才的最终环节，目的是促进员工的迅速发展。执行制度的操作准则如下。

（1）测评体系。测评体系要求根据不同行业的分工，制定适合不同岗位的职业技能标准。在构建考核体系前，首先应构建不同岗位的质量模型，这样才能使其更加科学化。其次，要用合适的方法衡量员工是否符合规定的要求。评价体系由四方面构成，具体内容如下。

①考官。作为员工职业能力评价的主体，其评价系统中的一个重要环节就是评价人员的专业技能等级。因此，在选择测验对象时，企业应注意考生的素质、能力和分布情况。此外，企业还可以通过与行业协会的协作，聘请业内专家和专业技术人员进行评估，以促进评估工作的科学化。

②测试目标。一般而言，所有的企业员工都是被评估的对象。为激发员工的自主性，激发员工的学习动力，提升员工的工作能力，企业必须将测评项目、标准与目标的实际工作有机地结合在一起，以使测评结

果真实地反映测评对象的技能水平。

③评价指标。只有在特定的工作中，职业技术水平才能得到反映和发展。因此，在对工作任务进行分解的前提下，企业应对各岗位员工所需的知识和技术技能的掌握情况进行分析，并对其进行评价。

④评估方法。当前，我国的职业技术测评有多种方式，包括笔试、专家评审、测评、定量测评、心理测评、情景模拟、系统仿真、人工智能专家系统测评等。因此，企业在选择评价方法时，可以从信度和效度两个角度综合考量。在信度方面，初级和中级技能侧重于员工对知识和技术的理解，而高级技能则侧重于员工对知识和技术的运用和综合分析，注重利用所学的知识和技巧改进当前的工作状态。在效度方面，企业应先确定工作技能的难度系数和各种知识和技能之间的权重，然后对具有较高难度和较大权重的项目进行模拟。在人才评价体系上，德邦快递引入了德邦的人力资源管理模式，即针对不同岗位的能力需求，提取相应的评价指标和得分，并对某个职位的技能等级进行评估，通常需要进行多轮考核，并从不同的角度进行考核。德邦快递还吸取了华为、万科、UPS、Fedex 等公司的成功经验，在发掘德邦所急需的人才的同时，为其制定了一个明确的职业发展准则，使其在企业中的工作人员能清楚地了解他们的工作目标。

（2）培训体系。培训系统是一个实施单位，它的质量与人员素质直接相关。培训系统一般包括培训人员、培训材料、教学方案、培训机构和培训系统。下面对此进行详细说明。

①培训人员。培训团队是一支由企业高层管理人员与专业技术人员组成的精英团队。他们不但要培养人才具备一定的管理技巧和专业技能，还要具备培养后备人才的潜能。

②培训材料。企业的人才培训是以培训材料为基础的。企业要从员工的职业道路、学习成长路径、技能测评项目和标准等方面入手，制定一套内容专业、覆盖面广、具有指导性的培训教材，这是"人才流水线"是否行之有效的关键内容。

③教学方案。教学方案首先应从学员的工作任务入手，并考虑教学环境、教学内容、教学方法等几个因素。其次，教学方案中还应包括岗位实践、在职培训和辅导、经验分享和内训等。一般情况下，教学方案的制订遵循 10% 为课程培训，70% 为工作实习，20% 为总结、分享和担任内部教练即可。

④培训机构。作为"双轨制培训发展通道"中的主动控制单元，培训机构必须打破狭隘的培训观念，采用系统化的思想，重视全方位的培养。培训机构不仅要对企业的治理结构进行全面梳理，而且要为员工建立立体的职业通道和"3P"薪酬模式提供便利；不仅要建立职业技术考核制度，还要有专门的培训机构。培训机构既要在课堂上进行，又要统筹规划和监督，要做好前期的培训计划，中期要组织，还要对培训后的成果转化进行监督和评价。

⑤培训体系。培训系统是"双轨制培训发展渠道"的实施单位，它的运作必须依靠一整套的制度来保证。一般而言，培训体系包括确定教学内容、培训师标准、培训工作纪律等。总之，在各个方面，都要制定符合相应要求的规章制度，完善相应的制度。

3. 人力资源方针

人力资源政策是指在人才招聘、任用和晋升过程中，能具备指引方向性的人才政策。目前，我国企业的发展趋势主要有以下特征：推崇专业的管理人员，尤其是在国际上，很多公司的管理人员都是由外国人组成的国际化运营队伍。与之形成鲜明对比的是，也有部分公司重视内部培训，如德邦快递和新邦快递现在都是自己培训，而不是请专业的管理人员。由于企业处于不同的发展阶段以及有不同的业务取向，其人力资源政策存在着一定的差别，因此要想建立"双轨制培训发展通道"，企业仍需要把握好以下五个问题。第一，处理好"人企双赢"的问题；第二，处理好能力与舞台的问题；第三，正确对待引进和培训内部人员；第四，处理好老员工和后继人员的关系；第五，解决好企业内部的培训和员工的问题。企业的人力资源政策是"双轨制培训发展渠道"的隐形支柱，没有合适的人才政策，就算建立了良好的支撑体系和执行体系，这条"双轨制培训体系"也不能正常运行。

综上，"双轨制培训发展通道"理论模型的构建因为运用了现代人力资源开发的工具以及系统化的思考方式，因而更具科学性。首先，通过三个锥形的职业发展通道，让不同的工作人员能在不同的领域中找到自己的人生道路，让员工能看见自己的巅峰和通往成功的阶梯，从而使员工对公司充满自信和期待，对激励员工形成积极的行为，对留住人才具有重要的意义。其次，建立的"双线培训发展渠道"运用了一套专业化的技能评价系统，避免了因片面而误用了培训评价工具。这一制度可以确保员工在知识、技能、职业素质等各方面的需求得到满足求，从而达到培养目的。"双轨制培训发展渠道"采用系统的思想方法，将两大体系的五大要素与人力资源政策有机结合起来，为企业培养实战型人才提供了全面、系统的解决方案。而"双轨制培训发展通道"则对我国快递零担行业标杆企业在发展过程中所取得的成功经验进行了系统的归纳和完善。需要注意的是，在实践中，"双轨制培训发展渠道"是一种以组织发展为基础的"生产人才软硬件"，是一种静态与动态、短期与长期相结合的良好形势，因此，要合理调节人才培养的时间、频次、人数，才能有效满足企业对人才在数量和质量方面的需求。

总体来看，"双轨制培训发展通道"既可以帮助员工迅速进入工作岗位，使员工迅速完成由负贡献期到回报期的过渡，降低人力成本、资源消耗方的成本，增强公司的竞争力，也解决了企业迅速发展所面临的人才瓶颈问题。

第三节 联邦快递企业员工培训

一、联邦快递发展历程

联邦快递（Fed Ex）位于美国田纳西州的孟菲斯，是美国联邦快递公司的下属机构，主要经营隔夜快递、重型货物运输、小型货物快递、文件复印和后勤等业务。因此，它是一家国际快递公司，能为客户提供全面的服务，包括运输、商务运营和电子商务等。联邦快递集团的经营模式是一种具有竞争性和协同经营的业务，它为公司提供了一系列的业务应用程序，使其年收入高达 320 亿美元。2021 年《财富》杂志全球 500 强排名第 135 名。

联邦快递拥有 26 000 多位员工和承包商，他们对安全高度重视，并严格遵守最高的职业道德和职业要求，尽可能地满足消费者和社会的需要，这使他们多次获得世界上最值得尊敬和值得信任的公司的称号。联邦快递拥有全球航空和陆运网络，一般在 到两个工作日就能快速运输紧急货物，并保证按时交货，并提供及时送货担保。

美国联邦快递是第一批发现中国市场的外国公司，1984 年，联邦快递开始进入中国，在过去的二十多年的时间里，联邦快递的发展速度相当快，每年都能达到一个新的高度，创下了很多成绩：联邦快递从早期一周两班中美航班，到现在一周 30 多班中美航班，现已成为中国较多的国际快递公司。1996 年，联邦快递仅为 60 个城市提供服务，如今已增至 220 个。1999 年，联邦快递和天津大田集团在北京合资创立了大田联邦快递公司，两家公司的合作十分成功，为中国快递业的发展作出了巨大的贡献。2006 年，广州花都区花东镇，联邦快递亚太运输中心第一期项目奠基。亚太平洋运输中心于 2008 年 10 月开始运作。作为世界上首家在中国建立中转站的跨国运输公司，联邦快递为中国提供了 1.5 亿美元的投资，每年 60 万吨的货运量，也为白云机场的发展提供了机遇。在该中心正式启用后，首期内有 228 架次货机往返，每小时可运输 24 000 件货物。从 2008 年 12 月份起，中转中心接手了位于菲律宾的亚太转运站。根据中国民用航空局《2004 年民航机场生产统计公报》，联邦快递每年可以为白云机场的货运能力增加 60 万吨，未来或将达到 80～100 万吨。

2012 年 9 月 6 日，美国邮政管理局官网宣布，通过了联邦快递（中国）和优比速包裹（广东）有限公司的国内快件业务。从 2013 年 4 月 1 日开始，联邦快递开始在中国武汉建立万国数据服务有限公司（GDS），力求在中国区全面覆盖，武汉正式成为国内快递公路转运枢纽，负责武汉至西安、长沙、南昌、上海、重庆、成都、广州、郑州的快递运输工作。

二、联邦快递培训体系

FedEx 秉承以人为本的企业文化，十分注重员工的个体发展，并制定了一整套"培训—选择—角色转换"的制度。可以说，参加培训对于员工来说是一个很重要的机会，尤其是当员工的培训等级越高，公司对员工的信任程度和期待值就会越高，而且培训项目也会让员工学会更多的技巧和知识。FedEx 的培训课程非常详细，每一份工作都有自己的培训方案。例如：分捡员要接受最基本的培训，包括 FedEx 的开源管理操作系统（open source managed operating system, COSMOS）系统、海关代理课程、必要的实习等。其中，COSMOS 是一个由区块链组成的内部网络，并且网络中都为英文，是员工每天工作的必备工具。若员工没有能力适应并使用它，那么不管其对快递和快递业有多了解，都很难在 FedEx 找到最基础的工作，更别说管理了，所以培训也是一种选择。此外，FedEx 还十分注重内部的公开遴选，为员工提供一个很好的转变角色的机会。每周，人力资源部都会在公司网站上发布最新的招聘信息，例如那些有能力、有信心的人都可以在公司里竞争，如果员工有能力和信心，甚至还可以和自己的上司竞争。

FedEx 为员工的未来发展制定了一系列有针对性的培训。入职培训：让员工理解 FedEx 的结构、政策，特别是公司文化。进入公司后，包括送货员在内，所有的新员工都要进行岗前培训，总时长保证在 40 小时以上。也会对所有与消费者有联系的员工进行为期六周的培训。运营培训：这是一项由资深管理人员进行的在职培训和指导，包括各类软件技术的培训，目的在于帮助员工提升与消费者的交流能力。例如：金子计划（gold plan），其中，gold 指员工的成长机会与领导未来的发展。金子计划可以为员工增加进入管理层的机会。管理培训包括集中式管理技术培训（the mandatory and intensive management skills training, MSSD Ⅰ）、运营管理培训（station operations management training, MSSD Ⅱ）码头运营管理培训（gateway operations management training, MSSD Ⅲ）、个人能力管理培训（management applied personal skills training, MAPS）和领导能力培训（leadership principals Ⅰ and Ⅱ）。FedEx 还提供了一个经理培训计划，目的是选拔企业的潜在经理，并在 15 个月内轮流到企业的每个部门工作，这样他们就有机会学习和与每个部门合作，了解企业的业务，拓宽自己的视野，掌握与扩展各方面的知识和管理能力。同时，他们通过这样的培训可以增强自己的能力，使自己能在未来的公司中从事更多的工作，从而扩大自己的工作范围，并认识 FedEx 的当地特色和经验，从而拓展自己的国际化视野。网上培训：员工可以通过 FedEx 公司的专门互联网（FXTV）进行网上交互式培训，此网站包括 500 多门课程，例如制定战略计划，改变管理，满意度和价值观，项目管理，标杆基准等，可以满足大部分员工的学习与发展需求。为了适应这种变化，联邦快递每年都要进行两次网上评估。FedEx 为员工提供了大量的培训项目，他们一年可以得到 50 个小时的培训，而管理人员和职业人员则是一年 40 个小时。这种培训不仅可以提升员工的工作能力，还可以让他们获得更多的工作经验。

三、联邦快递人才激励机制

（一）薪酬

激励一般可以划分为情感激励、物质激励、民主激励和精神激励。FedEx 近 50% 的开支都花在了员工的工资和福利上。例如，员工对个人努力的认可，产生新的想法，优秀的工作业绩，以及促进了团队的协作等，这些都体现在员工的总体薪酬中。FedEx 的团队奖励体系由三个主要部分组成：整体报酬、名誉奖励、发展计划。整体报酬可以视为健康要素，荣誉奖励与发展计划都是一种激励。薪酬又分为薪酬计划、福利计划和高质量的工作 / 生活计划，具体包括加薪、激励薪酬、学习津贴、休假和病假医疗保险、生命和意外死亡保险、托运优惠价格、优惠机票与备用机票等。FedEx 通常会让员工和消费者一起评估工作，强调精神激励的重要性，以及通过设立奖金来奖励优秀的团队成员。例如：祖鲁奖（Bravo Zulu），对员工优秀的工作表现进行奖励；先锋奖：为那些每天与客户联系并能给公司带来新客户的员工发放激励性的奖金；最佳绩效奖励：为做出超过公司目标的团队发放一份奖金；金鹰奖：向客户和公司管理层授予的荣誉；明星 / 超级巨星奖：该奖项是公司的最佳工作业绩奖，获奖人可以领取该业绩的 2% ~ 3%。FedEx 是一家跨国公司，它尊重企业的多元文化，鼓励员工和企业一起成长，因此它向员工提供了一系列的发展方案，如员工内部提升政策，其是一个由成长、机遇、领导和发展计划组成的公司内部发展计划。

联邦快递公司的薪酬方案各不相同，这是对员工所做贡献的一种认可。它还建立在公司的"员工—服务—盈利"的观念上。FedEx 相信，只有让所有的员工都能关注客户，他们才能获得更多的利益。为此，FedEx 制定了多种奖励机制。例如：合理化建议奖，即凡是向联邦快递提出合理化建议并通过的人，不管是联邦快递的员工，还是客户，都会获得一定的奖励。2003 年 9 月，FedEx 在中国成立"真心大使"项目，希望通过客户对员工工作表现进行及时反馈，对优秀员工进行评选和奖励，鼓励全体员工更加努力，并使其不断提升自己的能力，使自己的工作达到更高的要求，为客户提供更高质量的快递服务。另外，FedEx 还推出了"月度最好的投递者"项目，旨在表扬优秀的投递者，并表扬他们在改善客户服务品质方面所做的努力。"微笑奖"主要是表彰那些为客户提供高质量的工作人员。并不是所有的薪酬都是以奖金或物质形式发放的，也就是说，员工得到的不仅是物质上的回报，还包括公司对他们的工作、对他们自己和公司的肯定。这里面的许多东西，都无法用金钱来衡量。FedEx 也因这些福利方案成为人们心目中最好的雇主。公司为在职、兼职的长期员工提供人寿保险、医疗保险、养老金、学费补贴等。尤其是，一架联邦快递飞机的名字还用公司员工的孩子的姓名来命名，且名字还在飞机的前部显示。FedEx 还给个人发展留下了很大的空间，有 91% 的高管是从内部晋升上来的，即当 FedEx 有空缺职位的时候，会在公司里公布，招聘部门的负责人则会把报名的员工召集起来进行招聘，这些人有的可能从快递员晋升为经理，有的可能从客服代表晋升为经理，有的会担任工程师，有的可能会升任为一线财务主管，等等。

　　FedEx 每年都有员工培训和发展预算用于每一位在职员工的培养。每年每位员工都有 2500 美元的额度用于提高自己的学历或提升英语语言能力。在公司内部，培训是联邦快递员工工作中不可或缺的一部分，从员工入职的第一天起就进入了一系列培训和发展计划。

　　（二）企业文化

　　公司通过新员工培训，让员工能更快速地了解联邦快递的历史、愿景及企业文化。通过一系列在职培训帮助员工理解他们所在岗位的职责，熟练所需的技能；通过职业生涯发展规划让员工明确自己的职业生涯未来发展的方向；通过个人发展计划培养和帮助高潜能到非管理层员工准备好知识和技能，为进入管理层打下基础；针对经理及以上级别的高级管理层人员进行相关的领导力方面的培训。FedEx 始终将人才的培养和发展放在企业发展的第一位，鼓励员工通过互帮互助，使每个员工能与公司的文化和团队融为一体。

FedEx 的企业文化为所有符合条件的个人提供均等的机会。女性员工是联邦快递企业文化的形成和所获得巨大成功的重要组成部分。在中国地区，女性职员在员工总数中占 30%，此外，他们在不同的商业领域中所起的作用也日益突出。目前，在中国区，经理及以上级别的女性管理人员占管理层总数的 33%，女性管理人员的人数在过去的几年里有了大幅的增长。

FedEx 拥有完善的薪酬福利计划，提供全面而有吸引力的整体报酬，包括薪金计划、福利计划和高质量的工作和生活计划。

FedEx 始终致力于确保员工的健康和安全，致力于为所有员工提供安全、舒适、宽敞和明亮的工作环境。除了干净整洁的办公区、舒适的茶水间，FedEx 还专门采购了多种运动器材，让员工可以在工作之余保持健康的体魄。

FedEx 采用了扁平化的管理模式，既可以赋予员工权力，也可以赋予员工更多的职责。与大多数公司不同的是，FedEx 的员工敢于挑战他们的管理人员。公司还花费上百万美元构建了电视网络，让全球各地的经理与员工可以在任何时候都能互相联络，以快速、坦诚、全面、互动的形式进行沟通，创造了一个宽松、和谐、民主的工作环境，让每位员工都能保持良好的工作态度，为客户提供更好的服务。

FedEx 的一个重要特征是鼓励开放和双向沟通。FedEx 在招募员工的时候，都会要求应聘者诚实、坦率、宽容。也就是说，只有真正站在公司利益、关心员工、发展员工的立场上，才能坚持公平、公正、平等、主动地与员工交流。此外，员工相信双向沟通和指导可以提高工作效率。所以，FedEx 的经理需要诚恳、认真地倾听员工的意见，及时回应他们，并把最后的决策告知他们。双向沟通系统不仅对保持良好和有效的工作关系有着重要意义，而且可以通过建立双向沟通系统来确保企业的信念得以实现。通过鼓励开放制度和双向沟通制度，经理可以随时听取员工的意见，并确保公司的企业文化能在员工中得到真正共享。另外，FedEx 还采取了一些措施，目的是帮助管理人员和员工进行双向沟通。调查一反馈—行为：公司为员工提供了许多与公司管理人员就公司的所有问题进行沟通的机会。公正处理：这是一个非常好的申诉制度。例如，如果员工有什么不满，可以向上司提出申诉，上司必须在十天内给出答复，如果该员工仍不满足，还可以向更上一级提出申诉，经理也要在指定时间内做出书面回复。另外，对于员工的不满，经理可以召开讨论会。此外，公司还通过开门政策、一对一不设级别的例会、企业内部网、工作小组会议等方式，鼓励并推动管理人员与一般职员沟通交流，倾听意见，不断完善工作模式。总而言之，FedEx 致力于营造一个宽松、民主、和谐的沟通环境，让每位员工都能在工作中感到快乐，为客户提供优质的服务。"以人为本"并不是一句空话，FedEx 实际上已经将其落实到了工作的各个方面。

（三）健康管理

很多欧美跨国企业在经历了数十年乃至数百年的风风雨雨之后，深刻地感受到了员工的健康保障负担。因此，对欧美企业来说，对员工进行健康管理已成为企业高层管理的共识。员工卫生管理与健康制度着重于对员工的健康、福利和疾病进行防范，将传统回应式的卫生保健方案转化为内部激励，而非仅在员工患病或受伤后被动地接受护理。科恩等认为，使员工保持最佳的健康状况可以有效地减少公司由于生产力下降所带来的巨大损失，这种损失一般是常规医疗成本的 2～3 倍。[1]一方面是直接损失，即公司要支付给员工健康保险；另一方面是间接损失，如员工请假、上班不干活等，这些造成了低效率，浪费了大量的工作时间。先进的企业文化可以充分调动员工的积极性、创造性和主动性，让员工发挥自己的才能和潜力。美国管理学家汤姆·彼得斯指出，尽管技术非常重要，但增加信任，将会产生更好的效果。[2]查尔斯·M.萨维奇在《第

---

① COHEN K, VOGT E, NAUGHTON D, et al. Equating health and productivity[J]. Business and Health, 1997, 15（9）: 23-26.

② 彼得斯.追求卓越[M].胡玮珊，译.北京：中信出版社，2012：176.

5 代管理》一书中指出："质疑与不信任是造成实际代价的根源。"经理与员工之间的不信任感、心理距离的差异，会直接造成员工的心理压力，长此以往，还会造成心理障碍。反之，信任能满足人们的自我价值和对社会身份的需求，增强人们的自信，从而对工作更有激情，更有创造力。毫无疑问，信任能提高企业的使命感，从而促进企业的发展。怎样进行员工的健康管理？从 1987 年开始，联邦快递就一直在进行这项工作，经过五个阶段的摸索，最终形成了一个成熟的运作模式。联邦快递先收集了所有员工的身体状况，并对其进行分析。通过统计分析发现，10% 的员工在公司的健康福利支出中占据了 75%。因此，要找出这些人，并对他们进行管理。结果证明，参与健康管理计划的员工可以节省大约 1 000 美元的医疗费用。"员工的身体素质提高了，公司的旷工也减少了。联邦快递公司的卫生管理工作主要有以下几项。第一，对员工定期进行身体检查，强调员工在新型冠状病毒疫情期接种疫苗。第二，定期开展员工健康教育，除为员工缴纳国家规定的医疗保险以外，还会缴纳其他商业保险。第三，在中国设立一支专业的队伍，负责那些特殊员工的安全、环境、身体状况，例如那些经常使用电脑的员工，会定期检查他们的桌椅，看看他们的桌椅是否符合人体工学，有没有必要进行调整。第四，除了给员工发放健身卡外，联邦快递公司还在办公室内安装了一些沙包和拳击手套，让员工可以尽情地宣泄自己的不满，释放心中的郁气。第五，联邦快递公司会安排员工的健康饮食，每周有一到两天的时间测量食堂的饭菜，测定蛋白质、碳水化合物等，并将这些数据和标准值进行比较，形成一份表格，让员工知道自己的饮食状况。

《财富》杂志曾多次将联邦快递公司评为"100 名最佳雇主"；多年来，联邦快递公司在翰威特咨询公司举办的亚洲十大最佳雇主排行榜一直位居榜首。联邦快递公司在建立雇主品牌上取得的成就，很大程度上要归功于其一贯坚持的"员工—服务—利益"理念。它的基本含义是：只要对员工有关怀，他们就能为客户提供优质的服务；这个收益再与员工共享，这样就形成了一个良性循环。这种良性循环为员工、客户和企业创造了双赢的环境。企业以这种经营理念管理员工，让他们热爱自己的工作，并在工作中实现自己的价值，为客户提供最佳服务，以实现使命必达。这一理念有助于提高公司的运作效率，并使公司在全球范围内取得成功。

联邦快递公司在世界各地的员工总数已超过 240 000 人。为了管理这些具有各种文化背景的员工，公司可以利用"员工—服务—利益"的理念消除员工文化上的差别。事业发展无边界与内部提拔是联邦快递公司经营策略中的两个重要内容，这两个层面又与公司的"员工—服务—利益"理念相融合，使员工真正地团结一致，确保公司重要的准则与制度得以执行。联邦快递以此为基础，为员工创造了一个良好的工作环境，并促使员工不断发展。

综上所述，FedEx 之所以能在培训方面取得较好的成绩，与其较为特殊的经营管理模式密不可分。第一，FedEx 为员工提供了一个很好的工作机会。这要求企业为他们提供平等的升迁机会，并且要通过对员工进行培训来提高他们的工作能力。FedEx 每年花在每个员工培训上的成本就达到 2 500 美元，其培训方式如下：让员工在不同的工作岗位工作，对公司的经营情况有一个全面的认识；展开多样化的教学培训，让员工对基本的理论知识有一定的了解；派遣员工到各国接受培训，培养他们的世界观。第二，FedEx 更斥资数百万美元建立了联邦快递电视网络（FXTV），使全球的管理者和员工能及时联系。第三，联邦快递公司为员工设置了多种奖励，以奖励他们的优秀表现。第四，联邦快递的员工可以对管理部门进行质询，如果发生无法解决的纠纷，也可以向公司寻求帮助。

第六章　民营快递企业员工培训需求分析

第一节　民营快递企业员工培训需求内容分析

一、民营快递企业员工培训需求的内涵

培训需求分析是指培训部门和培训师在规划和设计培训活动之前，使用不同的方法和技术，对不同岗位员工的目标、知识和技能进行系统识别和筛选，以确定培训内容。培训的整个流程包括培训目标的确定、培训计划的确定以及培训评估标准的制定。培训的第一步就是培训需求分析，包括组织分析、人员分析和任务分析。进行培训需求分析主要是为了实现以下目的。

（1）确定缺口。培训需求分析的根本目的是确定存在差异的企业经理，培训人员应当明确地认识其应有的业绩与实际情况的差异。

（2）分析变化。在现代公司里，持续的、动态的变化代表着一个关键的变化，这对培训非常关键。

（3）确定培训的价值与费用。对培训要求进行良好的划分，发现问题的管理者可以将成本要素纳入培训要求分析中。如果接受培训的价值超过不培训的价值，进行培训就是必要的；反之，则是没有必要的。

（4）建立培训机制。良好的需求分析可以针对既定的培训对象设定

培训内容，并确定较有效的教学策略。同时，培训师在培训前要先了解培训对象相关信息，并以此为依据，制订培训计划。

（5）有内外两方面的能力。通过对培训需求进行有效分析，可以避免或减轻对员工的限制，从而得到上级和其他部门的支持。

二、民营快递企业员工培训需求的内容

（一）企业的内外部变化分析

培训人员应根据企业的发展战略与内外部环境变化，总结企业面临的机遇与挑战，特别是挑战主要在哪些方面，以及员工需要具备哪些技能才能解决。人力资源规划则应根据企业的长期、中期和短期目标考虑对新知识和技能的需求，并根据企业的人力资源管理战略目标分析需求。例如，企业某年想在三个地区打开市场，就可以分析企业需要多少管理层销售人员，他们什么时候上岗，是外部招聘还是内部招聘，内部招聘多少人，现有多少人员符合预期岗位的要求，他们需要做什么培训，如果是外部招聘，那么现有招聘人员是否已经具备了相应的面试技能。

（二）绩效短板分析

企业可以根据绩效分析，找出上一个周期的弱点，以及与正常标准之间有哪些差距，如果需要实现明年的目标，该如何弥补这些差距。绩效短板分析可以分为三层：组织层级、部门层级和员工层级。通常情况下，组织的层级分析由人力资源部分析，而部门和员工的短板由部门内部进行分析。该组织的短板是通过收集全年绩效指标的变化，找出未能实现目标的指标。基于对其影响因素的分析，这些失败是否是由客观因素造成的，哪部分人员不具备哪些技能，以及这些技能是否可以通过培训来提高，从而确定组织的培训需求。例如，如果公司的产量未能达到预期目标，如果是由于人为因素而非生产限制造成的，则可以淘汰未达成目标的员工；但是，如果计划不准确或生产调度不合理，则需要分析相应的问题。对于部门的绩效短板，业务部门经理通常会进行分析并制定相应的策略，以及常见的培训需求。员工的短板由员工自己和上级共

同分析，最后总结至经理。企业需要将员工的培训需求分为共同需求和个人需求。共同需求包含在年度培训计划内，个人需求通常由员工自己和上级决定并加以改进。

（三）人才短板分析

这部分分析一般集中在企业的后备人才方面。由于企业的不断发展和壮大，对管理人员的需求越来越大。通常，企业会制订三年计划。人力资源部将根据企业战略制订人事计划。根据未来岗位需求，企业将选择后备人才。通常情况下，2～3名后备人才将被分配到更相关的岗位。人力资源部也会根据企业未来岗位的需求和后备人才的技能决定对人才的需求。

（四）上一个周期的培训效果

一般来说，通过对上一个周期的问题进行分析，可以找出哪些培训是有效的，哪些是无效的。培训的结果是人才的产生和其对技能的掌握，这可以通过考试、实践测试等进行分析。此外，企业还需要分析参与培训的人员。对于培训效果不明显的人员，则需要重新匹配人员和课程。分析培训需求后，企业将完成培训需求分析报告。一般情况下，培训需求分析报告需要包含以下七个方面。

（1）培训目的：为什么要培训。

（2）培训内容：培训什么。

（3）培训目标：培训的深度与广度。

（4）企业对培训的态度。

（5）培训中遇到的困难和问题。

（6）企业内部有什么培训资源。

（7）企业有什么外部培训资源。

（五）从总体方面来了解

1.组织层面的需求

组织层面的需求一般指公司对关键部门、关键岗位、关键能力的培养，以达到公司的战略发展目标。组织层次分析是从公司发展的角度出发，对未来技术、营销、组织结构等方面的变化进行预测。只有在这一层次上满足了培训要求，才能保证企业的战略发展。针对组织的培训及针对公司的培训，首先要根据企业发展需要，如公司计划实施项目制管理，就需要项目管理类的培训；其次要根据企业的公共类需求进行培训，如公司流程、制度、文化等（这部分一般针对新员工）；最后要根据老板和高管的需求而定，如有些老板根据公司的情况认为领导力的培训非常有必要，就需要领导力方面的培训。

2. 工作层面的需求

工作层面的需求是与员工的工作业绩直接挂钩的培训需求，主要是基于公司发展计划所需要的工作能力的提高。在此层面上，培训需要满足各个职位的工作需求。针对部门需求的培训，应根据部门目标即实现部门目标需要人员具备哪方面的能力进行培训，例如人力资源部要完成公司的招聘目标就需要招聘人员具备较强的招聘相关知识及能力，应考虑目前招聘人员的能力是否能满足岗位需求。针对部门技术需求的培训，如技术研发部在新一年研发新品需要用到市面上的新技术，目前人员不具备这方面的技术能力，则需要安排人员参加培训。针对部门负责人的培训，应根据部门负责人评估本部门人员提出的需求通过培训提升自身的能力（这部分与评估员工绩效相关联）。

3. 个人层面的需求

个人层面的需求主要是个人对培训需求的意愿，主要是基于员工自身能力的提高。当这一层次的培训需求被满足时，可以在一定程度上提高工作业绩，更重要的是可以保证个体的职业发展、精神文化和兴趣爱好。

（六）从具体方面了解

1. 管理层

作为企业的管理层，其需要了解各岗位员工的实际工作情况，这样才能更好地针对员工的缺点或弱点制订培训计划。针对行业的培训需求，这部分主要是根据行业的动态及行业类新型技术要求而提出行业培训需求。

2. 员工个人

每一个员工都是一个独立的人，他们之间的差距也很大。又因为不同的岗位要求也不相同，因此各员工的职业生涯也不一样。所以，企业针对每个人的需要制定的培训内容也不一样。例如，有些人想要走技术路线，就需要花更多的精力提升自己的技术；有些人更倾向于人际交流，就需要提升自己的沟通能力。

3. 岗位工作

很多情况下，员工可能无法按照企业规定的岗位标准完成工作。现实中，工作实际情况和工作标准之间也可能存在一定的差异。因此，企业应该通过构建岗位任职资格模式或能力素质模式，让员工将自己的工作状况与模式需求相比较，以更客观的角度发现未来工作中存在的问题。培训是对人力资本的投资，其成功主要取决于对培训需求的分析。因为培训需求分析是培训管理活动的第一环节，因此其直接影响培训对象的选择，继而影响培训计划的制订和实施，以及培训效果的评估。因此在没有对培训需求进行有效分析以及培训对象不精确、培训不到位等情况下进行培训，很容易造成人力资本的投资失误，造成大量的资源浪费。在人力资本投资日益受到重视的当今时代，企业加大对员工的培训投入固然有必要，但也要对培训需求进行有效分析，这样才能使培训经费运用合理。培训需求分析是企业培训管理的重要组成部分，若缺乏对培训需求的有效分析，那么一些企业的培训效果就会不太理想，而成功的企业培训则取决于企业管理者是否具备一定的培训需求分析实施技术。在信息经济时代，企业的培训需求分析已经成为企业管理人员和企业管理者必须具备的重要技能。在激烈的竞争环境中，企业的发展需要依靠员工更快地适应外界新环境。同时，只有通过培训，才能提高员工的岗位技能、创新能力、适应能力和变革能力，从而保持公司的竞争力。一方面，培训内容的增加会使培训需求的分析更加复杂，不仅需要人力资源经理，还需要直线经理一起进行培训需求分析，并在适当的时间内根据员工的培训需求进行调整；另一方面，为了快速应对环境变化，还需要有适合的企业管理人员和人力资源管理人员（包括人力资源顾问），采用恰当的方法和工具迅速地进行培训需求分析，以便企业及时做出合适的培训安排。

（七）按照层次分析

1.培训需求的对象分析

新员工培训内容主要包括企业文化、企业各项制度以及岗位要求，一般采用任务分析法。

在职员工培训内容主要包括对新技术与新技能进行的相关培训，一般采用绩效分析法。

2.培训需求的阶段分析

当前的培训需求（当前问题与缺陷）。

对未来的培训要求进行分析（能力需求，今后发展）。

3.培训的内容

（1）技能培训。培训内容包括分拣货物、整理物件、派送货物、接收订单、业务下单、单据制作与客户反馈。此外，还有专门培训，它是专门为特殊人群设计的，具有很强的针对性和实用性。培训的目的就是让员工熟悉相关的政策和法律，但是必须要有自己的能力，这样的培训对快递企业来说相当重要。而快递员工的业务与管理等方面的培训需求属于特殊性培训，其具有一定的针对性与专业性。这样的培训主要是给员工介绍一些基础的快递业务和法律法规，让他们能更好地掌握和遵守公司的规章制度。对后期管理人员进行的培训，培养了一批优秀的管理人员，他们无论是在知识上还是在管理上，都有自己的独到之处；无论是在工作中还是在生活中，都能很好地处理各种突发情况。

在技能培训中应注意的一些问题：一是要明确培训的重点。坚持以需求为导向，加强全面的职业技能和职业素质的培养；坚持以问题为导向，加强收寄验视、实名收寄、安检等技能培训；加快发展现代快递、现代农业、跨境电子商务等新技术的服务。二是要充分发挥企业的主动权。快递企业要制定员工培训的详细方案，根据岗位需求和职业发展需要，广泛组织员工进行岗前与入职培训、在职与脱产培训、技能竞赛与在线培训等。充分发挥快递业协会、快递龙头企业、行业培训机构的作用，对中小型快递企业进行员工培训。

（2）安全教育。企业要充分发挥安全教育的主动性，主要培训内容包括安全思想教育、安全知识教育、生产理论和方法教育。企业应针对不同的岗位目标和教学目标制定相应的教学要求。

①安全生产思想教育包括安全政策教育、安全法治教育、安全典型经验教育和安全事故案例教育。通过学习党的政策要求，公司领导和员工可以提高安全生产意识，并严格坚持安全第一的理念，处理好安全与生产的关系，确保公司的安全。通过加大对企业安全生产法律法规的宣传力度，可以提高企业的管理水平。因此，企业各级领导层可以按法律规定组织企业的经营和管理，并落实"以安全为重，以预防为主"的方针；企业通过保护员工的劳动成果，保证员工的人身安全和身体健康。通过相关典型安全事故案例的教育，不仅能让员工意识到安全生产对企业发展、个人和家庭的影响，而且能让员工意识到事故给企业、个人、家庭带来的巨大破坏与灾难，并由此树立安全生产的信心。

②安全知识教育内容包括一般安全知识教育、一般安全技术知识教育、职业安全技术知识教育。也就是说，企业要加强对员工生产技术的培训，避免错误的操作；使员工具备普通工人必须具备的基本安全技术知识，以便能识别、预防和处理企业常见的危险因素；特别是对特种作业人员，更要加强专业的安全技术知识培训，以预防危险因素的伤害。

③对各级高级管理员工进行安全管理知识理论与方法的教育，提高其安全管理能力，并对过去的安全管理经验进行总结，推动现代安全管理的应用。

（3）软性教育。传统的企业员工培训工作常常会忽视培训员工的情感与价值观。员工需要经历一个成长和发展的过程，企业在这个过程中不仅要关注员工业务能力和技术水平的提升，还要关注其职业道德素质和思想道德品质的塑造，员工只有具备了良好的思想道德素质和正确的价值观念，才能推动企业的长期稳定发展，进而增强员工对企业的认同感。但是，不少企业忽视了对员工的情感与价值观的培训，导致员工缺乏正确的价值认知，不能正确看待个人与集体的关系，或者做出违背职业道德的行为，这些都不利于企业的健康发展。情感态度与价值观培训不是简单地开设相应的思想政治教育类课程，也不是单纯地采取说教式的培训方法，而是结合员工兴趣与实际需求组织丰富多样的培训活动，实现正确思想价值观的渗透。例如，企业可以定期组织主题团建活动，组织能增强团队凝聚力和团队融合度的拓展培训，安排拓展课程，让员工通过团队合作提高自身的执行力和配合程度，树立正确的集体价值观念。除此之外，企业还应加强对员工的人文关怀，使其在公司内获得归属感，从而更加信任和依赖企业，减少人员流动，实现员工与企业的共同成长和共同进步。

对员工进行培训主要是为了解决问题、改善绩效、提升能力，所以各部门应根据这三点安排有针对性的培训。

①解决问题的培训需求。此点需要重点看部门或公司存在哪些问题，对应问题的培训课程有哪些，如公司员工的执行力差，那么执行力的课程就是需求。

②改善绩效的培训需求。此点需要以业绩为基础，依据特定的业绩标准发现差距并设计相应的内容，并由此提出要求，如行政人员在公文写作方面达不到绩效要求，那么公文写作的培训课程就是需求。

③提升能力的培训需求。此点需要将个人能力需求与公司需求结合起来考虑，如某位研发人员的项目管理能力影响了部门目标，那么项目管理能力的培训课程就是需求。

第二节　民营快递企业员工培训需求方法选择

民营快递企业员工培训需求方法分为新式和传统两种。

一、新式培训需求方法

（一）PDCA 和复盘项目运营管理方法论

这两个方法论配套使用，用于项目运营管理过程中对目标、进度、结果的把控。PDCA 周期由美国教授休哈特教授最先提出，由戴明采纳、推广、普及，所以也被称为戴明环。PDCA 循环管理是全面质量管理的工作步骤，P 指计划（plan），D 指执行（do），C 指检验（check），A 指处理（action）。

复盘最早来源于围棋术语，后来联想集团将其发展转化为工作方法论，在公司内部推行后推广到更多企业。应用复盘运营理论一般遵循以下步骤：第一步，回顾目标：就是回顾当初的目的和期望的结果；第二步，评估结果：即将结果与目标进行对比，找到实际结果和希望的目标之间的差别；第三步，分析原因：分析成功的关键因素和失败的根本原因；第四步，总结经验：通过反思，总结心得体会，找出规律或经验，并做出行动计划。

（二）前瞻性培训需求分析模型

前瞻性模型是由美国学者特里·利普和迈克尔·克里诺提出的，此模型主要是从企业的未来发展角度分析企业的培训需求、发展战略及员工自身的职业生涯规划，目的是为企业培养未来人才和储备人才。[1]在培训需求分析中应用前瞻性理念是本模型的核心。因为技术的发展，员工

---

[1] LEAP T L, CRINO M D. Human resource management[M].Oxford: Macmillan College, 1993: 11-12.

目前的工作表现还可以满足其在公司内部的发展需求，但由于工作调动、员工升迁、员工职位提升以及员工对工作内容需求的改变等方面的需求，企业需要对员工进行培训，而前瞻性培训需求分析模式就提供了较好的分析框架。可见，本模式下的培训设计是前瞻性的，其对保证员工的工作能力与其自身的职业发展有着很大的实际意义。但是，这一模式中的前瞻性可能并不完全符合公司战略和业务发展的需要，有可能会脱离公司的战略目标，因此企业的战略计划、运营管理报告等就会有一定的不确定性。

（三）ISD 开发模型

ISD（instructional system design，教学系统设计）模型是以传播理论、学习理论和教学理论为基础，运用系统理论的观点和知识，分析教学中的问题和需求，并从中找出最佳解决方案的一种理论和方法。具体内容包括培训需求分析、培训内容设计、目标选择、培训策略制定、培训方法选择、培训课程评估等。

（四）ADDIE 开发模型

ADDIE 模型是一套有系统地发展教学的方法，主要指从分析（analysis）、设计（design）、发展（develop）、执行（implement）到评价（evaluate）的整个过程。其中，分析阶段的步骤是分析工作→选择任务功能→构建绩效评估方法→分析现有课程→选择教学背景；设计阶段的步骤是开发目标→开发测试→描述入门活动→确定顺序和结构；发展阶段的步骤是确定学习活动→制订教学管理计划→选择现有材料→开发教学方法→验证教学方法；执行阶段的步骤是实施教学管理计划→管理教学方法；评价阶段的步骤是执行内部评价→执行外部评价→修正体系。因为需要按照流程逐步开发，且开发周期较长，所以 ADDIE 模型对使用者的专业性要求较高。

（五）FAST 高效开发模型

FAST 模式是以人力资源管理中的绩效改善技术为基础，并结合企业之前的课程开发经验，对现有的 ADDIE 模式进行进一步深化与优化，从而构建一套以问题解决为核心的精品课程开发过程。第一步：F（focus on problems），聚集问题显价值；第二步：A（aggregate methods），整合方案重实效；第三步：S（select instructions），精选教法做引导；第四步：T（transfigure outcomes），优化成果促精品。解决问题的课程设计源于工作中的实际问题，因此发现问题是关键，只有找到问题，进而才能分析问题，解决问题。

（六）4C 法颠覆培训课堂

4C 法颠覆培训课堂是由莎朗·L.波曼提出的，共有 4 个环节：Connections（联系，包括热身活动、快速通道活动、开场活动）、Concepts（概念，包括互动教学策略、拼图活动、概念中心活动）、Concrete Practice（使用练习，包括互教活动、技能倚赖型活动、学习设计的游戏）、Conclusions（总结，包括学员主导的总结活动、评估策略、结业庆典）。[①]4C 法主要用于课堂教学策略和各种活动的设计，共计 4 个环节 65 种策略。

（七）九大教学事件

美国教育心理学家加涅以"为学习设计教学"为核心提出了"九大教学事件"[②]。此种方法主要应用于某些教学活动中，如学习条件、学习过程等。其中，主要的教学活动包括引起注意、告知目标、刺激回忆先前习得性能、呈现刺激材料、提供学习指导、引发行为表现、提供反馈、评价作业、促进记忆与转移。这九大教学事件是学习的外在条件，但对教学工作者来说是心理学的基础，是适用于各门学科和各级各类学校学生学习的。

---

① 波曼 .4C 法颠覆培训课堂：65 种反转培训策略 [M].北京：电子工业出版社，2019.
② 加涅，韦杰，戈勒斯，等 .教学设计原理 [M].5 版 .上海：华东师范大学出版社，2007：195.

（八）库伯学习圈

大卫·库伯在约翰·杜威、库尔特·勒温、让·皮亚杰等人的经验学习模型基础上，提出了新的经验学习模型，即库伯学习圈。[①]该模型将体验式学习重新分为四个过程：具体体验、反思观察、抽象概念、主动验证。这种方法主要运用于体验式教学活动的设计中，总体逻辑是先做—反思—学习输入—再做。

二、传统培训需求方法

（一）Goldstein 模型

20世纪80年代，戈德斯坦、布莱弗曼、戈德斯坦三人通过长期的努力，将培训需求评估的方法系统化，建立了 Goldstein 模型，并将培训需求分析分为组织、任务、员工分析三种类型。在此模式下，组织分析是根据企业的经营策略，对企业内部的下属、各部门进行培训，使培训方案与企业的总体目标和战略需求相统一。任务分析是在对所学知识、技能、态度进行分析的基础上，对各种培训内容进行分类，并对各种培训的重点和难点进行界定。人力资源分析是从员工的现实条件出发，对当前条件和理想工作需求的差异进行分析，也就是"目标差"，从而为制定培训目标和培训内容提供基础。戈德斯坦认为，将三个评估的结果进行综合比较，就可以反映任职者所具备的基本知识、技能与态度。[②]在此，组织分析是对工作和人员进行分析的先决条件，而对工作的分析则更多地关注工作的客观需要，也就是理想状态。该模型的主要特征在于把培训需求作为一个体系，从多个层面进行分类，从而使培训需求的分析不再局限于人员和组织，而是通过对组织、任务和人员的需求进行综合，从而使培训需求的综合分析结果更具科学性。

[①] 库伯.体验学习：让体验作为学习与发展的源泉 [M].王灿明，朱水萍，等译.上海：华东师范大学出版社，2008：28-29.

[②] GPLDSTEIN I L. The pursuit of validity in the evaluation of training programs[J].Human Factors, 1978, 20（2）: 131-144.

该模型的三种分析形式的重点、目的和方法各有不同，使培训计划更有针对性，因此这个具有系统性的培训需求分析模型也获得了当前理论界的一致承认。但是，我国部分企业在应用此模型时仍还存在一些问题。第一，本模型在分析企业战略、组织资源等因素时忽视了企业的外部因素。从我国的具体情况来看，国家的政策对企业的影响作用是不容忽略的。因此，企业还要关注国家政策和行业规范等外部环境。第二，模型中的人员分析重点关注的是员工的工作状态和理想状态的差异，强调了"要学习什么"来缩短与员工之间的差距，却忽略了"员工要学习的东西"。第三，该模型难以找到具体可行的分析方法，且缺少一种简便、高效的识别手段。

（二）培训需求差距分析模型

美国学者汤姆·W.戈特将"理想状态"与"现实状态"之间的"差距"称为"缺口"。该模式是根据"理想技能等级"与"当前技能等级"的相互关系来确定培训要求的。[①]该模型包含两个基本概念：第一，一旦"理想状态"出现，"现实状态"就会产生与当前认识水平的差异，包括现有能力与预期能力水平之间的差距，现有理解、态度与预期理解和态度之间的差距，现有绩效与预期绩效之间的差距，已实现目标与预期目标之间的差距，实际员工素质与理想员工素质之间的差距，等等。第二，由于培训需求＝理想状况－实际状况，因此这个差距就是培训需求。社会里企业人力资源开发与培训的实践也证明，企业的任何一次培训都是为了缩小或减小这个差距。应当指出的是，虽然该模型能很好地解决Goldstein模式中员工的可操作性不足的问题，但是这一模型并没有完全考虑企业战略对培训需求所产生的影响。换句话说，这种模式仍然是一种传统的培训方式，它着眼于员工为了缩短"差距"而"不得不学些什么"，并对这种学习需求做出反应，并提出培训方案。结果表明，该方

---

① 戈特.培训人才八步法[M].上海：郭宇峰，郭镜明，译.上海：上海人民出版社，1998：1-17.

法的有效性取决于培训行为＝业绩改进的假定。

（三）胜任力特征模型

对担任某一职位的人需要的能力进行评估，是当前培训需求评估的一个新趋势。调查表明，上海企业的员工培养和发展需要都使用了胜任力模型。[①] 美国心理学家麦克利兰认为，胜任力是一种能将一项工作（或组织或文化）中表现突出的人和平庸的人区别出来的表面和深层的特点，主要包括知识、技能、自我认知、社会角色、价值观与动机等，这些都可以被准确地衡量或计算出来，并能明显地区别出卓越和普通业绩。[②] 能力模式是指完成一项具体工作所必须具备的所有能力。这种能力分析不仅局限于组织、任务或人员的某个层次，而且强调了需求分析与培训成果能改善受训人员在将来工作中的能力。不同的能力特征就像是一座冰山，暴露在外的只是表面特征，如技能、知识、社会角色、自我形象，这些形象可以被察觉，却无法预测或者判断是否优秀。而潜藏在水中的能力，如动机，就是影响人类行为的关键因素。结果表明，胜任力模型不仅能很好地弥补 Goldstein 模型在任务分析中的不足，还能从"岗位业绩导向"的角度出发，把员工培训引入解决问题中。在企业中，企业越来越重视对核心岗位的员工进行职业资格分级，从而确定其在不同岗位上的工作表现，并根据不同的工作条件和不同的工作要求，制定相应的培训方案。与差距分析模式类似，这一模型也没有充分考虑公司战略对培训需求的作用。但是，由于构建胜任力特征需要相当专业的面试技术和后期的分析和处理能力，因此所耗费的时间、精力和费用较高。

（四）培训需求的战略性分析模型

战略性分析模型提出者认为，企业战略和员工的培训需求是紧密相关的。他们还认为，在公司的发展过程中，其经营策略的选择与演化会

---

① 佚名.跨国公司人才资源开发研究[J].公共行政与人力资源，2001（4）：18-25.
② MCCLELLAND D C. Testing for competence rather than for "intelligence" [J]. American Psychologist, 1973, 28（1）：1-14.

对员工的培训需求产生一定的影响。[①]企业战略是一种动态的观念，它会随着公司的发展而发生变化。培训需求的确定既要真实地反映当前的战略，又要有远见，即通过培训防止或规避潜在的问题，从而为公司的战略执行和最终达到目的提供依据。制定战略人力资源管理目标，可以为企业整体的培训工作提供指导。战略导向的理念弥补了差距分析与预测模型的缺陷，将企业培训需求的研究重心转移到企业内部。然而，该模式只在理论层面解释了企业战略和培训需求的关系，对于如何从战略分析中得出员工的行为准则缺乏具体的操作指导，这影响了企业的可操作性。另外，该模型过分依赖企业战略目标与行为准则，将企业的需求归因于企业战略需求与员工的现实状况，忽视了企业其他因素和员工的个人需求。

（五）职业指导下的培训需求分析模式

职业指导下的培训需求分析模型包括三个方面：公司与员工的关系、短期与长期需求、员工是否参与培训需求。第一，在公司与员工的关系方面，公司和员工是两个平等的利益主体，双方都应认识到员工的个人利益与公司的利益之间的关联，没有哪一方的利益优先，公司的发展必须以全体员工的发展为前提，而公司的培训和员工的职业生涯计划应当是相互联系的。第二，既有短期的需求，也有长期需求，即从企业长远的发展战略与短期的目标考虑培训需求分析模式。第三，员工能真实地参与培训需求分析，扩大了培训需求评估的对象。这一模式充分反映了"人的发展"这一核心理念。

第三节 民营快递企业员工培训计划的制订

随着新技术和相关技能的快速发展，企业在日益激烈的竞争中站稳

---

① 谭融.公共部门人力资源管理 [M].3 版 . 天津：天津大学出版社，2017：218.

脚跟是一项非常具有挑战性的任务。一方面，数字化转型使许多技术和技能永久过时，同时增加了对其他新型技术与技能的需求。另一方面，招聘优秀人才的激烈竞争性使企业很难根据其需求和要求吸引与留住人才。

因此，当前民营快递企业员工培训要达到五个目标。第一，提高生产率。通过培训，可以使员工的工作更加有效和高效，进而提高了生产力。第二，提高员工的保留率。通过培训，可以使大部分员工感到自己的重要性，并做好充分准备，做好工作，从而提高工作满意度，降低缺勤率，提高员工的保留率。第三，减小技能差距。企业员工培训计划可以帮助员工找到自身的技能差距，提升自己的薄弱之处，从而让员工实现内部晋升。第四，提高企业竞争力。通过培训员工需求的知识和技能，增强其工作能力，可以帮助企业在竞争激烈的商业环境中保持核心竞争力。第五，适应变化。工作场所适应外界环境变化是企业数字化转型的必备要求，员工培训能帮助企业引入新的流程和新的技术方法。

一、民营快递公司的员工培训方案

（一）按时间划分

培训方案旨在预测员工的培训需求，并为企业的近、中、长期发展目标制定相应的培训活动。培训计划按组织层次可以分为企业总体培训计划和部门培训计划，按时间顺序可以分为长期培训计划、年度培训计划和月度培训计划。企业总体培训计划和部门计划应具有相应的年度和月度计划。

1. 长期计划

长期计划往往是由企业的高层依据最近几年的市场风向、国家出台的法律政策、行业的发展趋势以及员工的情况进行计划，从企业战略角度出发，规划企业未来的发展方向，为企业今后的发展指明方向。

2. 年度计划

（1）新员工培训。新员工在试用期内必须了解的岗前培训内容包括公司组织的集中培训和各部门分别进行的专门培训。

培训部统一组织和执行的入职培训材料如下。

①企业历史、企业概况、企业业务、发展计划等。

②企业经营理念，发展愿景，员工职业道德规范及行为要求。

③基本人事制度。

④职业道德与职业精神。

⑤职业生涯规划。

（2）任职技能培训。这是企业为提高员工的知识、工作技能，并为员工晋升做准备，以提高工作效率为目的而举办的类似研讨会形式的培训。参加培训的主要是企业的一些中、高级管理人员。例如，主任、副主任、服务中心主任培训主要侧重于管理技能、领导力、决策能力等；后备管理人员培训主要侧重于角色转变、专业技能提升、管理技能培训等；岗位技能培训则由各部门具体实施，并报培训部备案。

（3）外派培训。如有工作需求，未安排或无法提供内部培训师，可参加社会专业培训机构或学校举办的培训。

（4）战略性培训。战略性培训指企业可持续发展的培训，其核心内容是培养拥有核心竞争能力的继任者。

文化制度培训。企业改进并实施的企业文化和管理体系新型制度培训，最终是为了实施新的管理技术和行为要求，如员工行为准则、ISO14000（环境管理体系）、ISO9000（质量管理体系）、人力资源管理制度等。

3. 月度计划

如果有年度培训计划，那么企业则主要参照全年的培训计划大纲来写月度计划。即根据广阔的计划对各部门做具体化安排，各部门根据不同的需求对员工组织不同的培训，即使短时期不需要培训也要做好计划，并依据年度总计划不断调整与安排。月度计划往往比较具体，需要企业高层管理者谨慎思考。要知道，"千里之堤，溃于蚁穴"，因此企业管理更要注重细微的方面，从细节入手。

（1）建立集团公司、下属各分公司和车间。对于集团公司，主要由人事部对公司高层及集团的所有高管进行方针政策、企业文化、发展战略、员工心态、规章制度、管理技能、新技能、新知识等培训，培训频率为每月一次。对于下属各分公司，主要是对各部门主管进行企业文化教育、本公司规章制度、整套的操作规范培训。对于各车间，主要由各车间负责人对员工进行岗位操作流程、安全操作程序、岗位工作步骤、工艺要求、专业技能、操作说明等培训。培训频率要保证一周至少一次，一次至少一小时。

（2）培训的考核和评估。培训方案的有效运作要有组织的证明，并以制度形式确定，还要对培训成果进行追踪和纪录。此外，企业还要建立经理培训考核档案，将参加培训、培训作业等情况纳入档案和年度最终考评。考核包括两部分：一是对培训组织者进行考核和评估，二是在员工培训后对其进行考核和评估。企业要想培训有效，切实提高员工的个人素质和能力，那么就要确保培训工作落实到位，让培训员真正成为公司的根本，让培训真正发挥作用，有效提升经理和职员的素质，让他们能科学、扎实、有条不紊地工作。

（二）按内容划分

普通技能培训的内容包括分拣、整理、派送、接收、受理、反馈、单据制作等。快递学员主要有业务知识、管理技能等方面的培训需求。因此，培训内容必须具有一定的针对性和专业性，可以给他们介绍一些基础的快递业务和法律法规，让他们能更好地掌握和遵守公司的规章制度。后期，还要培养一批优秀的管理人员，这些人无论是在知识上，还是在管理上都有自己的独到之处；无论是在工作中，还是在工作外都能很好地处理各种突发情况。

专业培训通常指专业技术培训。例如，企业需要开发新的市场，新的项目，或从海外引进一条新的生产线，这就需要选择核心人员进行综合培训或集中培训，然后采用新的产品或生产线。这一培训过程就是"专项培训"。开展培训项目之前，企业首先需要对此项目进行详细的分析，必要时还需要做相关调研，包括培训对象研究分析，培训目的分析，培训时间选择，培训师资及场地状况评估等。除此之外，还要考察其与现有培训体系有无交叉重叠之处，考虑能否在现有体系内完成培训项目。培训项目能否正常开展，先前调研非常重要，只有弄清楚所有的疑问，才能有计划地开展培训项目，因此应在写培训计划前先提出问题，并借助5W1H（原因：Why，对象：What，地点：Where，时间：When，人员：Who，方法：How）的思维进行排查，逐一解决。

扩展培训融合了高难度和低难度的要素，学员可以通过危机意识、领导力、沟通能力、逆境能力和心理咨询能力来提高自己的能力。扩展培训强调受训者要能感觉到，而不只是在教室里听。拓展培训就是一种典型的野外实践培训，其不仅可以整合团队，还可以挖掘个人潜能，使培训更加高效。

企业内部培训是培训公司针对企业的培训需求对企业进行的培训，在培训时间、培训地点等方面具有很大的弹性。企业内部培训是世界500强企业普遍采用的一种培训项目。在国内，越来越多的企业也开始意识到，内部培训通常是满足其培训和发展需求的较佳方式。

（三）按培训对象划分

培训的目的是让学员熟悉相关的政策和法律，提升自己的能力。

1. 职业培训

职业培训包括轮岗、管理层培训和员工自学。因此，企业可以结合公司发展战略，分阶段、有针对性地组织培训，同时通过总结培训过程中的内容和方法，有效解决当前培训中存在的一些问题。

2. 临时培训

假期时刻，往往会有很多学生外出勤工俭学，对此，企业可以安排临时培训，使临时员工既可以简便上手操作，也可以迅速熟悉环境。针对临时员工的培训较少，培训的花销也较少，临时员工还能够给企业带来利润，并且因为大学生在工作经历中对工作了解不多，职场经验较少，没有固有的思维，所以培训也较容易带来较好的效果。

（四）按培训要求划分

1.公司培训

公司培训主要是主管按照公司的培训计划，对公司全体员工进行培训，培训内容包括快递基本知识、快递业法规、7S［整理（seiri）、整顿（seiton）、清扫（seiso）、清洁（seiketsu）、素养（shitsuke）、安全（safety）和速度/节约（speed/saving）］管理、QC(quality control）管理、安全知识等。

2.部门培训

部门培训主要是各部门按照公司的培训计划，对本部门的各种相关知识进行培训，包括岗位职责、岗位操作法等。

3.岗位培训

岗位培训需要按照企业岗位需求进行细分，即在大的培训要求下，使员工学习各个岗位所需的技能、知识，以及学习如何办事方法、为人处世、团队磨合等。岗位培训内容包括人力资源管理、战略管理、采购管理、生产管理、快递运输管理、企业文化、商务礼仪、营销策略、销售技巧、员工职业生涯管理、员工责任意识、财务管理培训等。

4.自我学习

自我学习即员工根据自己的兴趣、团队发展的需要、岗位要求或公司发展等自主学习专业知识，提高自己的业务技能。

二、民营快递企业员工培训目标

（一）长期目标

长期培训的目的是把握企业的结构、功能和人员状态，理解企业的发展方向和趋势，理解企业在发展过程中的需要，并根据当企业前的工作重点和需要，确定可以使用的资源。

长期培训主要包括企业长期目标、个人长期目标、外部环境发展趋势、目标与现实差距、人力资源开发与管理策略、培训资源配置、培训需求、培训内容制定、培训实施步骤、培训效益估计、培训效果评估等内容。

　　培训师在全面分析企业内部和外部环境的发展趋势，全面考虑企业和员工的长远目标（个体的职业规划）时，必须清楚地认识到培训目标与实际情况的差距，以及如何分配培训资源。由于培训的方向性、目标与现实的差异、培训资源的合理分配等都是决定培训效果的关键要素，因此政策制定者和培训管理者必须高度重视这些要素。

（二）中期目标

　　中期目标具有承上启下的功能，其进一步完善了长期培训的目标，并为短期培训目标提供了参考。因此，企业在制定中期目标时应多考虑长期目标和短期目标，考虑各目标之间的综合性与过渡性，使中期目标能成为短期目标与长期目标的有力支撑。

（三）短期目标

　　短期培训目标的重要性是阐明企业 1 年左右的培训内容及实施步骤，并将其具体落实到人力资源发展战略中。在企业未来发展战略基础上，明确培训目的，确定培训目标，分析培训需求，确定培训内容，明确实施步骤，权衡资源配置，使企业培训满足组织和员工的要求。

　　企业的发展过程是动态的、不断变化的，因此短期培训目标应以培训需求的前瞻性为基础进行分析，使培训工作适应企业内部条件和外部环境的变化要求。员工培训是实现人力资源开发战略的实际工作过程，企业培训目标体系是衔接人力资源开发战略与培训工作的中间环节。在企业培训目标体系中，短期培训目标是当年培训总体目标制定的重要依据，也是企业未来培训工作的指导性文件，因此其具有指导性意义。

　　短期培训目标是在企业人力资源发展战略的基础上，对今后数年的培训工作进行整体规划，是实现企业人力资源发展战略的具体工作内容和实施步骤，对企业培训的整体目标制定和实施起了引领与示范的作用。

　　短期培训目标主要包括培训的目的与目标、培训时间、培训地点、培训对象、受训目标、培训形式、培训内容、在培训机构中进行工作划分和工作规范、特别利用培训资源、执行培训资源、评估培训的效果等内容。

综上，在培训目标方面，更注重企业战略管理目标的落实；在培训内容方面，更注重与人力资源发展策略的衔接；在培训需求成因方面，着重于企业未来生产经营活动的变化、企业技术水平的提高。

三、民营快递企业员工培训内容

加强民营快递企业员工的培训，是提升员工的总体素质，也是我国快递业发展的必然要求。民营快递企业在进行员工培训时，既要参考中华人民共和国《快递服务》国家标准、《快递员》国家职业技能标准等相关规定，也要考虑企业未来的发展战略与企业文化。企业还需通过层次分析法（analytic hierarchy process, AHP）确定管理人员、专业技术人员、营销人员和生产人员相关的素质指标，并对员工进行培训。

（一）明确人才培训内容

企业可以根据 AHP 法提炼管理人员、专业技术人员、营销人员、生产人员重要的核心要素，并依据此要素设计相关的培训课程内容。管理人员重要的核心要素主要有法律意识、人际沟通、重大决策；专业技术人员重要的核心要素主要有知识运用、责任心、业务操作；营销人员重要的核心要素主要有责任心、人际沟通、服务意识；生产人员重要的核心要素主要有责任心、吃苦耐劳、业务操作。

（二）针对性地采用不同的培训方式

对于不同的人来说，他们有各自的能力以及与其匹配的岗位。因此，企业要针对他们培训不同的岗位要求和不同的学习内容，他们也需要学习与自己相关的知识和技巧，并拓展自己的视野。

对于管理人员，主要采用行动学习、案例讨论和敏感性培训相结合的模式，让其现场观摩、分组讨论，最后提出能解决企业实际问题的有效方案。

对于专业技术人员，主要采用产学研相结合与继续教育培养的模式，专业技术人员可继续攻读本科或研究生教育，系统性地提升快递技术水平。

对于营销人员，主要采用情景模拟、行为示范、角色扮演等方式进行培训。通过这些方式，可以让营销人员在短时间内学到实用的销售技巧和接待客户的正确礼仪。

对于生产人员，主要采用师带徒、导师制的形式进行一对一的培训。此外，生产人员还要参加相关职业等级培训考试，获取国家职业资格证书。

（三）制订良好的培训计划

根据胜任力冰山模型可知，知识与技能等素质是浮在冰面上的素质；自我认知、个人特质和成就动机等是隐藏在冰面下的素质。浮在冰面上的日常管理、信息获取、数据分析、法律知识、技能理论、技能操作等素质比较容易通过短期的集中培训得到提升，因此更多地采用集中讲授法；而隐藏在冰面下的团队协作、服务态度、人际沟通、开拓创新、市场应变、身心健康、持续学习、知识运用等素质是员工的内在特质，这些特质不容易通过短期培训得到改变，因此企业需要建立长期的培训计划，并综合运用情景模拟、案例分析、户外拓展等培训方法，以达到良好的培训效果。

1.提升培训质量

首先，把重点放在提高员工的素质上。马斯洛的需求层级理论认为，人的更高要求是对需要的尊重和对自身的满足。[①] 因此，企业应对胜任力模型进行分析，将员工的个人能力和胜任力素质的需求进行对比，找出两者之间的差距，并把个人和胜任力模型中存在较大差异的特点作为个人具有针对性的培训内容，从而提高培训的科学性。例如，企业可以通过延长培训时间、聘请权威专家讲座、适时运用头脑风暴、360度评估

---

① 马斯洛.马斯洛需求层次理论[M].北京：中国青年出版社，2022：20-23.

等方式讨论培训内容，让员工勇于发表意见、分析案例、总结经验，企业在此基础上严格考核体系，坚决杜绝考试作弊，切实落实培训效果。

其次，加强与高校的合作。要想真正提升人才的质量，就必须要有专门的培训机构。从整体上来看，员工的培训内容可以分为岗位特殊技能培训和通用技能培训两部分。企业要把自己的管理思想和一流专业学校的培训计划结合起来，既要强化理论知识，又要重视员工的主动性、创造性、价值观、职业道德；采用"学与做"的方法，使员工接受最新的服务观念并积极学习科技知识，培养符合企业发展的复合型人才。

2. 员工价值文化培养

非物质奖励在激励员工工作积极性和提升员工内部凝聚力方面起着非常重要的作用。例如，阿里巴巴倡导用公司文化激发员工的积极性，其"人为财富，平凡人为卓越，让员工快乐工作"的理念深得人心。所以，企业要站在员工的角度考虑问题，加强员工的文化价值观念，创造一个宽松的工作氛围，使他们愉快工作，进而激励他们的工作热情，推动他们的发展。企业要定期对员工的工作业绩进行考核，并给予相应的激励，考核形式要丰富多样，不仅要根据员工派件的数量，还要根据员工的服务态度、派件速度、客户反馈等因素尽可能地让员工得到嘉奖。对于业绩不佳者，要给予精神鼓励，降低员工的心理偏差，提高员工的幸福感。要考核并激励员工的文化价值观，首先需要企业本身就具备相对正确的文化价值观，如团结互助、积极向上、政治立场正面、肩负社会责任等。如果企业本身价值观就有问题，与员工互相不信任，如总想克扣员工工资，让员工免费加班，这样显然无法进行考核和激励。此外，定期举组织团建活动、集体活动等也能有效增加员工对企业的认同感，联系员工之间的感情。

四、民营快递企业员工培训计划过程中的注意事项

（一）企业的管理观念落后

传统的管理观念大多是根据领导者的心意进行管理，缺乏一定的规

章和制度。若领导层面缺乏对企业未来的规划，缺乏对企业的准确定位，没有明确企业的主要受众和针对性目标，那么这些落后的领导思维将会对企业发展起阻碍作用。在新时代背景下，企业观念应做出适当的改变，让企业观念顺应时代，顺应潮流，迎合客户的需求，因此一些企业亟须改进经营管理观念。

（二）企业经营制度落后

对企业进行管理需要企业本身拥有完善的经营制度。因此，企业只有制定正确的规章制度，才能让员工按照企业的标准执行，进而使员工产生更好的规则意识。但是，有些企业的规章制度不够完善，很多规定只停留在表面，没有设立一定的奖惩机制，还缺乏监管和督查部门，这造成了企业监管的漏洞，进而影响了企业的经营。所以，企业想要取得长远发展，就需要解决这些问题。

（三）培训方式太过单调

一些企业采用的传统的培训方式过于单调和枯燥无味，员工对企业培训内容的接受程度不高，不能牢牢记在心里；而且课堂学习是别人强行灌输知识，单方面的培训也造成了和实际生活的脱节；这种培训容易产生精神疲劳，且没有考核制度，所以员工会敷衍了事，草草地混过培训期，这就造成了培训难以达到想要的目的；一般企业的培训主要是因为工作需要对员工进行培训，使员工掌握工作所需的技能和理论知识即可，对员工没有长远发展规划。因此，企业应结合多种培训方式对员工进行培训。

（四）培训需要舒缓员工的情感需求

中科院心理学研究所针对EAP（员工资助计划）项目进行的一项专门调查显示，在员工的心理咨询中，40%的压力来自工作，19%的压力来自家庭生活压力，12%的压力来自子女教育，10%的压力来自个人生涯发展，6%的压力来自职场人际关系，4%的压力来自自我认知与探索，3%的压力来自情绪管理。由该报告研究结果可知，工作、家庭和亲子关系是影响员工心理健康的重要因素。因此，企业培训需要舒缓员工的情感需求。

（五）培训需求不明确

对于许多管理者来说，培训是重要且令人困惑的，究其原因在于企业虽然已经认识到了培训的重要性，但不知道培训的需求是什么。同时，由于企业缺乏对员工培训需求的客观分析，因此企业培训工作存在严重的盲目性和随意性。且有很多企业只是在经营遇到重大问题和经营业绩不佳时才会临时安排员工培训以满足短期培训需求，从而只能获得短期利润。

此外，有些企业在分析员工培训需求时，只要求员工自己进行培训，而人事部门只表示赞同或不赞成；有些企业人力资源部门不做需求分析，仅依靠经验或模仿别人，就机械地制定企业的培训方案，或依照去年的计划，没有依据现实状况制订年度计划；还有些企业对培训要求的定义仅是基于老板的一句话。总体而言，企业并未将自身的发展目标与员工职业生涯规划结合起来精心策划并积极强化员工的培训。

因此，企业在进行培训之前应做好详细、深刻的需求分析，合理规划课程和设备，不能将员工培训变成应急与随意的任务。

（六）培训设置不合理

我国部分企业的员工培训还处在发展初期，其在培训师资、培训方式等方面均有不足。

在培训师资方面，一些培训师在企业里长大，有丰富的实践经验，但在理论和教学方法方面还很欠缺；而有些培训师长期在大学教书，尽管理论知识很丰富，但缺乏实际的操作经验。

在培训方式方面，多数企业采用传统的教学方式，"教师讲课、学员听课、测试考核"造成教学效果差等弊端。

目前的教育培训侧重于对已有的知识与技能的学习，无法培养学员的创造性，而培训的深层功能是培养学员的创造力。因此，我国企业可以借鉴和学习国外探索的"小组讨论""自主学习""演讲比赛""培训游戏""案例分析""模块式培训"等培训方式。

（七）监督手段不利和沟通渠道单一

对于企业而言，其在培训开始执行的时候就要对培训进行监控，及时反馈员工的学习情况，并使其在持续反馈中不断提升自己的能力。但是，大部分企业几乎没有人在培训一开始就去管，只有在培训结束之后才会对员工进行一次简单的考核。再加之培训过程中，受训者之间缺少交流。因此，有些人在同一个培训班里学到了很多东西，有些人学到的东西却很少。对此，员工在培训前和培训中都应做好充分的准备，并在遇到问题时及时和培训师或同事沟通交流。

（八）培训评估机制不健全

目前，企业培训面临的较大问题是培训投入有限，培训效果不能达到预期的目标。因此，大部分企业开始关注培训资金与费用的投入问题，以及如何改进培训的方法与提升培训效果等。此外，我国大部分的企业仍没有建立一套完整的培训效果评价系统，对培训效果的评价手段单一，培训结束后只进行一次简单的考核，也不会进行后续的追踪。这样一来，对培训的评价就不那么有效了，大量的投资也没有达到预期的效果。以下是主要问题。

首先，没有足够的资金来评价培训的有效性。虽然大部分企业意识到了培训评估的有效性，但是在培训评估方面的投资却很少；或不知从何处对培训进行评估。

其次，评价形式比较单一，内容比较简单。培训方法有事前测验法、事后测验法、成本效益法、实验控制法等定性和定量两种形式。但是，现行的企业培训评估手段比较单一，大部分企业都在培训过程中采用了考核方式，而在考核之后就不会对其进行后续的分析。考试是一种行之有效的测验方法，但也存在一定的局限性和适用性，并不是所有的测验都能以测验的形式进行。

　　培训评估的不完整也是一个普遍问题。大部分的培训评估都是针对培训项目所传授的知识和技巧进行的，并没有涉及培训对象的工作行为、态度的转变、绩效的提高、能力的提高以及对公司的利益等方面的评价。

　　再次，没有系统性的培训评估记录。企业员工进行的培训评估方法、评估内容、学员培训情况、培训考核结果等都没有进行系统全面的记录；虽然相关的培训内容已有记载，但是由于缺少专门的管理，大部分都是零散的、杂乱无章的，并没有形成相应的培训信息体系。这些都严重影响了培训效果评估的有效性，也不利于下一次培训的开展。

　　最后，培训评估脱离了实际工作。培训效果的评估仅局限于培训结果，而不是整个培训过程，导致了培训和工作实践相脱节。

（九）成果转化环境的缺乏

　　在企业员工培训结束后，员工缺乏良好的工作环境来提升培训的效果。例如：上级主管的不支持、同事的不理解、时间不允许、资金较少、设备不够等。在这种缺乏有效转化的环境中，"培训没有多少实用价值"也成为培训工作的一大障碍。

第七章　民营快递企业员工培训内容设计

第一节　民营快递企业员工培训课程设置原则与要求

一、民营快递企业员工培训课程设置原则与要求

（一）民营快递企业员工培训课程设置原则

培训课程体系是一种面向社会、企业、社会组织、社会成员的教育课程体系。培训课程性质受其本质特征的影响，使其不仅是一种教育活动，而且是一种生产行为。因此，课程体系和课程培训内容应根据企业的实际情况，再结合培训机构的具体要求而制定。企业在制定培训课程体系时，需要遵守以下四个基本原则：适应当代社会，适应学员的需要，适应成年人的认识，系统化的原则，最优的原则。主要培训课程则需要考虑以下三个原则。

1. 更完善的培训内容系统

企业可以聘请一些有经验的培训师和有能力的年轻培训师来讲课，以使这门课更具吸引力。讲课时，培训师可以将一些先进的理念和现实结合在一起进行分析，还可以结合一些国家的政策和热点进行分析，进而建立更完善的培训内容系统。

2. 理论和实际相结合

在讲解新知识的同时，能结合真实的生活，让学者讲课，与公司高层管理人员进行沟通，意见交融，产生一些火花，提高知识的实用性。将受训者分成不同的小组，让他们进行讨论，以便更好地了解和运用课程中的知识。

3. 培训形式灵活多样

采用多样的培训形式有利于员工学习新知识。通过协调上课时间和地点，采用线上和线下结合的形式，既方便学员学习，还可以让企业员工工作和培训两不误，实现双赢。学员在培训结业的时候，通过撰写报告、论文或学习体会，不仅有益于知识学习，更为自己在这个阶段的培训画上了圆满的句号。

（二）民营快递企业员工培训课程设置要求

1. 建立民营快递企业培训门类，齐整师资队伍

师资是干部教育培训工作的必备要素，强大的师资队伍是企业培训工作的重要支撑。民营快递企业各培训部门应及时认真收集汇总培训师信息，着力建立各企业培训师资库，积极整合利用各企业培训师资资源，发挥企业培训帅资队伍的效用。具体来说，应按照部门、姓名、职务、专业、擅长专题类型等收集整理企业内的培训师资信息，及时建立具体培训师资库。在此基础上，按照理论、业务、经验交流、现场指导观摩等专题加以归类，积极构建民营快递企业培训师资队伍。

2. 促进民营快递企业培训保障专业化

培训保障是民营快递企业培训工作不可或缺的一个重要组成部分，培训保障是否有力，直接影响企业培训的效果。因此，促进企业培训保障专业化势在必行如尝试在企业内集中定点举办各类快递员工培训班次，在定点培训基地组建得力的培训员工队伍，促进培训保障专业化发展。

3. 制定民营快递企业完整统一的培训人员队伍建设制度

制度是加强和完善民营快递企业培训工作者队伍建设的根本保障。因此，在促进民营快递企业培训保障专业化基础上，还应制定一套完整

统一的培训人才队伍建设制度，使民营快递企业人才培训有一个长期的制度保障。这一套完整统一的制度应当包括民营快递企业培训人员队伍人才引进、培养以及使用制度，民营快递企业培训人员队伍工作职责、考核制度、继续教育提升制度以及日常学习培训制度等。

4. 因地制宜地创建民营快递企业的特色课程

首先，通过调查了解民营快递企业员工培训的客观需求，这是建设特色培训课程的依据。其次，针对民营快递企业紧缺人才的知识结构和技术能力以及在企业实践中的具体需求组织课程设计，如在培训过程中发现问题，及时进行必要的课程调整。最后，必要的培训设施、培训设备以及培训基地等重要物质基础必不可少，各培训课程应根据员工需求的具体差别探索各具特色的教学模式。

5. 及时跟踪民营快递企业员工培训效果

建立民营快递企业员工培训课程实施跟踪制度，主动征询员工培训的反馈意见，对培训实施中的问题进行反思，总结经验和教训，为以后的培训课程设计和培训实施提供参照建议。

二、民营快递企业员工培训课程体系分类

（一）按照新员工和在职人员的培训课程体系划分

由于不同岗位、不同工龄的员工培训需求存在差异，因此在制订培训计划、设计培训项目、实施培训大纲等方面也各不相同。因而，企业要选择有针对性的培训课程，并安排培训时间与培训方法等，具体内容如表7-1所示。

表7-1 新员工和在职员工培训课程体系分类

新员工	在职员工
（1）企业简介。包括企业历史、企业文化、企业目标、企业规模、发展前景等 （2）企业人力资源政策介绍。包括岗位职责、企业的福利待遇、公司制度、考核制度、激励政策、培训和管理方法等 （3）技能培训。包括生产的基本操作流程、生产机器操作、安全生产常识、质量管理体系、员工行为要求等 （4）职业素养培训。包括职业道德、职业思想、职业行为习惯等	（1）对于民营快递企业专业技术员工，培训更应该注重针对性和专业性。专业技术员工在职培训的目的主要是提高技术工人的职业技能和职业素养 （2）专业员工培训的内容包括但不限于岗位基本操作规范流程、岗位工作技能技巧、工作岗位新要求等。在具体的培训内容安排上，除企业的大政方针、发展战略、职业新技能、新技术等通用类培训外，各个部门应分开进行专业类培训

新员工要加强职业素养的培训，主要从三个方面进行。

1. 职业道德

企业可以对快递员进行爱岗敬业、诚实守信、贡献社会、服务群众等方面的培养，其目的在于培养快递员的服务意识，使其对社会有所贡献，并提高自身的责任感。

2. 职业思想

职业思想培训的核心内容是培养快递员的道德责任感、道德意识、道德精神和道德行为。

3. 职业行为习惯

研究显示，90%的人每天的生活都来自习惯。大部分的生活都是一种习惯，因此习惯一旦形成就很难改变。所以，企业要培养快递员的工作习惯，使其在平常的工作中就尊重客户的隐私，对待客户要礼貌等。

（二）按照培训课程内容体系分类

按照培训课程内容体系分类，具体内容如表7-2所示。

表 7-2 培训课程内容体系分类

基础业务培训	核心业务培训	专项业务培训
我国快递企业员工所具备的基本技能培训包括揽收、计价和派送等；快递企业员工基本技术培训内容包括X光机、辐射物品、危险化学品、民用爆炸物品等特种机械设备或物品的使用	目前，企业的信息管理体系中较容易出现信息泄漏和侵害用户合法利益的就是企业的核心业务。因此，在培训与管理体系方面，企业要加强对员工核心系统的专业培训，安排专人负责，并加强对个人信息的保护。建立了一套行之有效的"内部培训—运营管理—全面问责"的制度，对负责信息收集、保护和利用的员工进行重点培训、监督和追责。在快递企业的核心业务信息保护机制中，形成专业培训、安全保护、有效管理、违规追责、严厉处罚的管理模式。持续加强对企业的内部控制，切实担负起对用户信息安全保障的责任，防止任何信息泄露情况的发生。同时，加强对快递员工的培训，通过集中培训、部门培训、晨会短训等方式，不断提升其业务技能和职业操守	专项培训主要是对学员进行基本快递知识的讲解以及一些法律法规知识的传授，使其了解平时基本工作的流程，遵循企业的相关制度，方便企业管理。在进行后期管理人才的培训时，专门培养一些高层次的管理人员，他们不管是在知识方面还是在管理方面都有自己独特的见解；不管是在现实生活中还是在工作中都能沉着应对一些突发事件并解决妥当

民营快递企业员工的培训以理论与实践相结合的多层次、多方向为基础，包括收货、分拣、分类、运输、向客户投递查询、客户投诉、礼仪技巧、沟通技能、财务管理等多项培训内容。培训从企业实际运营情况出发，注重服务，重视效率和运营质量。

培训内容应以人为本，将员工作为公司核心竞争力最重要的执行者、创造者和体现者。通过不断优化人际环境、人性化服务管理以及各种形式的培训，为员工提供一个提升自身价值的平台，使优秀员工为客户提供优质服务，并使其在实践中提高自身素质，使企业取得竞争优势。

第二节 民营快递企业员工培训方法

一、民营快递企业员工的传统培训方法

（一）以传授知识为主的培训方法

1. 课堂讲授法

课堂讲授法指培训师在培训过程中，通过口头、书面或其他辅助方式将知识、观念和技能传授给受训者。这种方法适用于以获得简单知识为目的的情况，如在产品管理、市场调查、会计、作业管理等方面的培训中。

2. 研讨法

研讨法是由指导培训师有效地组织培训人员以团体的形式对工作中的问题进行讨论并得出共同的结论，培训人员在讨论过程中通过互相交流、得以启发，从而提高培训人员知识和能力的一种培训方法。该方法比较适用于提高管理和技术人员的沟通能力、思维能力、学习能力、创新能力。

3. 视听法

视听法一般是培训师通过播放电影、录像资料、录音记录、视频等视听材料培训新员工，此方法在提升员工的沟通技巧、面谈技巧、客户服务技巧等方面有显著效果。

（二）以开放技能为主的培训方法

1. 游戏培训法

游戏培训法指一个有组织的、有两个以上的人为了达成目标而进行的一种高层次的行为。游戏培训具有趣味性，使员工乐于参与培训，可以激起员工的好奇心和兴趣，并获得参与感，改善参与人员的人际关系。

2. 工作培训法

工作培训法实际上是师傅用自己的学识和技术教学徒，让学徒在工作中与自己合作。首先，师傅教会学徒工作的关键行为；其次，师傅进行示范与演示；最后，然学徒在附近观察和学习。必要时，学徒也会实践，当学徒学会所有技能后，再让他们自己动手，师傅在旁边指点，直至徒弟彻底学会。工作培训法适用于规模小、技术独特的地方。

3. 部门复训法

在师傅的带徒培训中，部门也需要穿插一些复训，复训的目的主要是帮助新员工梳理当下已经学过的内容，温故而知新，同时讲解一些产品判断标准、发生异常后的处理步骤、工艺知识，以及回答新员工在工作中的疑问等。

4. 考试法

考试法是经过一段时间的带徒培训、复训后，由培训师负责对员工进行理论知识、实地操作、质量缺陷考核，只有完全通过此三项，才能成为一名合格的员工，才能独立上岗作业。考试不能放松，这既是对新员工负责，也是对公司负责。

5. 案例法

案例法是一种通过向员工提供一定数量的个案材料，让员工进行分析并给出相应的解决方案。该培训法的目的是在分析过去存在问题的基础上，探讨解决措施。其重点在于依据特定的教学目标设计和编写适当的案例，以引导员工分析、比较和讨论。

二、民营快递企业员工新型培训方法

（一）管理游戏法

管理游戏法是通过组织一种竞赛或对抗性的比赛，增加培训场景的真实性和趣味性，以提升员工解决问题的能力，并提升其领导能力和团队合作能力。管理游戏法是近几年兴起的一种新的培训方式，它有别于传统的教学方式，既不需要黑板与讲稿，也不需要培训师背书，而是使用现代科学方法，通过整合心理学、组织行为科学、管理学等知识，有效地激发学员的兴趣，把一些枯燥的概念变得生动有趣。同样，培训人员也能够在管理游戏中意识到自己在团队中的作用。这种开放式、参与性的培训方式，既能充分激发学员的潜力，又能更好地培养学员之间的合作意识，并鼓励学员充分发挥自己的潜力。作为培训师，需要建立管理游戏规则，而不仅是传授知识。

（二）商业博弈法

商业博弈法是指通过仿真模拟真实的企业环境，让员工根据特定的条件想出相应的对策。最早采用这一方式的是军队，即在计划行动前，指挥官会在地图和沙盘模型上先进行演练，将士兵分成两个阵营，再分别从我方和敌方的视角考虑问题，进而制订相应的计划。美国管理学会在 1957 年首次将此方法应用到管理培训中，此后这个方法被引入管理领域。后期，随着计算机的广泛应用，商务博弈法又被广泛应用于工业、教育、行政、军事等领域，成为教授企业管理的重要手段。运用此方法培训，一般需要按照以下程序进行。

1. 分组

将员工分成若干组，每组人数最多 20 人。团队成员可以相互竞争，也可以不进行正面交锋，只进行方案对比。

2. 分析与比较

本书对几个具有较高数量化的问题进行分析，并提供一种具有代表性的管理问题，通常为综合问题，由受训者依据所提供的数据进行规划、决策，并利用电脑或计算器将团队的决策转换为利润指标、绩效指标，并进行团队间的对比。

由于各企业采用的资料不尽相同，因此对此方法的有效性研究很少，且成本高昂，难以进行有效的设计。不过，这个办法仍然受到越来越多的公司和机构的青睐。

在培训中，企业可以根据下列因素衡量该方法的有效性。

（1）技术绩效是否改进。

（2）领导技能是否提高。

（3）部门间的联系与合作是否加强。

（4）部门目标是否更加明确。

（5）组织的职能是否更加灵活。

（6）是否重视信息交流和授权。

（7）是否提高了时间利用率。

（8）在重大决定过程中，是否能听取不同的观点。

（9）竞争意识是否加强。

（10）相关技术、方法在决策过程中是否被采用。

（三）小组活动法

小组活动法是将员工分为 6～8 人（或 2～4 人）的一个小组，使每位员工都能主动参加阅读活动，确保员工的个别阅读活动及集体讨论的培训原则得以落实，并以此来进行各项活动。通常有下列几种活动。

小组活动法也称为"行内团体活动"，通常是培训师就快递企业存在的问题启发员工主动思考，并能进行小组讨论，自由地表达自己的观点。分组讨论后，每组派出一名员工做总结报告，然后全体员工互相讨论。此时，培训师应扮演受训者的角色，鼓励员工自己解决问题，并自行组织讨论。讨论过程中，培训师还应给予培训人员恰当的指导，让讨论更加顺畅和高效。

（四）敏感性培训法

敏感性培训法主要是让员工自己坦白、分析、理解团队的组成及运作状况，并通过团队建设活动、观察法、讨论法、坦白等方法，培养员工直面心理问题的能力，提升其精神状态。敏感性培训的操作步骤如下。

（1）为员工提供舒适的环境，避免其心理紧张。

（2）主持人预先解释培训的程序、规则和目的。

（3）由主持人向全体员工安排一个任务，让他们一起参加。

（4）在完成任务之后，挑选一名员工作为对象，其余员工依次向其汇报自己的工作行为，并向对方解释自己做出该工作行为的原委。

（5）依次选择指定的员工，重复前面的步骤，直到全部员工都参与一次。

（6）主持人进行总结，鼓励员工勇敢地面对自己。

敏感性培训使受训者在培训中亲自经历，可以提升他们的人际关系，改善人与人之间的交往和交流，但其效果主要取决于培训人员的水平。

敏感性培训的优势是可以让受试者重新认识自己和建构自己。敏感性培训的缺点是耗时长，可能会对一些学员产生心理创伤，因此主持人必须经过专业培训。

（五）双向沟通协调法

双向沟通协调法是指企业将信息传递给员工，员工做出回应，企业再根据反馈调整业务政策。企业与员工的有效交流，能使管理者与员工建立良好的关系，从而为企业发展带来助力。双向沟通协调法的具体操作流程如下。

首先，将企业的资讯，特别是涉及员工权益的资讯，充分地传达和诠释给员工。

其次，认真倾听员工的意见、问题和建议。

再次，通过人际交往，润滑、协调各类员工的关系。

最后，建立有效的交流媒体，以传达和回馈资讯。

（六）头脑风暴法

头脑风暴法又被称为智力激励法。1939年，美国创作学家奥斯本首先提出"集体练习法"，即让所有人聚集在一起，并以开会的方式让受训者自由交流思想和看法，从而鼓励受训者提出新的观点，并有创意地解决问题。[①] 头脑风暴法一般按以下几步进行。

---

① OSBORN A F. Creative thinking[J].American Association of Industrial Nurses Journal, 1958, 6（9）：23-25.

1. 准备阶段

（1）选择基本主题（按不同的商业需求决定）。

（2）选择受训者（通常不多于 10 人），并选择 1 人作为记录员。

（3）确定会议时间和场所。

（4）为记录做的准备，如白板笔、夹纸器、纸笔等。

2. 实施阶段

大会开始后，大会主持人就相关事项和需要注意的事项进行说明，员工各抒己见，记录员将受训者的灵感记录下来。

3. 跟进阶段

后续工作主要有对会议纪要进行整理、归类、向与会者展示，从其效果和可行性两个角度对各个方案进行评估，选出最适合的方案，并尽量采纳员工在会上提出的建议。

在集体决策过程中，个体在群体成员的心理互动下，往往会向权威或多数人的观点低头，从而产生群体思维。因此，集体思考会在一定程度上降低团队的批判性和创造性，并影响决策的品质。而脑力激荡则能有效地克服个体的从众心理，确保团队决策的创新和质量。这种脑力激荡是每个人都能参加的，它能帮助团队找到新的解决方案，并且最大限度地激发受训者表达他们的观点。

（七）成就动机培训法

成就动机是个体追求自己认为重要的有价值的工作并使之完美的动力，是一种更高层次的社会激励，它能使个人对自己的工作充满热情和激情，并激励和培养自身的潜力，共包括四个部分：成就象征、独立研究、目标和人际关系支持。

（八）户外管理发展

户外管理发展（outdoor management development, OMD）是一种现代人和现代组织的全新的学习方法和培训方式。即利用美丽而危险的自然环境，在受训者解决问题和克服挑战的过程中，以独特的设计实现磨炼意志、培养情感、提高和融入团队的培训目标。

户外管理发展有不同的培训形式，包括丛林徒步旅行、球类运动、漂流、定向培训、攀绳和潜水等。但无论采用何种形式，与发展项目相关的学习成果一般分为三大类。

1. 团队挑战形式

团队挑战项目对整个小组是挑战，也能促进小组间的互动。此培训方式在小组中需要建立信任、增加支持和改善人际关系，在克服某些困难时非常有用。通常团队开展的活动是由一系列紧密相关的小项目组成的，团队成员紧密配合，逐个突破完成每个项目，可以增强团队的协作能力。

2. 领导关系挑战形式

这类项目与团队挑战和个人挑战有很多共同之处，主要区别是项目的重点各不相同。这类项目的侧重点不在于研究成员之间的关系，而是重点探讨领导行为及其对团队产生的影响，以及其如何应对管理挑战。

3. 个人挑战形式

每个人在面对个人困难时都会面临一系列的个人挑战。个人挑战形式的目标一般包括个人发展、适应能力、信心、毅力和积极的思维能力。它们也包括解决问题能力和决策技能。

三、民营快递企业员工的培训方法的选择

（一）对民营快递企业员工的培训方法的比较

培训不是固定地只使用一种方法，有些培训可能使用两种或更多的培训方法。鉴于现有的大量培训方法，培训师必须应通过总结归纳和比较找出适合不同岗位、不同员工的最优化的培训方法。以下是几种培训方法的优缺点（表7-3）。

表7-3　几种培训方法的优缺点

方法	优点	缺点
课堂讲授法	它有利于学习者系统地获得新知识；有利于培训师监测学习者的学习进度；能使学习者更深入地理解困难的内容；能在同一时间对多人进行培训	学习效果受培训师水平的影响；对课程的控制程度受限于培训师的能力；课堂上没有反馈；培训师之间缺乏交流，遇到问题不讨论
研讨法	受训者可以主动提问，表达自己的情感，这可以提高员工的学习兴趣；可以激励员工积极思考，促进其发展；此法以学习为基础，可以促进员工间知识与经验的交流	一方面，研讨法较注重形式而忽视其内容，致使讨论不容易深入开展；另一方面，与讲授法相比，研讨法需要花费更多的时间
多媒体教学法	多媒体培训方式生动、形象，可以给员工留下深刻的印象；易于激发员工的关注与兴趣；音像教材可以重复使用，能更好地满足员工的个人特点和不同层次的需求	购买音像器材和教学材料的成本较高；播放时间较长；音像材料的选择比较困难；受训人员受音像器材和音像场地的约束
角色定位演示法	可以提高员工观察和解决问题的能力；能培训员工的态度、仪容、语言和行为；能在安全的环境下进行技能培训；在培训中，有机会回顾过往的行动，探索和实践新的行动；有机会从语言或非语言行为中得到回馈；可以推广新的点子、策略和价值，提高效率	过分注重个体；易对人的态度产生影响，对人的行为影响较小；在角色扮演方面存在着一定的限制
案例法	可以为员工提供一种系统化的思维模式；通过案例学习，可以获得一定的管理理论和知识；有助于员工参与企业的实际问题；通过正式的案例分析，可以让员工获得实践机会；可以培养员工主动参与、主动向别人学习的习惯；可以弥补理论与实际的差距；可以激发员工的创意，促使其思考更多的解决措施；可以使员工通过思考、讨论和反馈加深对问题的了解；可以帮助员工培训表达和沟通的技巧，以及帮助他们突破偏见	案件库的内部案件资源有限，常常无法满足培训需求；培训所需的时间很长，对受训者和主管培训人员的要求也很高，挑战较大

　　培训师在确定培训发展方法时应根据培训发展目标确定。因为培训发展的方法会对一个或多个学习结果产生影响。一旦培训方法确立，培训师接下来要考虑的就是该方法在培训中的应用，以及开发和应用该方法的费用及其效果。

（二）民营快递企业员工培训方法的选择因素

　　部分人在选择民营快递企业员工培训方法时，往往追求"最优培训"的培养方法。实际上，并没有通用的方法，培训师只能根据不同的培训目标设置不同的培训内容，并结合不同的培训对象采取不同的培训方法。

　　在培训过程中，培训师要努力选择最适合的培训方法。因为不当的培训方法会直接影响员工对培训开发内容的接纳程度，进而影响整个培训的效果。所以，培训师在选择培训方法时需要多考虑以下几个要素。

1.培训开发的目标

　　企业的培训和发展目标一般包括更新知识、培养技能（包括工作技能、管理决策等）、改变态度，具体方法如表7-4所示。

表7-4　培训目标和培训方法的对应关系

培训目标	培训方法	选择原因
更新知识	多采用课堂教学、多媒体授课等方法	课堂教学有一套自己的体系且有一定的逻辑性，而知识类培训的内容较多，理论性也较强，因此一般采用授课法，影视技术作为辅助
培养技能	多采用角色定位演示、案例和讨论等方法	技能培训需要员工具备销售技能、生产技能等实践技能，通过角色扮演和工作指导的反复演练，可以使员工的相关技能达到熟练使用的程度；针对以培养中层及以上管理者的经决策能力为目标的，可选用个案研究法、研讨法，借由个案研讨，切实提高其解决实务问题的能力
改变态度	多采用管理游戏等方法	态度培训如果采取课堂授课法，会让员工产生一种空虚的感觉，角色扮演也难以体现转变态度的教学内容，如对团队合作的培训。而游戏培训则能让员工在游戏中一起参加，并在游戏中获得灵感，以及在培训顾问的指导下，迅速地转化为积极的行为

2. 培训开发的内容

以内容为导向是培训发展方式的重要组成部分。

在培训员工快递知识类课程时，采用课堂授课的方式更为适合，因为课程涉及的内容更多，理论性更强，如快递业务知识、快递法律知识课程等，课堂授课更能体现出逻辑性，有些概念和专业术语性的内容可以通过授课帮助学员理解。而在培训技能课程时，角色扮演培训方式则更为恰当。由于技能培训发展的目标是让员工具备快递销售、快递数据收集等实践技能，员工可以通过不断地模仿，熟练并掌握各项技能。如果单纯地在教室里上课，不参加实际活动，就会出现一种明知如何去做却不能做到的现象，从而使培训和发展无法实现。

在快递员工态度转变方面，不宜采用讲授式教学方式，因为这样会让员工觉得培训师只会夸夸其谈，比较适宜的是采用心理培训课程，如角色扮演的培训开发方式则容易令员工融入态度转变课程中。例如，以游戏活动的形式开展快递团队拓展、快递员工职业态度等培训，不仅能提高员工的参与积极性，而且可以使员工在轻松的游戏氛围中提升自信，了解团队合作的重要性，了解服务态度对自己和他人的影响，进而产生强烈的团队精神或敬业心态。

3. 培训开发对象及人数

员工掌握的知识、技能水平也会对培训方法带来影响。例如，如果受训者没有计算机方面的知识，那么网上培训方法就不合适；如果受训者的学历水平不高，其学习效果也不会显著；如果大部分员工的分析能力不强，不擅长表达，那么讨论和个案研究就很难达到预期的结果。因此，培训师在选择培训方式时，要充分考虑员工自身的知识水平和应对能力，即遵循因材施教的原则。

在培训开发实践中，培训师面对的培训对象开发目标常常存在着很大的差异，既有新员工，也有普通员工，还有本地员工。不同的培训对象有其自身的特点，因此培训师应根据不同的培训对象采取不同的培训方法。

（1）新员工。新入职员工尚不熟悉公司的基本状况，因此可以采用课堂教学法、音像技术法向他们先介绍公司的基本情况，使其对公司有一个全面的了解同时辅以实习、工作辅导等方式促使新员工尽快熟悉公司业务，掌握岗位所需技能。

（2）普通员工。普通员工的个人综合素质没有高级职员高，他们想要的是易于理解和实用的培训。因此，讨论法和个案研究法与他们的需求不符，工作指导、角色定位演示法等更符合他们的需求。

（3）国外员工。由于文化背景的差异，国外员工和国内员工在某些观念和习惯上有所差别。因此，培训师在选择培训方式时要充分考虑这些因素。例如，一些国外员工喜欢自我展示，根据这些员工的特征，可以通过讨论、角色定位等参与式的培训方式进行培训；而另一些国外的员工，其国家文化氛围造成其不愿意在大庭广众之下露脸。所以，如果不了解这些情况，而使各国员工接受同样的户外培训，则很有可能会出现尴尬的情况。

总之，因为各个企业的受训目标不同，所以在实践中要灵活处理。

4.其他因素

（1）时间和地点。若培训时间较短，可以采用课堂讲授、计划学习、强化培训等方式；若培训时间较长，可以采用自由讨论、案例分析、角色定位、管理游戏等方式。若培训场所占地面积较大，可以采用多种互动方式，如角色定位、游戏管理等；若培训场所占地面积较小，可以采用课堂教学的方式。

（2）实习生的工作距离。对于那些很难离开岗位（如一线操作人员）的人来说，最好的办法是采用分散的方法（如自学）。对于临时员工，则可以采用集体培训的方式，增强培训效果的有效性，同时让员工迅速熟悉岗位要求。

（3）资源需求。一些培训和发展方法所需资金较少，如演讲法、研讨法、个案研究法等，其费用通常以交通费、住宿费为主；而另一些培训和发展方法所需资金较多，如视听法与网络培训法等，因为其需要购置各类辅助器材，要投入相当多的金钱。因此，在选择培训方法时要充分考虑企业和员工的购买力。

（4）受训者人数。员工数量也会对培训发展方式的选择产生影响。如果受训者很少，那么团队交流或者角色扮演是一种很好的培训方式；如果有大量的受训者，则可以举办讲座，进行多媒体教学，举行大型的讨论会。由于学员数量的增加，不仅会影响培训的方法，还会对培训的效果产生一定的影响。

（5）有关技术的支撑。有些培训和发展方法需要一定的科学和技术手段加以支撑。例如，计算机培训要求计算机的协作；音像技术法需要培训师至少具备使用计算机和 VCD 的能力；网络多媒体教学，则要求有更高级的声光设备。因此，培训机构或企业能否提供相应的教学设备对高技术教学方法的开展将产生较大的影响。

总之，企业必须意识到，如果没有正确的方法，培训发展就无法找到有效的途径和手段，就无法达到预期的目的。然而，没有一种方法能解决所有问题，因此培训师要做的就是认真学习，慎重选择，灵活运用，创新开发。

第三节　民营快递企业员工培训师培训

一、培训师概念界定

培训是企业的重要管理职能，是盘活现有人力资源的较有效的手段，也是企业发展的重要原动力。由于企业培训通过完善的培训体系来进行，因此构建一个合理科学的培训体系对企业非常重要。在社会飞速发展、网络信息爆炸的 21 世纪，企业为自身发展需要，开发了各种培训模式，包括培训外包、网络培训，外派学习等。但因为目前社会性、市场化的培训市场鱼龙混杂，而外聘培训机构的培训师对企业情况又不够了解，所以这类培训模式往往无的放矢，很难契合企业实际，课程设置也难以适应企业发展需求，很多是为了培训而培训，最终的培训结更是与预期的目标大相径庭。这成为困扰诸多企业管理者的一大难题。

正是由于传统企业培训模式和师资的缺点与不足，企业内训师这一职位应运而生。总的来说，企业内训师就是企业内部员工作为培训师为员工培训。内训师是相对于外训师而言的，外训师和内训师都是培训师，只不过是外训师来自企业外部，如培训机构、大学或者外部的学者、专家，内训师则来自企业内部。内部培训师通常在培训前期对企业进行系统化的培训需求调研，确定企业经营管理问题的关键原因和责任人，制订相关的培训计划和实施方案，进行相关的问题分析并提出相关方案设计，进行结构化培训流程和互动内容设计，给员工传授专业知识、技能，并答疑解惑。这些内训师往往是企业根据不同的岗位特征从内部选拔出来的，他们往往是本部门业务或技能中的佼佼者，是部门实力的见证和榜样，是企业软财富和不可或缺的人力资本。从国内外无数企业多年的经验来看，通过建设和发展企业内训师来推进企业的培训工作，可以达到事半功倍的效果。因为他们的优势更加明显，如熟悉行业特性、了解企业需求、成本较低、时间容易安排等，这是企业外的培训师难以企及的。他们的讲课实践还可以使企业多年累积的技能知识、优良作风和企业文化得到更好的传授和继承，也更受企业员工的欢迎和好评。

美国培训认证协会（american association for the certification of training program, AACTP）被公认为世界各地最具权威的培训机构，目前已经在美国、瑞典、日本、新加坡等国家开展培训认证。AACTP 为企业培训提供了一套科学、严谨的职业培训体系，它不仅包含培训教材、培训模式、考核评估、继续教育等方面的详尽的计划，而且对培训机构的培训人员的评估、资格认定、质量管理等多个方面进行了严格的规范，目的是确保培训人员的培训质量能达到企业的要求。

目前，国内越来越多的企业开始采取这种自我执行式的培训机制，通过建立一支数量充沛、素质优异的企业内部培训师队伍来推进企业的培训工作。内部培训师的最大特点是能根据企业的培训需求，为企业量身打造培训内容和方法，从而最大限度地增强培训效果。企业内部培训师不仅能为企业员工增加现代管理知识和技能，提升员工能力，还能为企业带来更多的附加值。因为内训师自身也能在培训实践中不断得到发展和历练，并发展为一支长盛不衰的优秀员工队伍。因此，加强内部培训师队伍建设成为确保企业整体培训质量、促进企业高质量发展的重要环节。

二、民营快递企业员工培训师培训的必要性

（一）加强企业内部培训系统中的内训师队伍建设

在企业内部培训系统中，培训课程的实施和效果如何，取决于内部培训人员的素质。挖掘和培养内训师的个人能力，也是培养内训师的一种方式。

（二）提高企业自我培训，减少培训费用

构建企业内部培训师队伍，旨在使行业内现有资源得到最大限度的整合，使这些资源得到更好的传承与分享，并通过建立内部培训师系统营造一个良好的学习环境，从而使员工的整体素质得到持续提高。一支高效的内部培训师团队，能快速将公司的工作流程、工作安排、工作规范等信息传达给公司的员工，再由内部人员进行转训，形成一支内训团队，将外部培训的需要转化为内部的培训，用最小的代价达到最好的效果，这样才能提高培训的投资回报，增强企业的自我培训能力，降低企业的培训成本。

（三）培训效果更具针对性和实效性

内训师具有丰富的工作经验，了解企业文化和岗位技能要求，了解员工的需要，易于与员工沟通，培训更具有针对性和实效性。

（四）推进管理改革的角色

在企业的持续变化中，从理念转变到新方法、新方案的执行，一直

以来都是以培训为主要方式。同时，公司的内部培训人员也会自然而然地成为公司变革的重要因素，他们会在公司的各个变化中扮演重要角色，传播新观念，传播新方法，运用新技术。

（五）有利于企业学习环境的构建

内部培训人员由内部人员组成，再将知识和技能带回，使其具有理论和实际操作能力。同时，内部培训师不仅了解基层及现场的工作实际情况，而且能很好地发挥教学、团队现场培训、培训师指导等作用。内训作为一种新型的员工成长和成才方式，可以有效地激发员工的积极性。优秀的内训师伍会随着公司的发展不断壮大，不断地让公司从优秀走向卓越，而自己也将不断发展，历练成一支优秀的员工团队。

（六）有利于促进跨部门交流

部门之间不能很好地交流，主要原因是不了解对方。公司的内部培训师可以将自己部门的工作制度、流程和其他相关知识传授给其他部门的人，让各部门员工先相互了解各自的工作内容及工作方式，为部门间的交流打下良好的基础。

三、民营快递企业员工培训师培训的内容与方法

（一）培训师的素质培养

1. 天性

身体健康、思维敏捷、精力旺盛等是培训人员的天然品质。缺乏天然的素质，培训人员的工作能力就会丧失其客观的物质基础。

（1）身体健壮、精力旺盛。强健的体魄和旺盛的能量，不但是培训人员完成培训任务的基础，更是激发员工士气的关键。如果培训师在培训中没有精气神，培训就不会达到良好的效果。培训人员要结合自身的情况和兴趣，积极参与体育锻炼，以达到强身健体的目的。此外，培训师还要有宽广的胸怀，要有雄心，要有远见。

（2）头脑灵活，记忆力强。思考能力是一门关于大脑的反应和行为

的科学。人的思维敏捷与否，除了与先天条件有关外，还与后天的学习、实践有关。可以说，在某些方面，后者或许更为重要。因为天赋再好，如果不好好学习，就会失去思考的能力，更别说记忆了。因此，要想使自己的思维灵活，就需要不断学习和积累。好的记忆力在培训师的个人品质中起着举足轻重的作用，甚至可以说是一个思维敏捷的基石。思维需要有特定的信息，只要将信息记在脑子里，就能随时使用。否则，一旦忘记了，就会失去思考的基础。一个人的记忆力和运动有很大的关系，长期坚持运动，还可以提高自身的记忆力。而优秀的记忆力还可以帮助自身轻松地处理相关问题，从而保证培训顺利进行。

2. 政治培训人员

政治素养包括政治理论素质与道德素质。要提高培训师的政治素质，需要从以下三方面入手。

（1）政治素质。政治素质是个人的政治方向、政治立场、政治观念、政治态度、政治信仰、政治技能的综合表现。坚持中国共产党的领导，坚持党的一切方针政策，同反党、反社会、反人类的腐败思想作斗争，以国家和人民的利益为重，认真履行自己的职责，这些是每个培训师必须具备的政治素质。

（2）政治理论知识。我国是中国共产党领导下的社会主义国家。马克思列宁主义、毛泽东思想、邓小平理论、"三个代表"重要思想、科学发展观以及习近平新时代中国特色社会主义思想是共产党政治思想的理论基础。这就要求培训师必须坚持辩证唯物主义的世界观，始终通过发现问题、分析问题、解决问题一系列步骤，不断加强理论修养。

（3）道德操守。道德教育通常包含思想道德、职业道德等。培训师不但要在培训内容上胜过员工，还要在道德修养上向员工学习。同时，员工需要不断提高职业道德水平，并时刻以高标准要求自己。因此，培训师应以身作则，遵守职业道德。

3. 培训师的职业能力

培训师的专业素质包括他们的知识水平、知识结构和培训技能。

（1）科学文化的培养。培训师的科学文化素养主要包括知识结构、思维方式和智力。

①培训人员必须具备通用知识和专业知识。作为一名培训师，其知识结构应具备以下特征：第一，通用知识宽广；第二，专业知识丰富。将通用知识与专业知识结合起来，并及时了解国家在快递行业发展的战略以及相关政策。

②培训师的知识要求。第一，技能需求。培训师应具备的专业知识包括快递专业知识、心理学知识以及丰富的实践经验和技能。第二，其他的能力。除专业知识外，每位培训师还应具有领导力和沟通能力。培训师是一种需要大量的时间与员工进行交流的职业，如果没有足够的专业知识与技能，只会说一些空洞的理论，这样很难让员工接受。

（2）培养培训师的能力。培训师培养是一个综合概念，它包括培训师的组织指挥能力、沟通能力和创造力。

①组织指挥能力。即培训师要善于分工合作，在工作中寻找突破口，能运用科学的组织手段和系统的思维方式，使培训活动组织有序。

②交流能力。交流的有效性是培训成功与否的关键，因此交流能力是培训师必须具备的能力。

③创造力。培训师要有持续的创造力，要有冲劲，要主动，要想办法做好培训工作。培训师要勇于创新，勇于突破陈规，打破制度的桎梏，万不能墨守成规。因此，培训师应加强精神培训，不断提升自己的意志、气质等。要有自信，要相信自己的知识和能力，不要被困难吓倒。

（二）培训师的培训方式

1. 交流能力

（1）语言交流。语言交流是通过人与人之间的语言来传递信息。因此，语言是人们进行思想交流和工作的重要工具。良好的语言可以活跃气氛，鼓舞士气，激励人们前进，而使用不当则会伤害人们的精神。大部分培训工作都是通过语言进行的，因此灵活运用语言能使培训更灵活、生动，更能打动受训者。反之，如果培训人员不懂得使用语言，只会照本宣科，那么培训内容就算再新颖、实用，也不可能达到很好的培训效果。培训师在运用语言进行交流时，要注意以下几点。

①科学、逻辑的语言。这里所谓的科学，不在于语法，而在于讲真话，不能夸大其词。有些培训师为了说服员工接受自己的观点，拿出一些错误的事例来论证自己的观点，这会误导一些员工，甚至导致他们无法认同正确的观点。因此，培训师在论证一种观点或者批判一种不正确的行为时，必须要有逻辑性。

②不同的目标，要用不同的语言。对于民营快递企业的基层员工、中层员工和高层员工的培训，要根据其工作性质进行，不能一概而论。同时，培训师要深入了解员工的心理状态，用有针对性的语言影响员工，让员工深受影响、教育。

③语言要简洁。即培训师要用最简单的语言来描述最复杂的问题。

④语言要生动幽默。即培训师说话时要有感情，要有感染力，要幽默风趣。让人保持良好的情绪，如跟他们讲个笑话，可以让他们的思维活跃起来。

⑤高效的聆听。第一，要听下去。要了解一个人，就要听他说什么。在聆听的时候，时机是至关重要的。要有充足的时间倾听，尽量让对方觉得亲切和安全（不用担心说错了什么），让他们不会觉得自己的时间不够用。第二，要有兴趣。特别是要用心听员工说话，而不是表面在听，也不是闭目养神，可以使用一些启发式的词组跟员工进行互动。第三，要积极主动。大部分人的思维比语言快，因此培训师可以一边听，一边思考。第四，倾听言外之意。培训师在倾听时要尽量从说话人的声调、音量、表情、手势、表情和表达的情绪来判断他想要说的是什么，也就是他一直在回避的话题。

⑥擅长提问。现代管理学研究显示，提问不仅具有科学性，而且具有极高的艺术价值。好的问题，会带来好的结果；但坏的问题会带来负面影响。因此，培训师在提问时要反复思考，保持谦逊，尽量让对方感到亲切和温暖。提问也要灵活，避免强迫员工回答是或不是。

（2）非语言交流。非语言交流是指人们不使用语言，而是通过行为、手势、表情和身体姿态进行的信息传递过程。对非语言交流进行研究，可以帮助培训师更好地理解员工的行为与心理活动。非语言通常是从人的内心自觉发生的，没有被有意识地支配，因而让人感觉很可靠。

非语言交流通常有三种形式：语音、表情、姿势和姿态。

①语音。声音的音调、音量、重音、节奏等能传递各种信息。一个人在讲话时，我们就可以根据他的语调来识别他。如果一个人说谎，那么他的平均声调就会高一点。当然，高的声调并不意味着撒谎，它还可能是兴奋、愤怒和强调语调。

②表情。通过观察他人的面部表情，可以精确地判断他在思考或他说了些什么。同样，在学习脸部表情时，不要忘记眼睛这一可能传输信息的器官。

③姿势和姿态。手有很好的传递信息的能力，如见面握手，挥手再见，高兴时抚摸胡须或下巴，悲伤时捶胸或拍大腿，夸赞别人竖起大拇指等。使用恰当的姿势，可以有效地加强语言交流。身体其他部分的动作和姿态，也能表达一个人的心理状态。例如，摇头表示否定；鞠躬表示尊重；低头是思考或沉默；尴尬时低下头；紧张时不知所措；激动时手舞足蹈；等等。

因此，作为一名培训师，在培训过程中要有效运用各种形式的非语言交流，以促进员工之间的相互理解和情感交流，并取得良好的培训效果。

2. 培训内容技术

（1）及早透露培训内容。有些培训师不愿意过早地透露培训内容，喜欢"抖包袱"，他们认为这样可以让员工在培训中始终保持清醒的头脑。但如果让员工对接下来的培训有一个初步的了解，那么他们就能更好地学习。

（2）运用比较。培训师在培训过程中可以运用节奏变化、声音大小，如高音和安静，快和慢等来吸引培训员工。因为员工的专注度有一定的时间，所以适当的变化有时候会让参训人员觉得舒服。但变化次数也不宜过多，那样反而会让人觉得无聊。

（3）做出抉择。培训师可以让参加培训的员工从多个选项中进行选择，提升他们的接受力，让培训员工自己做主，并充分利用自己的潜力和创造力。例如，参加培训人员可以选择团队合作伙伴等。

第八章 民营快递企业员工培训
实施控制

第一节 民营快递企业员工培训前准备工作

一、民营快递企业员工培训计划的制订

民营快递企业要定期开展有组织、有计划的员工培训，以取得良好的效果。而培训计划的制订和执行是开展培训最基本也是最关键的一步。培训计划包括培训目标、培训对象、培训内容、培训形式、培训师、培训时间、培训地点、培训机构、培训评估和培训资金等。

（一）民营快递企业员工培训方案设计程序

在民营快递企业中，培训计划的制订是一项有创意又系统的工作。因此，在制订培训计划前，必须制定好规范的培训流程，并严格按照培训流程实施，不能只凭个人的主观意识规划，这样可能会导致培训失败，给企业带来损失。当然，培训计划也不能一成不变，而是要根据培训计划的特点进行有创意的开发。

首先，培训需求分析。培训需求分析是企业员工培训的起点，培训师要以"经济人"的视角去思考，把培训所需费用、时间、精力都考虑在内。因此，在培训之前，培训师需要对培训进行需求分析，还要针对

不同的员工需求进行针对性的培训，不能单纯地为了培训而培训。培训还需要从企业、工作、个人等方面进行分析。企业分析是指为使培训方案与企业的总体目标和战略需要相一致所做的分析，即根据企业的发展计划和目标，预测企业的组织结构，分析企业现有员工的能力，并对今后需要的知识和技术做出评估，估算出这些人员在哪个领域进行培训，并估算出这些培训的实际效果。工作分析是指为了解员工在工作中需要具备哪些技能和能力才能实现预期的工作业绩所做的分析。个人分析是通过比较员工目前的能力和期望的能力需求，找出他们之间的差异。因为培训是针对员工进行的，其效果如何受多种因素影响，而且培训并非万能，因此培训也要考虑成本效益，还要考查培训是否能促使员工的个人行为产生预期的变化。

其次，培训目标设定。培训目标的设定依赖于对培训的需求分析，在培训需求分析中，介绍了企业分析、工作分析和个人分析，并对其进行了分析，从而确定了今后的工作岗位和职业发展规划。设定培训目标可以为培训项目提供明确的指导和框架。根据培训对象，选择培训内容和培训方法，安排培训时间与培训师等具体内容，培训后根据培训目标进行绩效评估。培训的总体目标是宏观和抽象的，应不断分级和细化，以实现具体和可操作的目标。为了实现培训目标，必须让员工在培训中获得一定的知识与技巧。也就是期望员工在培训后能学到什么，可以做什么，有什么变化。这些期望都是基于培训需求的分析，通过需求分析了解员工的状况，了解员工所掌握的知识、技能、职位的职能，以及企业发展所需要的知识和技能；明确当前员工工作绩效与预期工作要求之间的差距，即确定培训目标、细分培训目标，并将培训目标转化为各级具体目标。

最后，决定培训内容。虽然培训内容不同，但大致可以分为知识、技能和素质培训。培训内容的选择应从不同的培训内容层次和培训要求进行分析。在企业培训中，知识方面的培训较为基础，员工可以通过听专家授课或阅读专业书籍获得相关知识。而要系统地掌握一种专门知识，就需要对其进行系统的知识培训，而要想成为一名综合型人才，就需要进行知识培训。尽管知识方面的培训较为简单，但却容易使人忘记，而且企业如果仅限于知识培训的层面，其效果也并不明显。在公司培训中，技能培训是第二级。所谓的技术，就是能让一些东西发生的能力。一旦掌握了某项技能，一般很难忘记。企业在招聘新员工后，让员工使用新设备与新技术，都需要对新技术进行培训，因为抽象的知识培训并不能立刻融入实际工作中，所以不管员工本身的素质有多高，在没有经过培训的情况下，也不能马上掌握。员工素质培训主要包括职业意识（如角色意识、团队意识、战略意识、创新意识、变革意识）、职业心态（如竞争心态、双赢心态、包容心态、自信心态、学习心态）、职业道德（如爱岗敬业、诚实守信、服务群众、奉献社会）等几项。

1. 设计准备

民营快递企业在制订计划前，要先使项目主管做好相应的准备工作，这些准备工作对后边的方案设计有重要作用。

2. 设计目标

民营快递企业的设计目标是使受训者在完成培训的过程中所能达到的知识、能力水平。其目的在于确定最终的培训成果，而非培训的过程。因此，培训目标的设计焦点应集中于培训对象应当具备的技能。建立明确的培训目标不仅能提高受训对象的学习动机，而且能为评估提供一个基准。

3. 搜集材料

民营快递企业在培训计划、培训目标确定以后，要收集尽可能多的材料，以便找到企业所需的资料。不仅要就培训对象和培训相关问题征求专家的建议，还要参考现有相关计划，并通过企业外部渠道探索其他的可利用资源。

4. 要素拟定

培训计划的设计包含许多方面，因此培训师可以将其分为若干部分，并进行相应的设计。因为各部分是不可分割的，所以培训师在设计计划时要注意各部分的关联性。

5. 试验方案

在培训计划设计完后，培训师可以根据培训计划进行一次排练，就好比一场表演在正式演出前都要先进行一次演练一样，以保证万无一失。这是对先前工作的全面回顾，不仅要检查内容、活动和教学方法，还要检查培训的组织保障。

6. 反馈与修订

民营快递企业在培训计划完成或培训计划开始后，需要根据培训对象的反馈、相关专家和培训机构的建议修改该计划。企业要做到及时发现问题并解决问题，根据遇到的问题调整计划，或调整一小部分，或对整个培训计划重新设计，以切实提升培训效果。

（二）民营快递企业员工培训方案设计要点

企业在设计民营快递企业员工培训计划时，必须充分挖掘和利用一切能用的培训资源，这样才能达到较好的培训效果。在培训计划设计中，应充分体现人力、财力、物力、时间、空间、信息等要素的合理分配，使之协调统一。下面是培训计划的主要内容。

1. 注意互动

作为培训活动的两个主体，培训师和受训者在培训过程中扮演着不同的角色。在培训计划的制订过程中，要注重培训的交互作用，使受训者成为培训者，而不是把两者区别开来，即利用好受训者自身的能力和知识，从而提升培训效果。

2. 充分合理利用时间

培训经理在制订培训计划时，要充分合理利用时间。员工对培训时间的认识应该包括两个层面：①课堂总时长，即总学时；②一段时间，也就是一天的学习时间，以员工有时间全面了解培训内容。

3. 合理使用空间

培训师在制订员工培训计划时，要对培训场地进行合理分配。在这一问题上，可以从内涵与外延两个层面探讨如何开发与利用培训空间。

从内涵上讲，在制订培训计划时，必须对最传统的、最基本的培训项目进行反思，即课堂；在外延上，可以考虑对培训计划的实施地点进行反思，如场地、室外以及可能的社交场合。

4. 开发教材

培训材料的研制是教学计划的核心，如何为受训者提供符合课程内容的教学材料，是培训计划设计的一个重要环节。所以要尽量多开发一些案例丰富、内容充实、紧跟民营快递行业发展、能够将快递理论与实践紧密相连的培训教材。

5. 运用多种方法和手段

培训计划要不断更新，培训师要利用好新颖的教学方法和形式，提升企业员工的培训效果。培训也必须通过各种方式和手段，以充分发挥学习者的听觉、视觉、触觉等感官的作用，达到最佳的学习效果。

6. 个性化教学的实现

个性化教学是指根据员工的实际工作情况与岗位需要，为其制订个性化的培训计划。例如：在培训员工采用多媒体技术开发的个性化教学软件时，不同的员工可以学习不一样的内容。每个员工都可以按照自己的培训方案选择不同的培训方法，并按照自己的理解和接受程度进行培训，并且培训的时间和进度也应因人而异。

7. 整建制培训的实现

所谓整建制培训，指的是在同一时期内对各个部门的人员进行相应的工作培训。要知道，很多培训机构几乎都无法在同一时间开设几个不同的课程。而多媒体技术的应用，使这一特定的培训需求得到了满足。

（三）民营快递企业人员培训计划的编制

1. 培训准备

（1）落实培训场地与设施。培训场地对培训的影响很大，并且与培训的执行效果有很大关系，因此企业在选择培训场地时应谨慎考虑。尤其是在使用外部培训场地的时候，必须对场地的大小、通风、空调、噪声、安全等进行细致检查，防止意外事故的发生。

（2）通知培训对象。为了让受训者事先对培训的意义、目的、内容等要点有一个初步的认识，以便在培训前做好充分的心理准备，培训部有必要在培训前提前发放资料。对此，培训部可随时备份有关资料，于培训开始前 10 ～ 20 天内发放，使受训者先熟悉培训内容。培训专员应在开课前 2 天，还需要重新确定受训者是否可以参加，并将所要教授的内容、培训要求、教学方法等清楚地告知培训对象。

（3）联络培训师。民营快递企业培训专员需及时与培训师联络，并要求他们提供培训大纲，安排接送培训师的时间、方式、食宿、酬金的发放，同时需事先了解培训师对教材、教室、教学器材、座位安排等方面的需求。

2. 培训介绍

（1）介绍培训主题。包括明确受训目标和受训目标的学习期望值。

（2）课程简介。为了让受训者对培训的意义、目的、要求、方法等有一个简单的了解，培训师可以在培训开始时做一个简单的课程介绍，不至于一上来就直驱主题，让员工摸不着头脑，还可以缓解员工的紧张情绪。

（3）介绍培训师。培训师可以先对受训者做自我介绍，向他们告知自己的个人情况和工作经验，让受训者更了解自己，进而提高受训者的信任度，为后续的培训打下基础。

（4）介绍日程安排。介绍本次培训所要培训的课程，以及各培训课程的培训时间、地点，并提出培训结束后的目标以及培训考核形式。另外，如果安排户外拓展培训，需提前告知员工，准备户外衣物，或是否有特殊情况不能参加。

3. 课程讲解

（1）课堂讲授。授课常常是培训主管的一项重要工作，也是培训主管展示自己能力的一个重要手段。有经验的主管通常会将教学分成若干个阶段，即一次讲授，一次活动，一个总结，这样既能避免受训者觉得枯燥无聊，又能给他们充分的时间消化和吸收培训内容。

（2）媒体教学。有时候，培训内容需要通过视频、幻灯片等媒介来教授，由于其趣味性，此时要防止员工陷入"看电视"的被动状态，并做到培训内容与多媒体的双向沟通。

（3）组织讨论。在民营快递企业的人员培训计划中，组织研讨是一种非常有效的教学方法。讨论有两种形式：正式讨论和非正式讨论。培训主管可以在培训中穿插两种形式，例如：先把相关的资料和一些书面问题发给个人，让他们做好准备，再由他们进行正式讨论；也可以在讲授民营快递知识时提出一些问题，让员工自由非讨论，以检查受训者是否掌握相关知识，同时能提高参与的积极性。

（4）解答疑问。在讲课结束后，会有人有疑问需要培训主管讲解，因此培训主管应提前做好准备。

二、民营快递企业员工培训方案模式

（一）强调组织开发作用的模式

企业通常是从大量的员工中找到有潜力的人才，为其制订发展计划，并根据计划对其进行培训。以下是详细的流程。

1. 对员工进行评价

企业评价新员工通常是在其工作一段时期后进行，并由其主管领导负责。除了进行该职位的评估之外，还要根据高一级职位的要求，判断其是否具有发展的潜质。企业对员工的行为评价标准应该以事件为中心，而不是以关系为中心，同时要根据员工的工作表现评估其能力，以便对晋升或其他调动做出正确决定。

2. 员工所属部门将其推荐给上级或企业的人力资源部

即上级或企业的人力资源部门根据被推荐员工的基本条件和绩效评估结果，决定是否对其进行培训。

3. 员工的上级与员工面谈

双方就员工发展问题交流看法，并就发展目标达成一致。

4.制订发展计划

发展计划包含发展目标、培训内容、培训方法等，企业应根据员工目前的工作质量和工作目标的差异决定培训内容。

5.实施培训

培训工作应按照员工的发展计划进行，并由其直接主管进行。

6.反馈、评价

培训之后，通过部门主管和员工的交流，评估培训目标是否达成，若目标没有达成，双方再通过讨论得到补救措施。

（二）强调个人自主开发的模式

企业让员工了解岗位设置、岗位资格、员工自身发展的相关政策，并为员工提供良好的自我评估环境；员工则通过对自己的评估决定自己的发展目标，在施行过程中企业则会协助他们达到自己的目的。下面是详细流程。

（1）企业通过开展就业培训等形式向员工宣传有关政策。

（2）员工进行自我评估。

（3）员工向上级汇报自己的发展目标。

（4）直接主管与员工通过谈话交流，确定员工的工作目标是否与公司需求及个人状况相符。

（5）双方通过磋商，制订各自的发展计划。

（6）实施培训。

（7）反馈、评价。

三、民营快递企业员工培训计划的制订原则及注意事项

（一）民营快递企业员工培训计划的制订原则

（1）清晰性原则，即要有明确的目标和具体措施。

（2）挑战性原则，即目标要有挑战性，不能只是维持原状。

（3）变动性原则，即目标或手段要有弹性，有一定的缓冲空间，能适应环境的变化。

（4）一致性原则，即主要目标和次要目标相一致，具体措施和目标相一致，个人发展目标和公司发展目标相符合。

（5）激励性原则，即制定的目标要与自己的个性、兴趣、特长相匹配，能给自己带来一种内在的动力。

（6）合作性原则，即达成个人目标时有和别人合作的机会。

（7）全程性原则，即在制订职业计划时把职业发展的全过程纳入其中，要通观全局，全面把考虑。

（8）具体性原则，即在职业生涯规划的各个阶段明确好切实可行的路径。

（9）实际性原则，即在制订计划时要综合考虑自身的物质条件、社会环境、组织环境等诸多因素，以便找到切实可行的方法。

（10）可评价性原则，即培训计划应制定明确的评估和检查时限或规范，以便个人或组织随时了解培训计划的实施情况，为完善培训计划提供建议。

（二）制订民营快递企业员工培训计划的注意问题

1. 收集有关人员发展计划的资料

收集资料的方法主要有三种：①从员工个人资料中获取静态资料；②采用评价法获得绩效资料；③采用评价的方法获得全面资料。评价方法一般分为三种。

（1）自我评价。在企业员工制订培训计划的过程中，自我评价是个体培训计划的基本工具。个人评价的方法有个人评价量表、心理测验量表等，其从职业能力、职业意识、职业道德三个维度设计了员工的综合评价项目，不仅包括员工的工作技能、工作态度，还包括员工的职业素养，通过三个维度的评价，确保对员工进行全面评价，以防止单方面优秀却不能胜任工作情况的发生。

（2）直接领导评价。在员工个体发展计划中，通过员工直接领导的评价，并以此为依据，可以为企业发掘有潜力的人才。

（3）同事评价。同事评价不仅可以用于培训中的自我评价，还可以用于对直接上级进行评价。

2. 强调员工自主发展

在企业培训计划中，应设置专业的职业培训课程，让员工了解自己未来的职业发展通道有哪些，然后根据自己的需求自主选择未来的发展通道。

自我评价的方式多种多样，不仅包括人格测试，而且包括霍兰德职业能力倾向测试等。除了使用量表之外，还可以采用员工自传、24 小时日记、与家人或朋友的访谈等自我评价的形式。通过多种评价方式，员工能更全面深刻地理解自己，同时企业能对员工的基本素质有一个大概的了解。

3. 追求个人发展目标与企业的未来需要密切联系

为了确保企业的可持续稳定发展，企业应根据员工个人发展和企业未来的发展安排企业员工培训中的职业生涯规划课程。这在保证企业稳定发展的同时更加注重员工的个人发展，对于发展中的企业和员工来说是一个双赢的战略，也是企业提高综合实力的重要保证。

4. 把培养部属作为部门经理的责任

部门经理理解员工的发展需求，帮助员工达到培训目标；同时，作为员工要理解主管的工作职责，并主动配合部门经理完成各项工作任务。

第二节　民营快递企业员工培训实施

一、民营快递企业员工培训实施内容

民营快递企业员工培训实施的主要内容如下。

（1）建立一套高效的人才培养和发展机制。

（2）建立健全发展培训的政策、规章制度和实施措施。

（3）选择合适的培训项目、培训内容和培训方法。

（4）科学合理地设计培训课程。

（5）选择适当的培训场地与设施。

（6）制定培训基金的预算和筹资方案。

（7）合理安排或调整培训计划的各个环节，如课程内容、休息安排、指导方法、现场参观、小组讨论等。

（8）聘请合适的、有水平的培训师。

（9）做好后勤工作，如住宿、饮食等。

二、民营快递企业开展员工培训的两点思考

（一）从横向发展思考

并不是所有的工作和个人都能适配，因此当员工发现自己不适合目前的工作，并发现自己还有其他优势的时候，就可以在企业内部进行再选择。

1.岗位轮换

岗位轮换时，员工是进行横向工作岗位变动，即从一个部门到另一个部门工作，而不是职位的垂直晋升。横向职业发展渠道的建立可以为员工提供新的发展路径，以满足各种职位的需求，丰富他们的工作经验，为他们的个人发展奠定坚实的基础。

2.生产员工的一专多能

生产型工人在其工作岗位上必须保证其作业能力，并具有一定的维修能力，可以独立完成作业，也可以通过小组协作及时解决生产中的各类问题，提高劳动生产率。

3.管理类员工的轮岗

轮岗，即将员工从一个工作岗位调到另一个工作岗位，以保持其工作级别的一致性。企业实行轮岗制，目的是使员工更好地适应各种工作需要，使其从多个视角理解公司的发展，从而为公司的发展作出更大的贡献。同时，通过多个岗位的轮换，员工获得了更多的工作经验，提高了专业技能，为以后的职业生涯发展提供了坚实的保障。

（二）从纵向发展思考

1.专业技术型发展

这种发展是快递员工分别在企业快递配送、财务管理或人力资源管理部等部门一直持续发展，如从初级工晋升到中级工，再晋升到高级工。

2.行政管理型发展

一般来说行政管理的员工首先会在基层工作，如果工作表现突出，将得到提拔，如从基础的前台人员晋升到行政专员，再晋升到行政主管。

3.发展专业技术－行政管理

员工首先在技术类岗位进行垂直发展，从初级技术岗位开始晋升到中级技术岗位，再晋升到高级技术岗位，然后转为管理岗。即从公司高级技术员工转为技术副经理，又晋升到技术经理。

4.横向一纵向发展

员工从最初的横向发展到纵向发展，如员工由快递销售部的配送岗位转向人力资源部的薪酬专员岗位，此为横向发展，后期继续在人力资源部门工作，从薪酬专员提升为纵向发展。

三、民营快递企业推行员工培训的重点

（一）企业方面

对企业内部人员进行培训，一方面是帮助员工提高企业业务需要的技术能力，另一方面是为了培养员工的业务意识。因此，在企业内部进行的各种教育和培训，需要体现企业本身的战略管理思想，并通过受训者将企业的经营理念、经营方针、经营策略等贯彻深入企业内部。

（二）管理层方面

1.高层管理者

高级经理的决定常常与企业的发展紧密联系在一起。又因为企业的发展与外部的市场环境密切相关，因此如何在有效把握市场的动态变化的同时，及时调整企业的组织结构和体制较为重要。高级管理者拥有更大的权力，因此他们在这种调整与适应工作中的作用越来越重要。作为

企业的领导者，他们还要有远见，要能全面掌握全球的社会、政治、经济形式，了解企业内部、外部的各种影响，提高企业的整体战略、目标、方针及发展的能力，提高组织的活力和业绩。

2. 中层管理者

企业中层经理都是公司的骨干，是由各职能部门经理组成的精英。他们负责具体的资源规划、组织结构控制，包括战略规划、人事管理、材料供应、技术服务、质量控制、设备管理、财务管理、销售管理、物流管理等。在这种团体里，要培养一批或几名优秀的管理者并不困难，但是要组建一支高素质、高效率、高水平的管理团队就不那么容易了；找到那些在短期内充满活力的管理者并不困难，但是要培育长期的、持续的、强有力的管理者就很困难。相对于高级管理人员的培训，对于中层管理者来说，只有把重点放在业务培训上，把有关管理的新知识和思想教给他们，才能更好地贯彻企业的政策制度，才能更有效地组织、管理企业正常的经营，使企业从小规模逐渐发展壮大。所以，对中层管理者进行培训的目的有三点：①培养员工的经验、知识和技能，以便他们在不断变化的情况下，适应各种复杂的特殊问题。②使企业的目标、使命、价值观和管理文化的观念得以顺畅地传递，并在企业内得以实现。③培育个人中坚力量，作为公司未来高级管理人员的继任者。

3. 基层管理者

基层经理是生产、销售等生产经营活动的第一线的直接管理人员，如监督和指导生产、服务的主管。因为他们是最贴近实际工作人员的，所以他们的管理水平会直接影响他们的工作热情和忠诚。作为员工的技术传授与指导，基层管理者不但要更好地贯彻上级的指示，还要根据自己的判断，为员工提供改善和创新的意见。对他们进行培训，使他们能加强与基层工作的联系，使他们能更好地解决在一线工作中遇到的各种问题。总之，对企业的所有管理人员进行全面管理能力和水平的培训，应从管理绩效与技能水平等方面进行全面考查，从而发现企业管理的关键性和全局性问题，进而推动企业从决策、执行层到操作层的管理体系的变革。

（三）员工方面

通过对员工进行培训，可以使他们的知识和技能得到提升，进而提升他们的主观能动性，并逐渐实现自我价值。

四、民营快递企业员工培训实施的效果评价

（一）民营快递企业开展员工培训的绩效评价

对民营快递企业员工的绩效进行评价主要有三个方面。①对结果进行剖析，即参与了培训的员工其项目会有怎样的影响。②评价结果，即员工在培训之后其工作为企业获得的收益情况。③工程评价，即对整个项目进行整体分析，并进行综合型评价。

（二）民营快递企业员工培训实施的效果评价方法

1.测试比较评价法

在员工发展计划之前和完成后，分别对员工进行同样难度的测验。若员工的考试表现较开始时有较大的改善，则说明员工的知识、技能和经验得到了有效的改善。

2.工作绩效评价法

即在完成员工发展计划后，定期对其进行书面调研或访谈，以了解员工在工作中的表现。例如，他们的工作量是否增加，工作绩效是否提高，人际沟通能力是否提高等。对于一些工作，也可以采用量化的工作业绩评价方法，从量化的角度衡量员工发展的效果。

3.工作态度考查评价法

即通过观察员工工作态度的变化进行评价。如果员工的发展能使其在工作中充满热情、遵循组织纪律、有高度的责任感，那么就说明员工开发工作具有效果。

4.工作标准对照评价法

即通过考查员工的工作数量、质量、态度是否符合工作标准，判断其工作是否有效。

5. 同类员工比较评价法

即将已参与培训人员与未参与培训人员的工作绩效进行对比，以评价其效能。

6. 参照上司或下属意见的评价方法

在员工发展计划完成一段时期之后，可以通过问卷或访谈的方式做一个评价调查，让他们的上司或下属知道他们自己在工作中的表现。例如，当上司认为员工的工作有了长足的进展，工作效率得到了提升，或下属认为上司的领导力得到了改善，那么就说明发展是有效的；否则，就会被视为低效的或者无效的。当然，在使用上司或下属的观点进行评价时，还要考虑它的公正性与客观性。

第三节 民营快递企业员工培训过程控制

一、民营快递企业员工培训计划控制

（一）培训体系的制度管理规范

培训体系的有效和高效实施需要有规范化的管理体系和制度作为保障，具体包括以下三方面。

1. 培训制度的管理职责分配

人力资源部是企业的培训管理系统的主管单位，它根据系统层次，对培训管理的一般操作系统进行监督，并对其内部的系统进行监督。

2. 培训体系的生命周期管理

通过项目立项、制度起草、制度预审、制度会签、制度审查等环节实施培训全过程的管理，可以使培训系统的管理制度更加有效。

3. 培训制度信息化规范管理

通过运用信息化技术对培训系统进行创新，可以使培训系统更加标准，还可以使培训系统管理更加有效。

（二）培训计划实施方法

1. 企业内部培训方法

（1）专题讲授。知识体系比较系统化、集中学习、信息丰富，是当前企业培训常用的培训方法。然而，由于该培训方法互动性较差，培训员工很难在短时间内完全掌握培训内容。因此，培训师和企业可以通过培训需求分析、培训过程、培训评估等方面增强培训效果。

（2）角色情境演练。把自己带入角色，身临其境体验，可以亲身体会所扮演角色的特征，加深学习印象，提高积极性，并很好地融入工作中，但此种方法耗时较长，若不能持之以恒，则会影响培训的效果。

（3）案例培训。通过案例讲解和分析，员工不仅能学到新知识、新技能，还能提高自己分析问题和解决问题的能力。目前，很多培训师在培训过程中使用的案例更多的是来自企业外部的案例，如果能形成企业内部的真实案例并在培训中使用，可以更好地探讨企业面临的问题，从而形成正确的企业经营理念、判断依据和行为标准，提升培训效果。

（4）行为示范培训。该培训方法更适用于礼仪、公文写作、推销等技能培训。

（5）主题学习性工作会议。针对某一特定时期内员工所关心的问题，企业可以组织专门的学习会，与会人员在会上互相学习、交流感悟、总结经验，并不断提升自己。

（6）工作现场即时性培训。即当员工在工作时遇到问题或提出问题时，在工作现场直接进行培训，使员工在解决问题的同时学到新的技能。目前，这种培训方式已被应用于多家企业，且被认为是企业最有效的内部培训方式。

2. 企业外部培训方法

（1）公开课。公开课可以拓宽受训者的视野，提高培训的灵活性，增加与外部沟通的机会。此方法适用于无法在公司内部进行培训的情况。

（2）拓展培训。体验型拓展培训比较适合培养员工的团队精神，磨炼个人意志。

（3）沙盘模拟。体验式培训将现实工作进行微观模拟，让员工在培训过程中亲身体验，既能锻炼自己的实际操作能力，又能提高自己解决问题的能力。

（4）脱产教育。在外部学习条件下，员工可以在一定程度上对课程进行系统掌握，从而减轻自身在学习过程中产生的压力。

（三）培训计划实施的控制措施

在实施培训方案时，企业和培训师可以从以下四个方面有效控制培训方案的执行。

1. 明确培训计划实施的标准

在实施培训计划前，要明确培训的目的，并针对此目的采取可行的实施方法，对培训涉及的内容制定相应的执行标准，具体包括以下内容。

（1）培训对象的范围标准。例如，对什么类型的员工进行培训，每项培训需要多少员工参与。

（2）培训讲师标准。例如，是采用内部授课还是聘用外教，培训师需要具备什么技能，培训师需要做哪些准备工作，培训师任职资格要求有哪些，培训师授课技巧要求有哪些，等等。

（3）培训方法标准。即根据培训内容，选择合适的培训方法。例如，内部培训或外聘、室内或室外、授课与实践、团体研讨、个案分析、角色扮演等。

（4）培训时间标准。根据企业的产业特征和业务特征，决定每一期的培训周期和特定的培训周期。

（5）培训场地选择标准。根据培训预算、培训人数和培训内容，确定培训地点的选取标准，并选取适当的培训场所。

（6）培训费用标准。按照年度培训经费预算和企业的实际运营情况，对每月和每次培训的成本进行合理分析，并做好规划。

（7）培训考核标准。为确保培训效果，培训结束后应及时对员工进行评价，使员工及时将所学知识应用于实际操作，并展示所取得的成果。

2. 及时对培训方案进行分解与统筹

每年或总的培训方案一经确定，要立即分解成季度、月度或部门的培训方案，并由相关单位主管提出实施建议。同时，各个部门的培训方案完成后要统一交给培训部进行统筹。

3. 及时召开培训工作进展报告会

培训部每周召开培训工作进度例会，对培训过程中的问题和经验进行总结，及时解决、纠正或进行相应的调整，保证年度培训计划按时完成。

4. 及时提交培训工作报告

每一次培训结束后，培训主管要及时编制"培训工作报告"，以明确培训进度，总结经验教训。

（四）培训方案的评价及完善

培训计划的评价及完善主要是针对培训需求的分析，制订初步的培训计划，包括从培训目标的制订到培训方式的选取。一套完善的培训计划，必须持续地评价和修正。因此，可以从四个方面对培训计划进行评价及完善。

（1）就内容效果而言，必须保证培训内容合理、可实施，保证满足培训需求。

（2）从员工反应的有效性来看，如果员工认为培训计划存在问题，那么就需要了解员工的培训需求，重新对培训计划进行修正。

（3）在学习效度上，要遵循教学计划的先后次序，观察员工是否能及时掌握，若无法掌握，则要根据教学方式、员工的学习特征等因素加以修正和改进。在培训结束后，需衡量员工在培训后的改变与预期培训目标是否一致，如果未达到预期目标，则需要分析培训内容存在哪些不足。

（4）要实时监测并跟踪评价各员工的培训效果，比较各员工在培训后能产生的价值与培训费用。如果培训费用低于其价值，那么培训是可行的；如果代价大于效益，那么则必须找到失败的根源，然后再制订更好的计划。

二、民营快递企业员工培训控制过程中的问题

（一）民营快递企业员工的培训管理问题探讨

1.缺乏完整的培训体系

如果人力资源管理者对员工的需要没有足够的了解，那么培训部门就不能对其进行合理的需求分析。企业培训需求分析是培训成功的关键因素，缺乏针对性和脱离实际的培训很难在实践中成功。因此，企业的培训内容要按照企业本身的特点来设计，不能照搬照抄，以免造成员工所学知识不符合自己需求情况的发生。在培训过程中，员工还可以根据自己的需求有针对性地学习，发表意见，避免盲目学习而浪费时间和精力。另外，如果缺乏培训考核，员工将缺乏动力参与培训。无论是团队讨论培训形式，还是体验式培训，都需对培训员工进行考核，包括培训员工的知识、技能、行为、态度、性格等。因此，企业要建立一个不仅包括培训过程，而且包括培训需求、培训考核相对完整的培训体系。

2.员工态度敷衍

尽管部分企业有培训项目，但是通常都是走个过场，缺乏正式的培训和业绩评估，无法与激励制度相结合，无法获得有关部门的支持。就培训本身来说，如果培训人员只是为了完成工作，员工也只是为了得到岗位工作而参加培训，这样必然会降低培训的有效性。因此，企业管理者必须对员工培训有更深刻的认识。

由于快递业的高速发展，现代民营企业为了在激烈的市场竞争中保持持续发展，就需要不断丰富和提高自己的技术水平，并不断对员工进行终身教育与培训。快递企业员工培训有助于形成学习型组织，提高企业整体服务的质量。因此，企业高层主管需认识到培训是完成企业战略目标的重要手段，并提出企业各层级领导应承担的培训要求，加强培训工作的责任意识。员工也需要提高对培训的重视意识，牢牢抓住培训的机会，在培训中不断成长、进步，通过培训提高自己的服务意识、工作

效率，以及对企业的归属感。

3.培训师能力有限

首先，国内具有专业素养的内部培训师很少。尽管企业内部人员也会从事相关培训，然而这些企业的内部人员是没有接受过正式培训的临时工，他们的培训知识和培训方法并不专业。其次，培训经验不足，培训方式不够新颖，很多培训以课堂授课为主，与员工的交流不多。这种培训枯燥、单调，员工对培训的热情不高，培训的效果也会受到很大的影响。最后，在培训过程中，企业并未将绩效评价与奖励机制结合起来，因为大部分的培训是企业自己组织的，缺乏规范化的培训方案，致使员工的学习热情不高，从而无法取得良好的效果。所以，培训师要明确企业培训的共性和个性间的关系。

综上所述，在快递企业的培训体系方面，民营快递企业首先需要制定短期培训目标与长期培训目标，并制订相应的培训计划，这样的培训方案不仅能满足当前的工作需求，而且能与公司的长期发展相适应。其次，员工培训内容中既要有通用的技能，也要有专门的技能，同时要考虑每个员工的年龄、工作经验、学历等方面存在的差异，采取相应的培训措施，确保充分发挥培训的有效性。最后，企业培训时需要将理论与实践结合起来。对于民营快递企业来说，其岗位工作主要以操作为主，工作内容也是实际操作。因此，在组织开展培训时，既需要针对理论知识进行培训，以提高员工的专业知识和素养，还需要结合一些实践和动手锻炼进行培训，以进一步巩固和强化员工的动手能力，只有将理论与实践结合起来，才能在一定程度上提高培训的效果。

三、促进民营快递企业员工培训流程的改进

（一）组织体系

1.培训管理机构

一个完善的培训管理机构在培训时是有组织、有秩序的。影响培训的推进以及培训效果的转换问题在一定程度上是因为培训管理组织机构

不够完善，总部职能与基层职能不清晰。企业总部在人力资源部下设培训部，各区域公司人力资源部下设培训部，分公司下设培训主管与培训专员，由其主要部门经理或主管兼任。总部的培训部由人力资源管理部直接指挥，各区域公司的培训部以及基层分公司培训专员服从人力资源部的指导。各区域公司的人力资源培训主管以及分公司培训专员必须先经过总公司培训才能胜任工作，而基层分公司的培训师也需要经过总部培训并获得相关资格。为了确保员工培训符合企业的发展和员工的要求，并确保培训资源的顺利实施，企业人力资源部需要根据企业的发展战略制订企业整体的培训计划。具体包括分析企业各类人员的培训需求，制订企业员工年度培训计划和课程培训计划，并组织实施；对内部培训师进行资格培训，指导、评估和监督其基层培训工作；不仅要推进企业网络培训和线下培训基地的建设，还要审核承担公司培训工作的培训机构资质，并审核培训方案，评价培训效果以及培训资金的管理。

（1）区域企业培训部门的职能是执行企业的员工培训规定，并结合整个区域的实际情况制定员工培训实施细则。根据公司员工在整个区域的培训情况进行总体规划，收集部门上报的培训要求，分析区域内所有人员的培训需求，制订区域内的培训计划和年度计划，并组织实施管理区域内所有人员的培训。同时，加强现场培训管理、评估和监督检查以及负责部门或分公司培训课程、员工学习培训、教育培训经费的管理，并将员工培训档案信息整理后上报企业总部培训部门。

（2）基层培训机构分公司的职责是贯彻公司员工培训条例，并根据所在单位和分公司的具体情况制定相关的培训制度。根据公司整体培训计划，分析本公司及各类人员的培训需求，制订本公司培训计划和年度计划，并组织实施。负责员工的岗位资格培训、岗位适应性培训、年度再培训和技能培训。加强现场培训管理，对单位或分公司的培训工作进行评估、监督和检查。依据公司整体培训规划，对公司各种类型的员工进行培训需求分析，制订公司的年度培训计划，并负责组织实施。不仅负责公司所有员工的岗位资格培训、适应性培训、年度培训、技能培训，同时应加强培训的现场管理，包括评估、监督、检查本单位或分支机构的培训工作。

2. 师资管理

总部培训部培训师负责培训区域公司培训主管以及分公司培训专员的培训，并对其资格进行考核、评估。如果员工考核及格，那么员工将成为公司内部培训师，今后负责相关课程的培训工作。符合资格的内部培训师将在其岗位职责里面加入新的培训考核项目，并且在绩效考核项目中规定相关的考核标准，如培训完成率、培训按时完成率。

（二）流程体系

1. 培训需求分析

培训需求分析是员工培训的第一个环节。能否正确预测和掌握企业员工的实际需求，直接影响着企业的培训效果和整体绩效。缺乏企业战略指导会使企业的培训需求分析不够全面。在传统的培训需求分析组织分析中加入战略分析，在人员分析方面将调查的范围扩大到基层员工的需求收集。对于宏观问题，总部可以根据员工的整体情况，采用问卷调查法制定培训需求分析问卷，然后各分公司在各级员工进行问卷调查的同时，采用面谈法收集更具体的员工需求信息。在整理期间，将公众关注的问题进行汇总、汇报。将分公司特殊培训需求进行登记，利用观察法，由直接主管对下属员工进行预判，将三种需求为该员工制定档案，针对员工个人发展计划，最终制定培训需求。民营快递企业，员工归属感比较弱，危机感比较强，那么以此方法可以提高员工的主人翁意识，达成通过培训实现自我的高层次需要，提高员工的就职稳定性。培训需求分析针对的内容。首先要理清公司目标，使培训目标与公司目标保持高度的一致性。包括网点建设和营业额提高，那么在培训需求分析过程中，要确定如何通过培训提高网店建设效率，例如，进行信息技术的培训，进行组织人员管理及团队意识的培训；要确定如何通过培训提高营业额，例如，通过培训提高员工的积极性，开拓进取的意识，刺激员工更好地提高工作效率，更有创造性地开展工作，同时让员工拥有成就感。

（1）组织分析。企业的发展方向是指公司的发展方向，而企业的发展方向则是对具有相应知识和技能的人员的需求，因此，企业要想实施一项战略，就必须要有一批优秀的人才。快递业的快递人才奇缺，企业很难从市场上直接招聘到合适的人才，再者招聘到的人才也需要经过培训后才能成为与企业文化相融合，符合企业需要的人才成本是很高的。因此，培养是解决战略型人才需求的正确途径与方法。培训策略对制定培训要求有很大的影响，包括培训形式、培训方向、培训内容、培训资源的投入、培训时间安排等。不同的培训策略下，对企业培训需求的影响也各不相同。

（2）人员分析。原来的人员分析主要从高层管理人员层面收集需求，由于没有基层员工的参与，使员工对公司安排的培训缺乏参与的热情。基于企业员工人数多、需求收集工作量大、及时性也较差，因此，可以混合使用培训需求调查的方法来提高效率和效果。例如，为了获得基层员工的培训需求，可以将随机问卷调查形式结合小组讨论形式综合进行使用。

2. 培训计划的制订与实施

如果公司培训计划的制订流程没有问题，那么问题主要集中在实施方面。对培训管理机构以及职能进行明确后，由基层管理人员担当内部培训师，并将其培训职责加入岗位职责中，作为绩效考评的一项重要内容，可以较大地提高基层管理者参与培训的积极性和责任感，同时能为管理者提供更为广阔的发展空间。这样，员工的直接管理人员就充当了评估、监督、推进的重要角色，保证了培训的质量以及促进培训完成后培训成果的转化。民营快递企业的培训计划一定要与企业的发展计划一致，一旦计划制订，就应该严格按照要求执行，采用紧急预案，利用工作时间开展培训，这能充分反映企业对培训的重视，并激发员工的学习热情。民营快递企业的员工自我存在感、安全感比较缺失，基于员工的个人发展需求，员工认为他们有发展空间和进步需求。

培训实施期间进行培训效果过程控制。在培训实施过程中，企业需要随时调整民营快递企业培训的内容和计划，进一步寻找适合培训的方案，使培训过程具体化、透明化。第一，提高吸引力。采取有效措施增强员工的培训兴趣，并激发员工的学习积极性，确保他们对培训的兴趣和专注。第二，增强互动性。培训者期望通过培训教授员工更多的知识和技能，而员工则期望通过培训获得更多的专业知识和技能，从而加强交互作用，使双方的目标更加一致。第三，加强实践性。在培训中，不仅要加强对员工的理论知识培训，而且还要为其创造更多的实践机会。第四，适时反馈。适时反馈是一种学习方式，通过对员工的培训，将所学到的理论和实际运用到实际中，通过对工作表现和遇到的问题进行及时的反馈，从而提高培训的效果。

3. 培训效果的评估

柯氏培训效果评估模式分为四个阶段：反应层、学习层、行为层和成果层。反应层的评估是培训评估的最低层级，主要评估受训员工对培训项目的主观感觉和看法，包括培训项目的内容、培训师、培训组织和培训方法等的主观感受。学习层的评估是目前最常见也是最常用到的一种评价方式，主要用于测定受训员工对知识、技能、态度等培训内容的理解和掌握程度。行为层的评估是对受训人员在培训前后工作行为的改变进行评价，以了解他们对所学知识的掌握情况和对技巧的应用情况。培训效果可由员工自我评价、上级主管或直接主观评价等方式获得。成果层的评估是从企业组织的角度出发，对培训项目收益进行评估，并通过培训前后组织管理绩效的变化进行判断，衡量指标主要有接单率、投诉率、业务满意率、员工流失率、员工士气等。通过分析这些绩效指标，企业可以了解培训的收益情况。

行为层的评价和结果层的评价是一项非常复杂和困难的工作。当前公司的培训评估，以反馈层次和学习层次为主，但是评价指标设置、评价结果报告等都比较简单，主观性不能全面地指导和改进新的培训计划。根据当前的形势，企业的培训评估体系应该采用柯克帕特里克评估模式，从反应层、学习层开始，建立科学、细致的评价手段，并在考核过程中强化培训评估的管理。

反应层的评估中的问题主要有：评估内容的主观性较大，评估方式比较单一，主要采用问卷调查方法，也可以采用下列方式来强调评估的重要性，要求所有员工合作，鼓励员工将他们的经验和建议记录下来，并将他们对培训的看法和建议与公司的历史资料或已完成的人才测评的资料进行对比，并结合问卷、面谈、座谈等方式进行评估。学习层次评价的问题是评价内容不全面，评价方法单一。仅对技能类的技能考试卷进行评估，技术类的培训没有评估的方法。为了解决这一问题，在测试学员对原理、事实、技术和技能的掌握情况时，可以将不同的学习层次评价方法进行灵活组合，包括笔试、技能培训、工作模拟演示、演讲、讨论、角色扮演等。在公司这种考核中，可以与人力资源部合作，通过笔试、绩效考核等方式，了解学员在培训前后对所学知识和技能的掌握情况。培训评估的基本程序：培训评估的基本程序：首先从之前的培训项目中收集信息，然后，确定企业的总体需求和目标，最后，通过科学的理论、方法和程序，确定培训项目的优势、价值和质量。评价工作必须按照科学的方法进行，否则，培训评估的结果就会丧失客观。

一般来说，培训评估按照以下流程进行。

（1）培训评估内容的确定。培训评估内容的确定主要涉及三个方面。第一，确定评估的可行性，即根据搜集的有关数据，判断评估的价值，并判断是否对其进行评估。第二，明确评价目标，即决策人员和培训计划经理将评价意向传达给评价人员。第三，明晰评价的操作者与对象的对应性，因为培训评估过程不仅涉及评估者个人，还涉及培训对象与评价操作者，所以决策人员应该综合考量外部评价操作员和内部评价操作员的优点和劣势，从而确定评价受训者该由哪些评价操作者来进行评价。

培训考核应明确纳入绩效考核，明确指标和系数。一些民营快递企业已将培训结果纳入绩效考核指标，但没有明确指出绩效指标的权重以及衡量的方法，不够明确，不能完全起到激励员工的作用，因此必须将培训结果进行量化，并建立完善的考核指标体系。对员工的培训计划进行测试。借由谈话或问卷调查，以了解员工对培训计划的意见，并以此为基础进行全面的评价。在培训前后，对受训人员进行相同的测验，对比两项测验的结果，可以看出培训的效果。评估员工在技术和工作效率方面的提高。在实际工作中，员工的行为会发生变化，以评估他们所学到的知识和技能对实际工作的影响。可以通过控制实验的方法，即把培训人员分成实验组和对照组。以实验组为受训对象，对照组为未参与培训者，以两组学员为对照，以不同方式对培训效果进行评价。评估培训在商业运作中的作用。分析企业的运营业绩，例如流程再造、设备改进、离职率降低、意外发生等，并计算出其中的比例是由培训造成的。

（2）培训评估方案的制定。培训评估方案制定的关键工作是培训评估方法的选择、培训设计方案的评估以及培训评估战略的选择。培训计划的实施人员，培训经理，培训评估人员，培训评估人员，培训评估人员，培训评估人员。

（3）培训评估信息的收集。培训评估数据的收集侧重于数据的有效性、可靠性、实用性和经济性。培训评估数据的收集有多种方式，主要包括数据收集、观察收集、访谈收集、参与收集和问卷调查收集。特别是在资料搜集期间，为避免资料遗漏，重新制定资料搜集方案，预先做好资料搜集工作。

（4）整理和搜集培训评估资料。资料采集完成后，要按培训评估的内容进行归类，并运用相关的统计方法进行整理。例如可以采用直方图、分布曲线等形式来描述培训结果的分布和趋势。

（5）撰写培训评估报告。撰写培训评估报告是培训评估过程的最后工作，也是评价结果的重要影响因素。评估报告要客观、公正，要把所有的评价意见都综合起来，并在提交前进行评审，以保证培训评估对领导决策和培训人员的工作改进起到了很大的作用。

第九章 民营快递企业员工培训效果评估设计

第一节 民营快递企业员工培训效果评估方法选择

一、民营快递企业培训效果评估中存在的问题

（一）民营快递企业培训问题

我国民营快递企业在快速发展过程中，在实现原始积累、进行二次创业、实现更大跨越的过程中遇到了很多困难。

首先，人力资源管理是较大的问题。民营快递企业亟须提升员工的素质，特别是拥有所有权、监督权和管理权的民营快递经营者，其自身素质是影响其发展的关键因素。

其次，对于民营快递企业来说，通过对员工进行内部培训，提升员工的质量，从而提升公司的综合素质，是目前我国快递公司面临的首要问题。目前部分民营快递企业的员工培训情况并不理想：一是民营快递企业既没有像大型企业那样建立自己的培训机构，也没有从国外中小型企业的培训经验中吸取教训；二是目前民营快递公司的员工培训不仅缺少相应的社会服务，而且尚未找到一套行之有效的方法，效果并不理想；三是民营快递企业管理者对员工的培训工作并不重视，导致员工的培训工作很难开展，造成恶性循环。

因此，在人力资源开发与培训滞后的情况下，民营快递企业的"软件"开发与"硬件"发展的需求很难适应，两者不能很好地融合在一起。

（二）民营快递企业培训效果评估问题

对于民营快递企业来说，较大的困难是如何进行有效的培训评估，以衡量培训的实际效果。因此，在民营快递企业管理中，还需进一步对人力资源管理与企业员工的培训继续进行理论和实践认识。特别是在培训工作中，员工的培训工作远远落后于实际工作，导致培训的效果大幅下降，导致许多公司在培训上不敢投入太多。造成这种现象的主要原因之一是缺乏有效的评估方法。发展和培训一样，都应该注重效率，少投资多生产，始终树立效率观念。在资金短缺、培训经费有限的今天，发展培训是否能做得更少，做得更多，做得更多，这是一个很大的问题。长期以来，由于缺乏对培训进行评价的有效方法，使管理者、投资者，乃至员工自身都难以清晰地认识到培训对企业和员工的影响。这导致了投资者、经理和培训人员不敢增加对公司员工的培训，也就没有激励员工参加培训。不能将有限的培训资金用于最有效的培训计划，也不能让发展培训活动更加科学和有效。

现阶段，我国民营快递企业培训效果评估仍存在以下几个问题。

1. 认识有误区，员工培训投入不足

部分民营快递企业经理缺乏对员工的培训意识，他们认为培训是一种长期投资，会持续增加后期费用，所以其在培训经费上的投资非常有限。这种客观条件制约了培训的实施，致使企业培训未能形成规模，培训也没有达到预定的目的，培训效果也很弱。

2. 员工培训未考虑企业战略目标

部分民营快递企业缺乏培训策略，在培训前未将企业的战略发展目标考虑在内，导致初期的阶段性培训与企业的经营策略背道而驰，不能适应企业的实际需求，也无法给企业带来效益，严重影响企业的培训热情。又因为培训缺乏系统性，过于随意，所以也难以形成规模，企业难以对其进行定量评价，进而影响了企业的发展以及企业战略目标的实现。

3.员工培训方案不科学、实施力度不足、组织实施不力

民营快递企业总部要求各分公司制订员工培训计划，但未能对培训需求进行全面客观的分析。各民营快递分支机构的工作要求与员工个人发展的需求存在差异，导致培训部门和业务部门之间的整合和协调力度不足，这也使企业难以选择有利于业务发展的知识，难以判断员工的核心能力，难以建立员工的行为标准。也因此，尽管培训计划已制订但未得到有效实施，难以达到预期目的。

4.培训规模未能覆盖所有员工，未能做到以人为本

大部分民营快递企业员工培训的重点是以新员工入职培训为主，即新员工入职后，企业通过以老带新的方式，使新员工逐渐胜任岗位工作，并能独立自主操作。这样做虽然给企业培训工作减轻了压力，但是新员工不能感受到企业对个人能力的重视，也不能更快地发现自己成长和进步的空间，导致受训员工的工作积极性和学习积极性受挫。另外，这样的方式也不能使企业清楚地了解每位员工的成长情况，不能有针对性地对每个人制定培养方向和发展目标，即企业不能在帮助员工进步的同时使其创造更大的利润。

5.员工培训评估不到位，培训体系不健全

部分民营快递企业未能及时评估和跟踪培训效果，导致企业不能及时衡量员工培训是否达到培训目标。企业员工培训是一个由多个任务组成的系统过程，如果不建立科学合理的培训体系，必然会导致员工培训效果不理想。

二、民营快递企业培训效果评估方法

（一）柯克帕特里克培训四级评估模型

美国教授唐纳德·柯克帕特里克于1959年在其博士论文"Evaluating training programs: The four levels"中提出了培训效果评估的方法，并于1959、1960年先后发表了四篇文章，详细阐述了培训评估的四层级模型的思想和方法，形成了一种最经典的培训评估理论模型——Kirkpatrick

模型。该模型认为评估必须回答四个方面的问题，从四个层级分别进行评估，即学员反馈（学员满意度）、学习（知识、技能、态度等方面的收获）、行为（工作中行为改进）和成果（学员获得的经营业绩）对组织的影响。这一模式的内在逻辑在于，受训人员必须满足于培训计划，并能获得新知识、新技能以及转变态度。通过将学到的知识和技术运用到工作中，使他们转变原来的不合理的工作方式，从而使他们的工作更有效率，创造更多的价值。

1. 反应评估

（1）反应评估的概述。反馈评价是为了让学员感觉到企业对他们所持观点的尊重，即要想让他们的培训效果好，必须要对学员的培训结果有一个正面的回应。反之，若企业对学员的培训结果不闻不问，学员就不会有积极主动的学习态度，即使是对企业有用的培训内容他们也不会用心学，更不用说把它们变成有效的实践活动了。

（2）反应评估的主要内容。学员反馈评价是评价培训效果最普遍的一种方式。即在培训结束后，将问卷发给受训者，询问他们对培训的反应和感觉，问卷内容要点如图 9-1 所示。

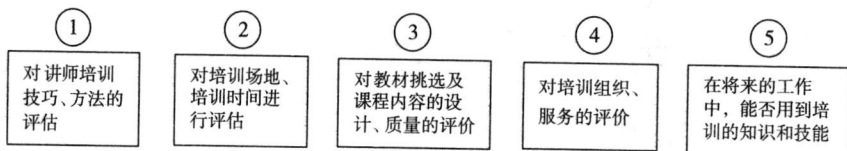

①	②	③	④	⑤
对讲师培训技巧、方法的评估	对培训场地、培训时间进行评估	对教材挑选及课程内容的设计、质量的评价	对培训组织、服务的评价	在将来的工作中，能否用到培训的知识和技能

图 9-1　问卷内容要点

在此阶段，若受训者对课程的回应是负面的，则应分析是否是课程设计或执行时导致的。

（3）反应评估的方法。反应评估的主要方法是问卷，用于反馈评估。问卷旨在收集学员在培训后对培训有效性和适用性的反应。

（4）反应评估的作用。

①受训者的反应能为培训组织者提供有益的反馈，使培训组织者能更好地评价培训。此外，活动主办方还可以对受训者的评价和推荐进行

评价，并在之后的评价中加以改进。

②反应评估可以让受训者认识到，企业开展培训是为了让他们更好地完成工作，同时培训企业可以了解培训员工对培训的反馈意见。

③受训者的反应可以为培训机构的工作人员提供一定数量的资料，培训机构还能据此制订培训效果的度量标准。

2. 学习评估

（1）学习评估的概述。学习评估是指在完成培训后，学员的知识、技能和态度有没有改善。本阶段的考核需要将受训者在培训前后的知识、技能测试的结果进行对比，以确定他们在培训过程中学到了哪些知识和技能，以及确定培训计划中的培训目的。

（2）学习评估的主要内容。学习评估的内容主要包括三项，具体如图 9-2 所示。

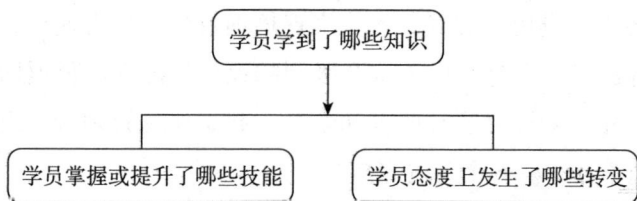

图 9-2　学习评估的三项内容

（3）学习评估的方法。学习评估的方法一般有书面考试、工作模拟、角色扮演等。企业一般通过书面考试的方法提高受试者对知识的掌握程度，并改变他们的态度。企业在做测试时，除了要兼顾培训的题目内容之外，还应该注意考试中的一般技术与原理，以确保测试题的实用性和趣味性。此外，企业还应在培训前后组织一次全员考试，并在考试后对考试结果进行分析，这些都对培训有很大的帮助。培训前的测验，可以找出员工所缺乏的知识，有助于培训师在课程发展过程中将焦点集中于这些问题；培训后的测验，不但能找出培训师讲课的成功之处，还能找出哪里有欠缺，以便下次培训时将其作为重点课程进行加强。

（4）学习评估的作用。

①学习评估可以有效地测量受训者在知识与态度上的进步，若不能取得良好的学习成绩，则很难期待其在实践上的改变。

②通过分析受训者对特定问题的回答结果，帮助他们理解其在什么地方获得了成功，哪些地方还没有完成，以便在下次培训中进行改善，从而增加他们达到目标的概率。

③通过学员的反馈，培训师可以更好地了解下一节课程中学员的参与情况。

3. 行为评估

（1）行为评估的概述。行为评估是指受训者在培训后工作行为和表现的变化。这个级别的评价是为了判断受训者的行为改善或知识、技能运用的程度。这个级别的评估资料比较难以获取，但是有很大的重要性。因为只有将所学应用于实践，才能实现培训目标。只有这样，才能为新的培训做好准备。另外，由于这个级别的评价只能在学员返回工作岗位后进行，因此这个评价通常要求和学员一起工作的管理者、组长等一起参加，且通常在3～6个月内完成。

（2）行为评估的主要内容。行为评估是指学员是否能将所学的知识、技能和态度应用到实际工作中，或者在完成培训后返回工作岗位后会发生什么变化。

（3）行为评估的方法。行为评估可以通过正式测试或非正式观察进行评价。目前比较常见的评价方式有行为访谈法、自我报告法、行为问题核对表法、自我监控法、直接观察法等，每种评估方法的操作说明如表9-1所示。

表9-1　几种常见的行为评估方法

行为评估方法	操作说明
行为访谈法	行为访问法主要是通过访谈的方式先搜集相关的培训行为，然后对行为进行分析与评估

续　表

行为评估方法	操作说明
自我报告法	这是一种有主观色彩的评价方式。学员的自我报告主要包括两个方面：一方面学员是对自身运动、生理和认知反应的评价；另一方面是评价者从各个角度搜集学员的经历并做出评价
行为问题核对表法	行为问题核对表法具有节省时间、目标明确、结构简单、易于量化和分类的特点，比自我报告法更加系统化、规范化。该方法是预先设定相关的行为问题，并据此提出相关的问题，由参与者自行解答，而行为问题核对表则紧紧围绕着可能发生的行为问题，其答案要比常规的标准测验更加灵活，能有效地评估特定的行为缺陷和过度的行为
自我监督法	自我监控法是指个人对自身的一些行为的反应进行记录，并对其进行直接的观察和控制。在自我监督评价中，参与者应将其行为反应数据及时上报给行为评估者
直接观察法	直接观察可以将自然现象的发生情况记录下来，从而减少观测人的主观偏差

（4）行为评估的作用。

①行为评估可以有效地测量受训者在行为上的改变。

②行为评估可以了解受训者在岗位中对培训知识、技能运用的情况。

③行为评估可以在较长的时间内将受训者对工作态度的变化情况进行反馈。

4.成果评估

（1）成果评估的概述。成果评估的重点不是了解各个学员的状况，而是了解培训对企业组织结构的影响，即投资回报。也就是说，培训会给企业带来怎样的影响。例如，它提高了产品质量，提高了生产效率，减少了客户投诉。虽然这一级别的评价花费最多，时间最长，难度也最大，但对公司来说也是最有意义的。

（2）成果评估的主要内容。成果评估的主要内容如图9-3所示。

1	组织的服务质量提高了多少		5	组织生产率提高了多少
2	组织的利润率提高了多少		6	组织成本降低了多少
3	顾客投诉率降低了多少		7	在培训方面的投入得到了哪些回报
4	员工生产效率提高了多少		8	组织管理技能方面的花费得到了哪些利益

图 9-3　成果评估的主要内容

（3）成果评估的方法。评价培训效果的方法包括比较法、集体评议法、个案分析法、问卷调查法等。

①比较法。此方法包含横向对比和纵向对比，不过主要是对培训前后的变化进行比较，以及受训者与非受训者进行对比。

②集体评议法。此方法主要是通过集体意见评议、集体投票等方法对学员进行评估，或者由参与评审的业务人员参与，并根据评估的指标对受试者逐一进行评估。

③个案分析法。此方法主要是以典型的案例和行为为研究对象，对培训效果进行评估。

④问卷调查法。提前制定详细周密的问卷，然后通过纸质问卷调查和网络问卷调查对参与培训的人员进行培训效果影响调查。

（4）成果评估的作用。

①检查培训计划是否满足目标和需求。

②证明培训投资能否获得回报。

③找出培训的不足以便于改进。

④发现新的培训需求。

⑤为管理者决策提供参考依据。

（二）CIPP 评估模型

美国学者斯塔弗尔比姆 1967 年在对泰勒行为目标模式反思的基础上提出了 CIPP 模型。CIPP 评估模型由四项评估活动的首字母组成，即背景评估（context evaluation）、输入评估（input evaluation）、过程评估（process evaluation）、成果评估（product evaluation）。

1. 背景评估——判断需要做什么

即了解相关环境，诊断特殊问题，分析培训需求，确定培训需求，鉴别培训机会，制定培训目标等。其中，确定培训需求和制定培训目标是首要工作。

2. 输入评估——判断设计的可靠性

即收集培训资源，评估培训资源；确定如何有效使用现有资源才能达到目标，确定项目规划和设计的总体策略是否需要外部资源的协助。

3. 过程评价——判断是否完成计划

过程评估的目的是向负责实施培训的人员提供信息反馈，以及时、不断地修正或改进培训项目的执行过程。过程评估主要通过以下方式得以实现：了解造成培训执行进程中导致失败的潜在原因，并针对可能出现失败的问题提出解决办法；对在培训实施过程中造成失败的不良因素进行分析，并提出克服这些不利因素的建议；分析和描述培训实施情况；分析判断其与目标的差距；坚持在培训过程中提供有关既定决策和新的决策等。当然，与其他各阶段的评价一样，过程评价也必须以大量的相关资料为依据。

4. 成果评估——判断计划是否有效

成果评估的首要任务就是对培训活动所达到的目标进行衡量和解释。必须明确的是，成果评估并不限于培训后，它既可以在培训后进行，也可以在培训中进行。

（三）ROI 模型

1996 年，杰克·菲利普斯在柯克帕特里克四层级模型的基础上增加了第五层，即 ROI（投资回报率）。这是一种定量测量培训效果的方法，并以财务数据为依据，分析其对企业经营效益的影响。主要内容如下：第一，对培训计划所需的资源进行评估，即对培训机构的人力、物力、财力进行分析，以确保培训的顺利进行；第二，评估学员的知识和技能水平；第三，应用评估，即评估员工和小组在培训后的工作绩效，并评估他们对所接受的培训的知识和技巧的使用；第四，组织利益评估，主要评估组织绩效的改变，以及培训对组织的贡献与报酬；第五，社会效果评估，主要评估培训计划对企业外部人员的影响，包括客户、供应商等。

1.ROI 模型的搭建

（1）主导者。数据分析（经营分析）主要负责 ROI 模型中的业务漏斗指标、收入指标、ROI 模型算法的搭建、协调、建议和核对。

（2）参与者。财务部主要负责收入核对，提供部分（行政摊销、营销投放、产品成本等）成本数据。人力资源部主要负责提供人力成本数据。

2.ROI 模型的应用

（1）应用一：运营优化（核心应用）。

①增收入：ROI 模型中包含企业的漏斗模型（用户从流量到成交）的各个过程，通过调整漏斗转化率，可以优化 ROI 的机构。

②降成本：降低一些成本（获客的成本、销售成本、运营成本、研发成本等）是提升 ROI 最迅速见效的方法。

在运用 ROI 模型进行运营优化的过程中，还要做横向和纵向的拆分。

③横向：不同业务线（商业模式）、不同的获客渠道（营销）、不同的销售团队（销售转化）、不同的产品。

④纵向：ROI 模型的一些核心指标组成（成本、收入）。

（2）应用二：判断业务。战略规划上，新业务线试运营一段时间，要产出实际的 ROI 数据，通过实际 ROI 和立项时的市场调研数据做比较，决定业务线的投入大小。

（3）应用三：对外融资。通过分析 ROI 模型的数据，表明企业在行业内的地位，并吸引相关资本进行融资。

3.ROI 的主要影响因素

（1）服务评价数。快递服务质量与客户评价数有着很大的关系，评价数越高，转化相应会提高。当然如果评价里面有差评的话也会影响后续快递服务的开展。

（2）核心竞争力。最重要的是商品的核心竞争力，这包括与同类民营快递服务的差异、质量、性价比等因素。

4.ROI 模型的更新

（1）每月的月初进行更新。

（2）每月月末进行月初回账、财务对账（收入）以及预算等数据的更新。

（3）主要对上个月的历史数据范围进行更新。

（4）对未来的数据（LTV）进行更新。

（四）全过程评估模型

全过程评估是指在培训实施的各个方面密切关注培训评估结果，牢记培训评估目标，并应用培训评估方法。全过程评估的整个过程包括培训前、培训中和培训后的所有阶段。该模型不仅吸取了塔夫尔比姆的CIPP 评估模型、柯克帕特里克的四级评估模型和菲利普斯的 ROI 模型的优点，还融合了企业培训行业的特点以及十多年的培训实施和培训评估经验。

首先，该模型借鉴了 CIPP 模型的评估概念。培训评估不仅用于事后评估一个培训项目，还用于评估的所有流程和环节，包括早期培训计划的制订、培训组织、培训实施、培训评估等环节。其次，基于柯克帕特里克的四级评估模型，整个过程评估模型仍然包括四个层次：反应层、学习层、行为层和成果层。虽然投资回报率模型是五级评估，但整个过程评估并不采用五级评估。对于目前的国内企业来说，只要能做好四级评估，就没有必要进行第五级（即投资回报率）评估。此外，要想评估投资回报率，他们还需要具备一定的财务知识和一定的相关软件应用技术，因此目前部分国内企业培训仍然很难做到这一点。最后，全过程评估模型借鉴了菲利普斯投资回报率模型中的数据收集方法和工具，并将其应用于四级评估模型。通过这种方法，培训经理可以使用第一、二、

三、四级评估中的数据，尤其是财务数据，为第三级（行为）评估和第四级（业务）评估奠定坚实的基础。

第二节　民营快递企业员工培训效果评估内容

一、培训各阶段效果评估内容

（一）培训前的评估内容

在培训开始前，企业会对即将参加培训的员工进行调查，以确定他们的知识、技能和能力等级。培训前评估的目标是将培训前后评估结果与培训后评估结果相对照，从而评估培训的实践效果。

培训前评估内容包括培训资源评估、培训需求评估、培训计划评估、培训对象评估和培训准备评估，具体内容如表9-2所示。

表9-2　培训前的评估内容

评估内容	具体说明
培训资源评估	企业的培训资源主要包括资金、技术、时间、设备、智力支持等，评估者要在培训正式开始前对资源进行有效分析和评估，以确定资源是否存在及其存在的价值等，并与培训后的角色进行对比，总结培训资源的使用状况和操作经验
培新需求评估	培训需求评估就是对企业员工的培训需求进行评估，即根据企业高层、相关员工和企业的现实状况，对培训需求的确定进行评估，并对存在的问题进行改进
培训计划评估	培训计划评估是指对培训目标设计、培训内容规划、培训时间安排、培训后期安排等方面进行评估。培训计划评估的首要目标是考查培训方案是否合理，是否与企业的经营状况相适应，若发现问题，则需要及时改进与完善
培训对象评估	对受训人员的评估，主要是对其知识、技能、能力、职业规划、工作状况等进行全面评估，从而为培训工作的整体效果提供最基本、最有价值的资料。若本次培训的内容比较单一，则考核对象的评估范围必须与培训内容相符

续 表

评估内容	具体说明
培训准备评估	培训准备评估，也就是在正式开始培训之前，对各种管理工作的筹备程度进行评估。培训准备工作包括培训管理人员、培训人员信息收集、培训通知、培训服务安排、培训设备准备等

（二）培训中的评估内容

培训评估的内容包括培训内容、员工与培训内容的相关性、员工对培训计划的认知程度、培训进度与中间效果、培训环境、培训机构和培训人员，相关说明如表9-3所示。

表9-3 培训中的评估内容

评估内容	具体说明
培训内容	主要评估培训内容与计划培训内容的差距，并分析产生差距的原因，包括培训内容不完整、培训内容错位、培训内容不规范等
员工与培训内容的相关性	为了达到预期的效果，培训内容要符合员工的实际需要。在实践中，培训内容与人员的需要应保持一致。即先确定培训的内容，然后根据培训的内容确定培训对象；或是先确定培训对象，然后再确定培训内容
员工对培训计划的认知程度	按照成人教育的理论，只有在员工充分理解培训计划后，他们才会对培训感兴趣，从而激发参与热情。这就需要培训组织者通过一定的手段，对培训的内容、过程、方式等进行培训，从而激发培训人员的学习热情。员工对培训计划的认知程度，主要是依据培训人员的培训积极性和持续性评定的，其主要体现在出勤率、培训合作态度等方面
培训进度与中间效果	对培训进度进行评估与监督，主要是确保培训计划在时间进度、资源投入进度等方面与培训方案相协调。评估和考查的方式主要是对受调查人员在不同培训阶段的提高程度进行评估，并能及时地发现他们的提高程度与期望的差异，从而制订相应的对策
培训环境	按照"学习转换"理论，在制定培训方案时，通常要将培训环境设置成类似于受训人员的工作环境，以确保培训效果达到最大化。培训环境评估要及时分析学员的培训环境变化，以适应不断变化的工作环境，确保培训效果的提高

续 表

评估内容	具体说明
培训机构和培训人员	培训机构和培训师包括经理和讲师。考核的内容是对管理者和受训人员的行为进行评估，以确保培训单位和培训人员做好培训工作。培训内容包括两项：一是培训员工的工作积极性、合作精神、领导能力、沟通能力等；二是培训讲师的培训经验、培训方法、培训能力等

（三）培训后的评估内容

培训可以给企业带来多大的效益，培训对受训员工产生了什么影响，这些都是在培训后进行评估的。培训后评估是培训评估的重要内容，也是评估工作的核心，其内容如表9-4所示。

表9-4　培训后的评估内容

评估内容	具体说明
评估受训员工究竟学习和掌握了哪些知识和技能	以试卷考核或实际操作等形式对受训员工进行测试，并将测试结果与其培训前进行比较
评估受训员工是否发生了重大改变	即考查和评估受训员工能否将在培训中学到的知识和技能有效运用到日常工作中，如果不能有效运用，则说明培训对受训员工没有发挥实际效用
评估企业的经营业绩提高了多少	企业组织实施培训的真正目的在于提高经营业绩，因此培训后应定期评估经营状况

二、培训效果评估的内容

在评估培训效果时，必须正确评估培训评估的内容。培训效果评估的内容包括学习认知程度、态度是否转变、技能和效果分析。

（一）学习认知程度

学习认知水平的评估，是对员工对事件、概念、理论等知识的认识和了解程度的度量和评定。学习认知水平评估是一种常用的评估手段，做法通常是将员工培训前和培训后的评估结果进行对比，下面是关于员工在培训前和培训后的评估得分的解释（图9-4）。

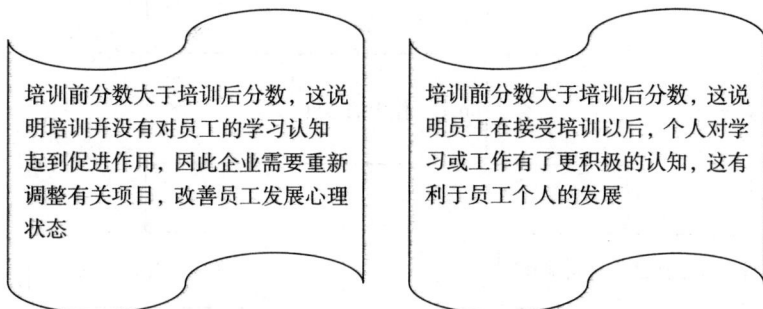

培训前分数大于培训后分数，这说明培训并没有对员工的学习认知起到促进作用，因此企业需要重新调整有关项目，改善员工发展心理状态

培训前分数大于培训后分数，这说明员工在接受培训以后，个人对学习或工作有了更积极的认知，这有利于员工个人的发展

图9-4　员工培训前后评估分数对员工学习认知程度的解释

对员工学习认知的评估通常包括课堂学习评估和知识原理培训评估，相关内容如表9-5所示。

表9-5　课堂学习评估和知识原理培训评估

评估类型	评估内容和特点	评估方法
课堂学习评估	了解受训员工对培训项目的理解与掌握程度	由于培训项目种类和内容繁多，因此评估方法也会因培训课程的不同而有所差异，常见的有讨论、测试、提问、示范、操作演练等方法。而在培训后或培训后的半个月内对受训员工课堂学习的认知水平进行评估，是检验其对基本理论的认识程度的最佳方法
知识原理培训评估	要求受训员工从无到有地掌握知识和原理	在测试之前，可以与培训师事先沟通，让他们按照培训要求设计试题。在发布培训通知的时候，让受训员工事先知道要进行一场考核，并提前发放一份培训材料，让他们能更好地理解这一次的培训内容，以及让他们更好地适应新的培训。这样，在新的培训中，他们的学习意识和培训效果将会得到较大的提升

（二）态度是否转变

评估受训员工的态度是否发生变化一般是在培训后进行的。员工工作中的态度有以下几种，如图9-5所示。

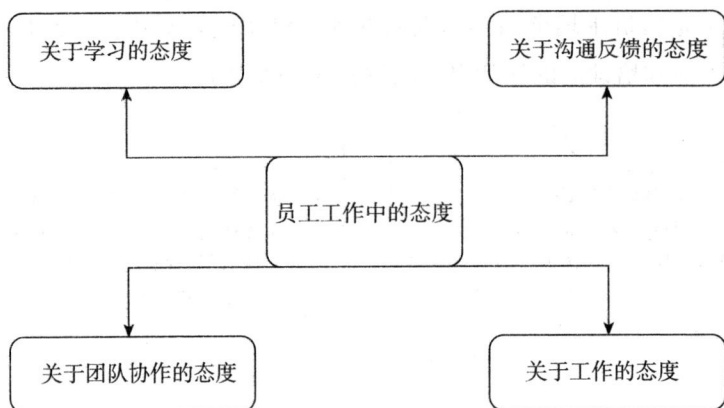

图 9-5　员工工作中的态度

而员工态度改变与否，不能通过直接测量得出，还要看他们的工作表现和态度。因此，企业可以通过对员工的认识程度进行评估以确定其工作态度的变化，具体方法如图 9-6 所示。

图 9-6　评估员工态度是否转变的操作方法

企业在分析、评估员工行为习惯时，针对不同的员工，评估的方法也不同。通常，企业可以通过培训效果跟踪表、评估记录表等记录员工的行为和行为变化。例如，下面是对企业内基层员工和管理人员的行为与习惯的主要内容做的分析（表 9-6）。

表9-6　基层员工、管理人员行为与习惯分析的主要内容和差别

基层人员	管理人员
着重于分析员工自身的行为和习惯表现	着重于分析团队整体的行为和习惯表现
例如，培训结束后，员工的工作质量有没有显著提高，工作技能有没有显著提高，工作绩效有没有显著提高；员工的出勤情况、工作积极性等有无改善	管理人员的行为和习惯的变化可以反映在团队中，例如团队成员的精神状态、团队的效率、团队的业绩，这些都是从团队表现中得到的

（三）技能和效果分析

技能和效果分析，是指在培训结束后，对受训员工的技术掌握和使用效果进行分析。技能类的培训评估主要是对技能操作类和管理技术类的培训进行评估，具体内容如表9-7所示。

表9-7　技能操作培训和管理技术类培训的评估

培训类型	评估内容或特点	评估方法
技能操作培训	技能操作培训一般都是为了提升员工的工作能力而进行的。培训考核分为动手能力、动脑操作能力、机械设备操作能力、打字排字等操作能力，以及做调研报告、谈判等	一般是现场操作或模拟，即员工操作、模拟，讲师指导评分、现场排练等。通过这种模拟操作，可以让员工对培训内容有更深的体会，以及使其更好地认识自己的不足。实地评估后，还要对其跟踪和观察，一段时间后，通过员工的工作表现和其对现场技术的掌握对其进行再评估
管理技术培训	管理技术培训评估的特点是培训评估周期长，见效周期长，短期内难以看到培训的效果，如企业战略制定、核心技术掌握等	一般采用现场调查和效果调查等方法对员工进行评估。现场调查主要是了解员工对管理技术知识的掌握情况；效果调查则是通过知识运用、观察测试等方法，在一定程度上了解受训员工对管理实践技术的掌握情况

培训技能和效果分析也是对培训的最后效果进行评估，它的目的在于评估培训对员工的绩效、对企业绩效的促进作用。因此，企业可以在季度、半年度或年度评估中建立一系列绩效评估指标，如事故率、生产

率、员工流动率、质量优良率和顾客服务满意度等。通过对这些企业指数进行分析，以及与没有进行培训之前的数据进行比较，就可以得出培训对企业有无影响。

第三节　民营快递企业员工培训效果评估报告撰写

一、编制培训评估计划

（一）培训需求确定

1.培训需求调查

培训需求调查方法包括问卷调查法、观察法、访谈法、小组讨论法等。本书采用问卷调查法、观察法、访谈法进行分析，具体内容如表9-8、表9-9和表9-10所示。

表9-8　培训需求调查问卷

为了更好地提高企业员工的专业技能，企业计划将来对一些岗位进行培训。请根据您的实际情况填写此问卷。谢谢您的合作！

一、基本情况					
姓名		性别		年龄	
部门		职务		入职时间	
教育背景	时间	学校名称		专业	学历
培训经历	培训时间	培训机构		培训内容	所获证书
二、对以往培训的认知（可多选）					
1.以往培训形式	□课堂讲授□小组讨论□角色扮演 □游戏培训□案例分析				

2. 以往参加的培训	□自己要求□领导指派□企业要求□自费学习
3. 以往培训是否针对个人做过培训需求调查	□是□否□偶尔
4. 培训后，您的技能、绩效是否明显有所提升	□明显提升□稍有提升□基本无效□不了解
5. 以往培训是否与个人绩效相联系	□是□否
6. 目前工作中遇到的困难与挑战有哪些（与职务要求相比，您还欠缺哪方面的知识和技能，需要借助哪些培训来提高自己）	
7. 职业生涯规划（掌握某种技能、承担某种责任、担任某种职务、年收入达到多少等） 近期目标： 中期目标： 长期目标：	
三、您对哪种培训方式感兴趣	
内部培训	□课堂讲授□小组讨论□案例分析□角色扮演□会议□其他
外部培训	□去同行单位交流□院校合作□全脱产□其他
四、您对未来培训的建议和想法（请在方框内填写数字 1～7 以表示您的选择顺序）	
1. 您最喜欢、最理想的培训方式	□课堂讲授□小组讨论□角色扮演□头脑风暴□户外拓展培训□案例分析□游戏培训
2. 您最能接受的培训时间	□上班时间□休息日□下班后□无所谓
3. 您最想要的培训课程	□专业技术知识□沟通技巧□销售技巧□管理技能
4. 您认为的最合适的培训频率	□每月一次□每两月一次□每季度一次□每半年一次

续　表

5.请写出问卷中没有列出，但您认为有必要的内容	
6.目前您急需参加的其他培训（如学历教育、计算机技能、英语技能、驾驶等，至少列出两项）	
7.您迫切希望提高的技能和掌握的知识（至少列出两项）	

注：请填写以上信息，并在_____月_____日之前以部门为单位交到人力资源部，以便安排_____年培训计划。

表9-9　培训需求调查观察表

观察对象：_____观察地点：_____观察日期：_____年_____月_____日

观察内容	差	一般	较好	好	优秀
工作纪律遵守情况					
工作态度					
工作熟练程度					
时间安排的合理性					
工作方法的合理性					
工作完成情况					
工作效率					
团队意识					
整体工作状态					

表9-10　培训需求访谈清单

访谈对象_____访谈日期：_____年_____月_____日

具体问题	访谈记录
1.员工特别出色的知识、技能表现在哪些方面	
2.员工特别需要学习的知识和技能包括哪些	
3.员工对现职的热忱、关心度如何	
4.员工有望取得的成就或可担任的职务	
5.对员工今后培训方面的意见	
6.其他需要说明的内容	

2. 培训需求分析

对快递行业人员的培训需求分析主要从三个方面进行。

第一，快递企业的组织结构。即从企业目标、资源、特性、环境等方面入手分析，发现企业中的问题并分析原因，从而安排有针对性的培训。

第二，快递工作岗位分析。即通过对员工当前职位的需求和工作能力、绩效的分析，决定员工的培养内容。

第三，对快递员的质量进行分析。即通过将企业内部人员的素质和企业未来的发展目标做对比，确定企业的培训需求。

主要内容有以下两个方面。

（1）培训时间安排。当出现以下六种情况时，企业则可以制定相关的培训方案并进行培训。

①新员工入职。

②员工职位调动或晋升。

③改进快递服务质量。

④岗位工作流程或规范变更。

⑤客户投诉增多。

⑥员工违纪、浪费、责任心下降等行为或浪费现象频繁出现。

（2）培训操作流程。快递人员的培训操作流程如图9-7所示。

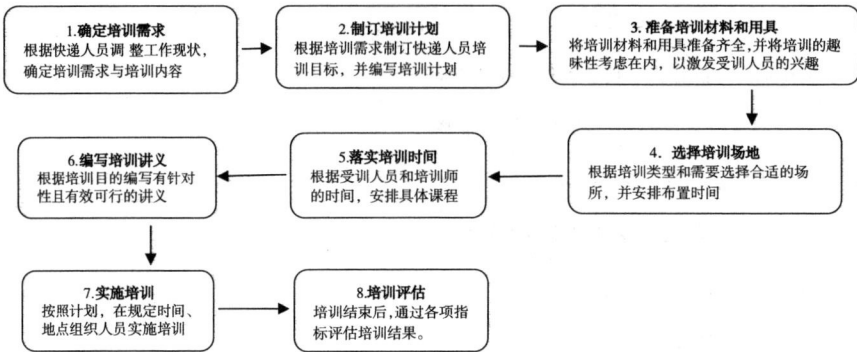

图 9-7　快递人员培训操作流程

二、整理培训评估数据

培训效果评估所需资料来源各异，种类繁多。因此，企业在进行培训评估前必须先搜集培训资料，并对这些资料进行归类、统计、分析，最后形成一个有效的评估结果。

（一）培训数据信息搜集

1.培训信息搜集内容

培训资料搜集的主要内容如图9-8所示。

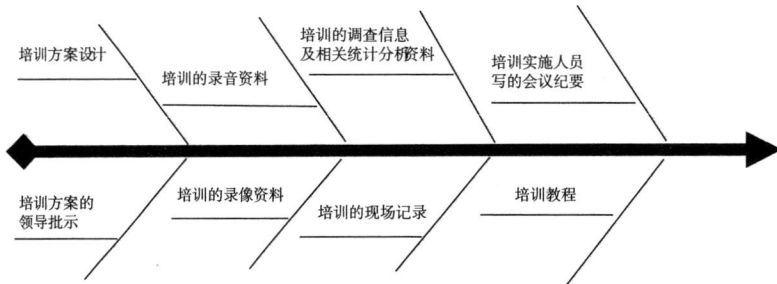

图 9-8　培训资料搜集的内容

2.培训信息搜集的途径和方法

评估人员评估培训效果面临的第一个问题就是资料的获取，因为只有通过这些资料才能得知培训计划是否成功。

（1）相关机构的业绩记录。相关机构，如一个单位、一个部门、一个团队或一个人的业绩记录资料等具有非常高的可信度。在四级评价中，从这些渠道获取信息非常合适，因为这些通常会反映出对企业有影响的信息，而且比较容易获取。但是，一些机构对档案的保存往往不太精确，或总是一成不变，这就使搜集所需资料变得非常困难，更不要说利用了。

（2）培训对象。因为培训对象参与培训的全过程，也较清楚这个过程和其他的影响因素。所以培训对象可以提供大量的资料，如他们在培训过程中学到了哪些知识和技巧，在实践中如何应用。

（3）培训对象领导。那些直接管理和指导参加培训计划的人员掌握的信息较多，他们能看到受训者是怎样利用从培训计划中得到的知识和技巧的。因此，他们能汇报在培训计划方面取得的成绩以及在工作中遇到的困难。

（4）培训对象下属。如果管理者参与了一些关于领导能力的培训，那么他们的下属可以提供有关管理者在培训之后的工作表现以及行为资料，这些资料可以表明管理者在受过培训后的行为是否有所改善。但下属只能看到管理者工作表现的不同，却很难知道导致这种变化的原因，也不知给企业带来的影响。因此，这种评价往往带有一些主观因素。

（5）团队/同事小组。在进行团队/同事小组培训时，已经参加过培训的同事会向其他队员提供关于其培训的知识。当所有的员工都接受了培训，那么就可以收集此次参与培训的整个团队的收获，或是其他一些队员的行为改变。

收集培训材料的其他方式和方法，如表9-11所示。

表 9-11 培训数据信息收集渠道

培训资料	培训资料搜集渠道
评估培训效果的资料	商业政策制定者、培训对象、培训实施者
评估培训对象知识、技能和工作态度的资料	培训实施者、培训对象、培训对象领导或下属
评估培训对象参加培训的效果的资料	培训现场、培训对象
评估培训内容和培训形式的资料	培训现场、培训对象
培训效果效益综合评估资料	有关培训前、中、后的相关信息，培训对象领导或下属
培训环境和现代培训设施应用评估资料	培训现场、培训对象，培训对象领导或下属
备注	常见的培训资料收集方式有：资料收集、观察收集、访谈收集、收集问卷等

（二）培训数据信息整理

培训主管在整理培训资料时要遵循分门别类的原则，还要做好整合与统计的工作，排除不合理的资料。一般情况下，培训资料经过整理后就可以归档由企业进行统一管理。

（三）培训数据信息分析

针对培训资料，可以先做几张表格收集数据并做统计，再画成直方图、分布图等，进而清楚地呈现培训资料的趋势及分布状态，这样更方便对培训效果资料进行分析。在对培训资料进行分析后，再对培训经济价值进行分析。

三、培训经济价值分析

培训经济效益分析也被称为培训费用—收入分析，其主要是对培训的投资成本和收入进行核算和分析。

（一）培训成本分析

一般来说，培训费用包括以下方面，如图 9-9 所示。

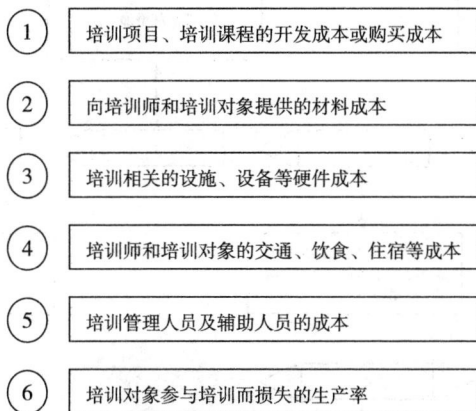

①　培训项目、培训课程的开发成本或购买成本

②　向培训师和培训对象提供的材料成本

③　培训相关的设施、设备等硬件成本

④　培训师和培训对象的交通、饮食、住宿等成本

⑤　培训管理人员及辅助人员的成本

⑥　培训对象参与培训而损失的生产率

图 9-9　培训成本类型

（二）培训收益分析

培训收入可以分为两类：硬收入和软收入。硬收入，指的是能转化为金钱价值的培训收入；而软收入是无法直接测量的，但是可以根据相关效益来推断或间接测量。

1. 培训硬收入的评估要素

硬数据在各个企业中都有，且这些数据中的产出、质量、成本等也有工作过程中的时间有关，又因为这些数据非常客观、容易测量，还容易转换成钱币数额，所以硬数据分析是管理部门非常信赖的测量方法。硬性数据具有以下特征。

（1）以客观事实为基础。

（2）易于衡量和量化。

（3）以货币形式表示，容易理解。

（4）最经常使用的是这些指标来测量组织的表现。

（5）管理层非常相信这些数据。

几乎每个行业都会用一些硬性数据来衡量业绩。因此，为了计算培训收入，企业必须分析下列几项硬性收入的评价因素，如图9-10所示。

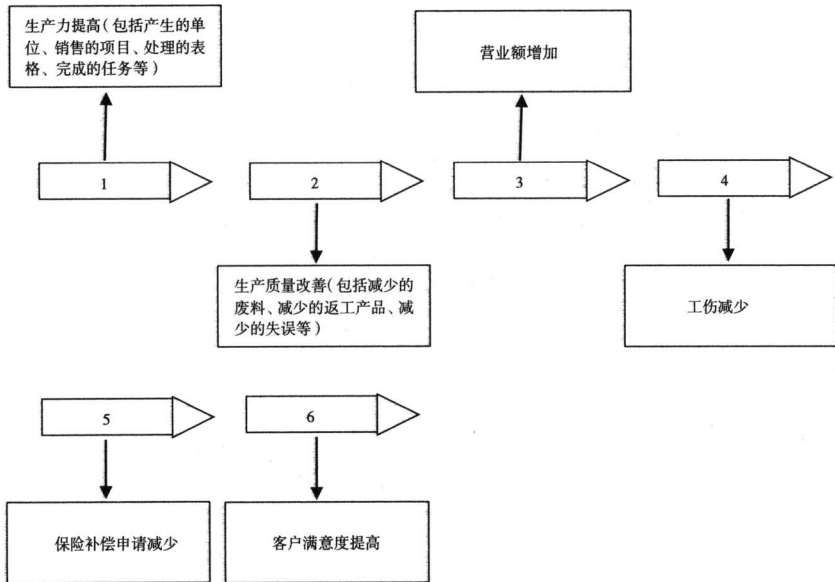

图9-10 硬性收益和硬性数据举例

2.培训软性收益的评估要素

（1）因为很多培训都是为了影响软性的变量而设计的，所以软性数据也是评价培训的有效性的必要条件。软数据具有主观性、很难测量、也很难将其转化成钱币数额的特点。与硬性资料相比，软性资料的可靠性较低。软性数据可以分为若干个类别，例如员工的流失率、缺勤率和不公正的对待等，这些都可以视为软数据，并不是因为这些数据很难测量，而是不容易将这些数据准确地转化成等价值的金钱数额。软性数据具有以下特征。

①在大部分案件中，软性数据往往基于主观判断。

②软性数据不容易直接衡量和量化。

③软性数据不易于用货币价值来表示。

④软性数据的可靠性较低。

⑤软性数据往往是以行为为导向的。

（2）软性收入也是企业和员工发展的一个重要因素，它的评价因素主要有以下几项。

①工作习惯：缺勤、怠工、去医务室次数、沟通障碍次数、超额休息等。

②工作环境/满意度：不公平待遇的数量、歧视诉讼的数量、员工抱怨、工作满意度、员工流失、诉讼、组织承诺、员工忠诚度、信心的增强等。

③客服服务：客户抱怨、客户满意度、客户不满意、客户感想、客户忠诚度、客户价值、客户流失等。

④员工培训：升职的次数、提薪的次数、参加培训的次数、工作调动的请求、业绩考评的等级、工作效率的提高等。

⑤创新：新想法的实施、项目的圆满完成、落实的建议数量、目标的设定、新开发的产品与服务、新的专利与版权等。

3. 计算收益成本比率和投资回报率

在完成了对培训的有效性评估和将数据转换成金钱价值的基础上，下一步就是计算收入—费用比（BCR）和投资回报率（ROI），即以收入为单位，将其与整个培训计划的费用相比较。收入费用比例的计算公式如下。

BCR= 收入/成本。例如：一个培训计划的总收入为 310 000 美元，而费用为 92 000 美元，则收入—费用比为 310 000/92 000=3.36，即投入 1 美元可以收入 3.36 美元。

ROI= 净利润费用 × 100%。以上述计算的收入和费用比例为例，一个培训计划的总收入为 310 000 美元，总费用为 92 000 美元，那么投资回报额 =（310 000–92 000）× 100%=236.96%。因为高管和其他利益相关者对培训的结果不熟悉，所以他们可能会怀疑这一研究的可信性。因此，企业在展示这些成果时，有必要向他们说明这些数据的收集方式和投资回报的计算方式。

四、撰写培训评估报告

在整理、分析培训的有关资料后，评估员根据培训对象的考评情况撰写培训评估报告，并将其上报给上级。下面重点介绍了培训评估报告的种类及评估报告的内容。

（一）培训评估报告的类型

培训评估报告包括三大类：个人培训评估报告、部门培训评估报告、企业培训评估报告。

表9-12 培训评估报告的三种类型

类型	具体说明
个人培训评估报告	个人培训评估报告又称为员工培训评估报告，属于微观层次，但不可忽略。员工真正参与了培训，通过他们的个人小结，可以让他们知道什么是真正有益于他们的，什么是不能帮助他们的。同时，报告中可以阐述参加培训对个体工作产生的影响，并给出相应的看法和建议
部门培训评估报告	部门培训评估属于中间层面。因为部门是员工的首要观察者，其较为清楚员工培训后的工作表现及变化情况。因此，在部门培训评估报告中，需包括员工培训后的变化以及对部门绩效的影响
企业培训评估报告	企业培训评估报告属于宏观层面，它主要是从培训策略管理的视角对整个企业的培训绩效进行评估，并通过对培训的总结和评估，规划和调整未来的培训工作

（二）培训评估报告的内容

1.评估工作阐述

评估工作陈述是指在撰写培训评估报告前对培训评估工作的组织与执行过程进行详细的描述。评估工作则主要从培训评估背景、培训评估人员、培训评估程序三个方面进行说明，内容如图9-11所示。

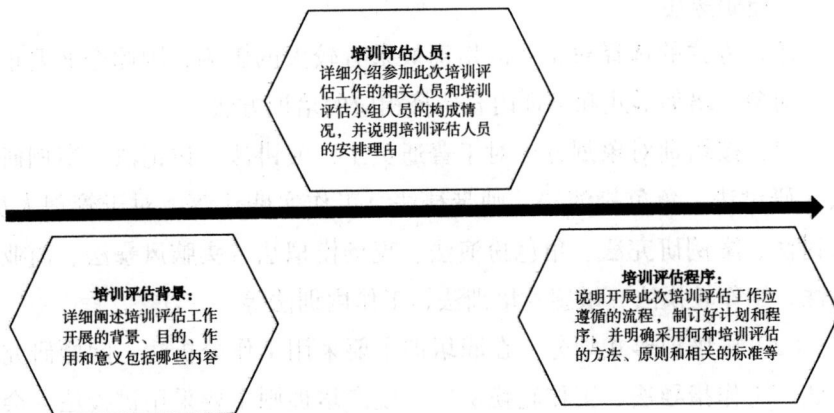

图 9-11 培训工作的要点

2.培训目的

（1）提高匹配岗位的技能。通过培训员工，提高他们的工作能力，实现人岗匹配，这是挖掘员工潜能、激发员工积极性的有效手段。随着企业的发展，很多人的工作能力已经不能满足岗位的需要。因此，企业必须对员工进行培训，以提高员工的工作能力，充分发挥他们的积极性。

（2）提高员工的能力和技术水平。企业的快速发展相应地使其对员工的能力和技术水平的要求也提高了，因此员工的能力、技术水平也必须随着企业的发展不断进步。

（3）提高员工的综合素质。企业员工的综合素质包括思想、知识、技能和心理素质。员工综合素质的培养与企业的长期发展有着密切的联系。因此，企业必须通过培训来提升员工的整体素质，以确保公司的发展战略顺利实现。

（4）实现有效沟通、团队协作。有效的交流和团队合作是企业成功的关键。因此，企业必须通过培训让各个部门、员工之间进行思想、观念、信息、情感的交流，增进彼此理解，进而建立和谐的人际关系和高效的工作团队，各方协调一致，共同实现企业的目标。

3. 培训方法

培训方式的选择对企业的培训效果有较大的影响，因此企业要根据培训对象、培训形式和培训内容选择相应的培训方法。

（1）按培训对象划分。对于普通员工：演讲法、讨论法、案例研究法、研讨法、角色扮演法、师带徒法、工作实践法等。对于管理人员：研讨法、案例研究法、角色扮演法、现场模拟法、头脑风暴法、商业游戏法、工作轮换法、敏感性培训法、工作内训法等。

（2）按培训形式划分。在职培训主要采用工作分析法、问题研究分析法、工作指导法、工作轮换法等。脱产培训则主要采用讲授法、会议讨论法、案例分析法、角色扮演法、敏感性培训法、商业游戏法、工作内培训法、管理培训项目法等。

（3）按培训内容划分。在培训中主要采用工作实践法、工作内培训法等。转变员工心态可以采用员工参与法、模拟游戏法、敏感性培训法等。知识培训则采用讲授法、案例分析法、专题研讨法等。

4. 评估统计结果

根据培训计划的组织形式，培训评估结果的统计、整理可划分为培训预算评估、委托方评估和培训管理评估，下面是三种培训评估的结果。

（1）培训预算评估结果。培训预算评估结果主要是评估培训资金的使用情况，对每个项目的成本支出进行详细描述并将其应用的效果记录下来，最后对培训预算评估进行汇总。

（2）委托方评估结果。受聘单位的评估是对学员、部门、单位等参与培训的组织与效果的综合评定，具体内容如表9–13所示。

表9–13　委托方培训评估表

负责人：＿＿＿＿＿　　日期：＿＿＿＿年＿＿＿月＿＿＿日

评估项目	评估具体内容
培训课程评估	

续　表

评估项目	评估具体内容
培训管理评估	
培训讲师评估	
培训效果分析	
培训不足之处	

培训管理评估结果，即对培训组织、实施管理工作做的总结和评估，具体内容如表 9-14 所示。

表 9-14　培训管理评估表

负责人：＿＿＿＿＿＿　日期：＿＿＿年＿＿＿月＿＿＿日

评估项目	评估具体内容
培训资源分配	
培训时间管理	
培训工作准备与检测	
培训对象调查与评估	
培训现场督查管理	
培训明显不足之处	
培训最大收益之处	

5. 评估结论建议

培训效果评估报告不仅对培训工作做了总结，还整理了一些工作经验，并提出了一些建议。在此基础上，企业相关负责人要找出培训中的问题所在，并提出相应的对策。即要明确问题及其产生的原因，总结经验教训，要实事求是。在总结和建议时，应当明确工作成果、经验做法、问题和改进措施。要做到内容多，要细化清楚，要抓住要点，要把大的细节写出来，要把小的写得很清楚，要归纳出有规律的东西，要结合具体的情况，从实际出发，总结出一些有用的经验和办法。培训评估结论建议包括评估结论、问题分析、评估建议和培训调整四个部分，如图9-12所示。

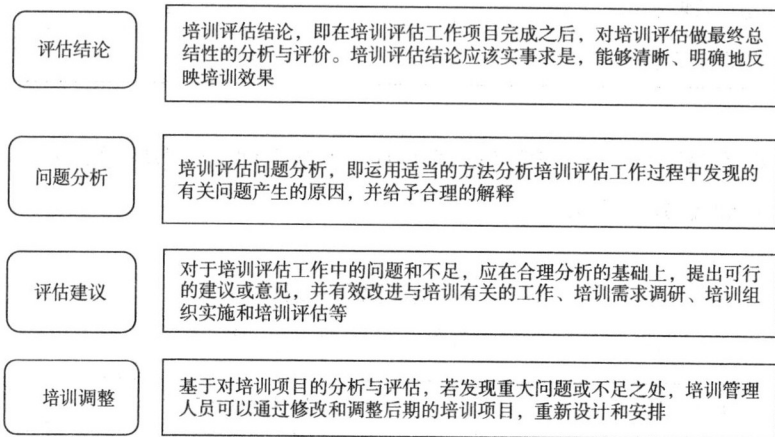

评估结论	培训评估结论，即在培训评估工作项目完成之后，对培训评估做最终总结性的分析与评价。培训评估结论应该实事求是，能够清晰、明确地反映培训效果
问题分析	培训评估问题分析，即运用适当的方法分析培训评估工作过程中发现的有关问题产生的原因，并给予合理的解释
评估建议	对于培训评估工作中的问题和不足，应在合理分析的基础上，提出可行的建议或意见，并有效改进与培训有关的工作、培训需求调研、培训组织实施和培训评估等
培训调整	基于对培训项目的分析与评估，若发现重大问题或不足之处，培训管理人员可以通过修改和调整后期的培训项目，重新设计和安排

图 9-12　培训评估结论建议的内容

五、反馈培训评估结果

培训效果评估后，许多企业会忽视培训的反馈和沟通，导致培训评估的有效性下降。一般来说，企业中最应该获得培训评估结果的员工主要有下列几种类型（表9-15）。

表 9-15　培训评估结果反馈对象和具体说明

反馈对象	具体说明
培训管理人员	培训经理必须在培训评估的基础上，对培训计划进行改进并不断完善
高层管理人员	高级经理是企业员工培训开发的重要决策者，同时会对培训计划的开展和员工职业生涯的发展产生影响。以下是需要高层管理人员决策的两个重要的员工培训开发问题：①这个培训计划进行的必要性是什么？②这个培训项目是否投资过多？是否需要降低一些

续　表

反馈对象	具体说明
培训对象	培训对象最需要了解的是个体的培训效果，即通过培训评估结果反馈，他们可以了解到自身存在的不足，并针对自身问题进行改进，进而提高工作效率
培训对象主管领导	培训对象的主管领导经常与培训对象有工作联系，所以在给主管领导分配工作时也要对他们的工作能力提出更高的要求。因此，被培训的主管领导必须知道他们的培训评估结果

六、培训评估结果存档

企业必须严格执行和管理培训考核结果的归档管理工作，且必须遵循以下原则（图 9-13）。

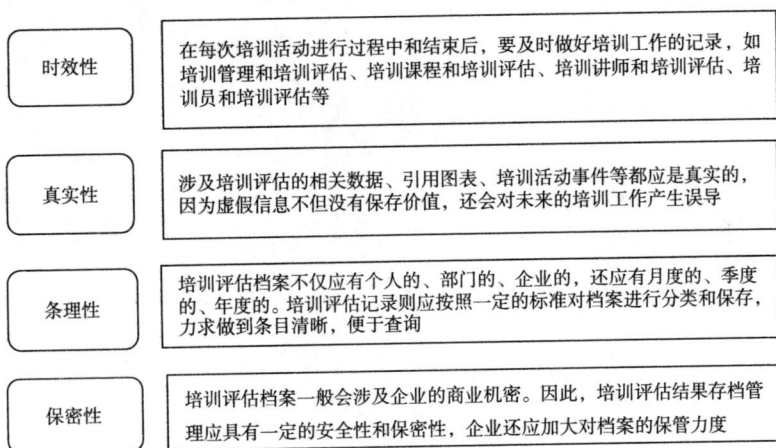

图 9-13　培训评估结果存档管理原则

培训评估中的档案记录是企业培训和管理工作的一个关键环节。其重要性主要表现在以下方面（图 9-14）。

立卷归档：将培训评估中的重要表格、报告等重要凭据的正式资料进行立卷保存

便于查询方面：建档后，那些杂乱无章的表格、记录单等可以分门别类地存放，查询时只需按照档案类别或编号提示查询即可，既方便又快捷

参考文献方面：存档管理后，相关档案可以作为企业培训评估或培训管理工作的参考文献，如培训评估方法选择、培训评估计划编写、培训管理工作组织实施等都可以参考这些文档

图9-14　培训评估结果存档管理的重要性

参考文献

［1］乔继玉，李思达．人力资源培训与开发操作指南［M］.北京：人民邮电出版社，2021.

［2］菲利普斯，斯通．如何评估培训效果：追踪六个关键因素的实用指南［M］.张少林，李元明，李洁，译.北京：北京大学出版社，2007.

［3］唐丽颖．培训效果评估及转化实务［M］.北京：中国劳动社会保障出版社，2014.

［4］刘建华．人力资源培训与开发［M］.北京：中国电力出版社，2014.

［5］杨东、杜鹏程．人力资源培训与开发［M］.南京：南京大学出版社，2021.

［6］ SPENCER JR L M. Competence at Work models for superior performance［M］.Hoboken：Wiley，1993.

［7］李理，李莉萍．湘南地区民营快递企业员工培训现状、困境及出路［J］.物流科技，2022，45（15）：59-61.

［8］李理，匡爱民，李莉萍．基于胜任力素质模型的湘南地区民营快递企业营销人员培训需求研究［J］.物流技术，2022，41（2）：73-78，95.

［9］李理．郴州市民营快递企业员工素质研究［J］.湘南学院学报，2018，39（3）：7-12.

［10］李理.民营快递企业转变最后一公里配送模式的困难与建议［J］.
江苏商论，2012（8）：60-62.

［11］熊杨，王娟.价格战背景下民营快递业发展策略研究［J］.物流
工程与管理，2022，44（4）：146-148，134.

［12］赵颖.我国民营快递企业战略转型路径［J］.交通企业管理，
2021，36（5）：1-4.

［13］汪海，王喆.促进快递业健康发展的思考［J］.宏观经济管理，
2016（10）：64-68.

［14］刘宏伟，李婉，汪传雷.基于新邮政法的民营快递企业发展对策
研究［J］.山西财经大学学报，2011，33：28-29.

［15］韩嵩，吴海建.我国快递业发展现状分析［J］.中国统计，2016
（1）：27-29.

［16］杨丹妮.企业员工培训与开发中的问题与对策：以顺丰速运有限
公司为例［J］.人才资源开发，2021（17）：90-92.

［17］宋莎，姚晨静，强宁娟.顺丰快递企业员工培训方案设计分析［J］.
经济研究导刊，2020（26）：69-70.

［18］陈娟.浅析我国快递业物流服务：以中通快递为例［J］.劳动保
障世界，2016（9）：44-45.

［19］唐微，梁凤梅，陈开慧.民营快递企业服务质量调查分析与对策：
以广西玉林韵达快递公司为例［J］.物流技术，2018，37（5）：
13-16.

［20］王珂.我国民营快递企业人员流失问题及破解之策：基于美国联
邦快递成功经验的启示［J］.对外经贸实务，2013（10）：37-
40.

［21］刘涛，余慧，郑涵.基于行业主管部门视角下的快递业人才培养
路径研究［J］.中国市场，2022（14）：129-132.

［22］楼旭明，孟宝．企业 E-Learning 培训效果评价模型及指标体系研究［J］.中国远程教育，2015（10）：44-49，80.

［23］DALTON M. Are competency models a waste? ［J］.Training and development，1997，51（10）：46-49.

［24］LANTU D C，LABDHAGATI H，RAZANAUFAL M W，et al. Was the training effective? Evaluation of managers' behavior after a leader development program in Indonesia's best corporate university［J］.International journal of training research，2021，19（1）：77-92.

［25］侯强.中国邮政吉林省分公司员工培训体系优化研究［D］.长春：吉林大学，2021.

［26］许伟.A 市邮政公司员工培训体系改进研究［D］.桂林：广西师范大学，2017.

［27］郝希初.联邦快递中国区销售员工激励机制优化研究［D］.兰州：兰州大学，2020.

［28］赵正.民营快递狂飙路上的隐忧［N］.中国经营报，2016-03-07.

［29］张宇.邮政校企合作培养订单式人才［N］.中国邮政报，2010-11-25（1）.

［30］唐艳.湖南邮政制定人才评价发展规划［N］.中国邮政报，2010-09-11（3）.